AF551429

Stefanie Schmidt

Film und Erinnerung

Das Kristall-Bild von Gilles Deleuze
als Verschränkung von
Sagbarem und Sichtbarem
oder
Psychoanalyse und Zeitphilosophie

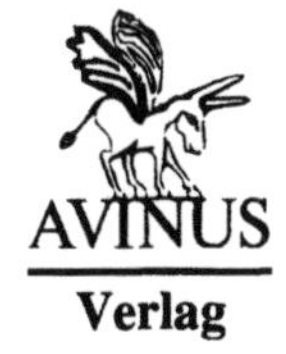

AVINUS Academia

Die Deutsche Bibliothek – CIP Einheitsaufnahme

Schmidt, Stefanie:
Film und Erinnerung. Das Kristall-Bild von Gilles Deleuze als Verschränkung von Sagbarem und Sichtbarem oder Psychoanalyse und Zeitphilosophie
Berlin: AVINUS Verlag 2005
ISBN 3-930064-59-6

Herstellung: Books on Demand GmbH, Norderstedt
Satzkorrektur Linda Stanke

Schönholzer Str. 2
13187 Berlin
www.avinus.de

ISBN 3-930064-59-6

Inhaltsverzeichnis

Film und Erinnerung

The brain is unity. **The brain is the screen. I don´t believe that linguistics and psychoanalysis offer a great deal to the cinema**. On the contrary, the biology of the brain – molecular biology – does. Thought is molecular. Molecular speeds make up the slow beings that we are. Cinema, precisely because it puts the image in motion, or rather endows the image with self-motion (auto-mouvement), never stops tracing the circuits of the brain. This characteristic can be manifested either positively or negatively. The screen, that is to say ourselves, can be the deficient brain of an idiot as easiliy as a creative brain. [1]

Einleitende Gedanken

Die vorliegende Arbeit untersucht den psychoanalytischen und den philosophischen Theorieansatz der Gedächtnismodelle Freuds und Bergsons im Hinblick auf einen vergleichenden Bezug zu der zeitphilosophischen Filmtheorie von Gilles Deleuze. Hierbei geht es um die Konzeption von bildhaften Modellen und deren verschiedene analytische Auflösung.

Das Bild als die sichtbare Vermittlung eines unsichtbaren Erinnerungs- bzw. Informationsgehalts versucht man schon immer mit dem Sagbaren zu entschlüsseln. Die hierbei entstehende Differenz, die ja auch das Verhältnis zwischen Theorie und Praxis – zwischen Wort und Bild – bestimmt, ist Hauptbestandteil eines sehr alten philosophischen Diskurses. Hat schon die Alltagssprache für das Erinnern und Vergessen einen metaphorischen Einschlag, so gilt dies noch viel mehr für die philosophischen und psychologischen Theorien über das Gedächtnis.

Genauso wie der Begriff der Erinnerung in die Metaphorik drängt, haben Bilder immer schon als Funktion eines *Erinnerungskodes* für das gesprochene Wort gedient – ein Beweis für diese These liefern die alten Mnemotechniken oraler Zivilisationen vor der Entdeckung der Schrift, wie die in Kapitel 1 skizzierte Überlieferung Ciceros der topographischen Urszene der Erinnerung verdeutlichen soll. Die griechische Gedächtniskunst verbindet die Fähigkeit zur Erinnerung mit der Verortung von Bildern – in der Überzeugung, dass Gedanken oder Erlebnisse gut im Gedächtnis verhaften, wenn sie mit einer räumlichen Vorstellung assoziiert werden. Sie beruht damit auf den Möglichkeiten des visuellen Gedächtnisses. Die Bilder-Orte werden vor dem geistigen Orte abgeschritten und in der Inszenierung zu Orten der Erinnerung.

Eine solche Verräumlichung greift aber auch die Konzeption der Zeit auf: Die Vergangenheit kann im Bild Dauer erreichen – und sei es für die Augenblicke einer Ausstellung. Für das Gedächtnis steht die Vergangenheit immer noch bevor, sie kann eben nicht bewältigt werden, aber artikuliert. Damit wird die Erinnerung in einem unabgeschlossenen Gedächtnis das Thema.

Hier stehen sich die beiden Ansätze dieser Arbeit gegenüber: Die Verzeitlichung der Gedächtnisbilder soll gegenübergestellt werden mit der sprachlich überarbeiteten Erinnerung des Vergangenen. Beide Modelle gehen von Bildern, als Orten des Sicht-

---

[1] Deleuze, G.: Flatman, Gregory (Hg): *The brain is the screen: Deleuze and the philosophy of cinema*, Minnesota: University of Minnesota Press, 1986, S. 366.

baren aus, die versuchen, das Unsichtbare zu erklären. Freuds Unbewusstes steht hierbei dem Virtuellen von Bergson und Deleuze gegenüber. Die aus dem Erinnerungsdiskurs entstehende Unterteilung der verschiedenen Gedächtnismetaphern soll den Leitfaden dieser Arbeit bestimmen:

So ergibt sich aus der topologisch-artifiziellen Gedächtnismetapher eine bestimmte Form des visuellen Erinnerns, die in dem bildhaften Erinnerungsprozess von Bergson wieder entdeckt werden kann. Demgegenüber steht das anamnestisch-zeitliche Gedächtnis mit den Metaphern des Erwachens und Erweckens, welches den Zugang der Erinnerungsbilder seit Freud über die Sprache regelt.

Damit entwickeln sich zur selben Zeit, wie das Kino entsteht, zwei verschiedene Formen des *Sich-Erinnerns*, die besonders für die filmwissenschaftliche Theorie von Interesse ist. In der Filmtheorie kann dieses unterschiedliche Verständnis an den zwei Formen der filmischen Wahrnehmung festgemacht werden:

E.1. Die zwei Wahrnehmungsformen der Erinnerung im Kino: Das Sichtbare und das Sagbare

Das Kino ist das erste Medium in der Geschichte, welches mit bewegten Bildern Geschichten erzählt. Dadurch entsteht eine Vermengung von zwei herkömmlichen Kommunikationsmedien: das *Bild* und die *Narration.*

Das visuelle Bild kann in seiner vollen Bedeutungsebene niemals komplett mit Worten dekodiert werden. Es hat – im Gegensatz zum gesprochenen oder geschriebenen Wort – die Möglichkeit, gleichzeitig auf sich widersprechenden Ebenen zu funktionieren. Dieses Bild ist beim Film in bewegter Form zumeist in eine Geschichte eingebettet, wie wir sie herkömmlicher Weise kennen. Menschen erzählen sich Geschichten und die Art, wie sie dies tun, hat immer eine bestimmte logisch nachvollziehbare Form. Wir sind hierbei geistig in der Lage, Zeiten zu überspringen und sie innerhalb eines bestimmten Rahmens miteinander zu vermischen. Dies ist außerdem eine – uns zumeist nicht bewusste – aus dem christlich-abendländischen Traditionskreis stammende Form des anti-zyklischen Denkens.

Das Kino besteht also aus einem komplizierten und beinahe unendlichen Synchronisationsprozess des Sagbaren und des Sichtbaren, der letztendlich abzielt auf die Erreichung zweier sich scheinbar widersprechender Zustände. Dies ist zum einen die Transponierung einer alltäglichen in eine wunderbare Erfahrung von Raum, Zeit und Person und zum anderen, die ständige Rekonstruktion der Wahrnehmungsordnung.

Es stehen sich somit zwei *Kodes* der Wahrnehmung gegenüber[2]:

Dies ist erstens der traditionelle lineare Kode als die eigentliche kausallogische und sinnsukzessive Erzählung (das Sagbare), deren einfachste Form etwa a+b+c+d sein mag. Die Aufgabe dieses linearen Kodes der Wahrnehmung, der zunächst rational erscheinen mag, ist die Definition und zugleich die Füllung der Zeit. Die Kette kausallogischer Beziehungen macht den Film zu einem unverbundenen Ereignis, in der die Zeit eine eindeutige und geschlossene Richtung erhält. Eine interessantere Erzählweise entsteht natürlich, wenn es – wie es der populäre Film gewöhnlich tut – zu einer Entli-

---

[2] Vgl. hier Seeßlen, G.: Zwei Stunden in der Niemandszeit. Wie das populäre Kino Zeit konstruiert und vernichtet, in: SYNEMA (Hg.): Zeit, Wien 1999, S. 47-66.

nearisierung und Unterbrechung der geschlossenen Kette der Erzählelemente kommt. Dies geschieht allerdings nur in dem Maße, in dem der Zuschauer in der Lage ist, die Kontinuität wiederherzustellen. Als gemeinsames Ziel steht sozusagen immer, am Ende die Kette der Zeit zu schließen.

Der zweite Kode des Films ist der visuelle (das Sichtbare). Während wir den ersten in einem, dem Lesen verwandten Prozess wahrnehmen, verlangt dieser eine gesamtheitliche, symbiotische, entlinearisierte Wahrnehmung. Nicht die Beziehung der Elemente, sondern das Ganze ist von Bedeutung – nicht Analyse, sondern Identifikation. Seeßlen schreibt hierzu:

> Es gilt der erste Blick und es gilt die tiefe Versenkung, aber in beiden Formen der Wahrnehmung des visuellen Codes ist die Zeit gleichsam ausgegrenzt, der Augenblick und die Ewigkeit berühren einander.[3]

Gleichzeitig will diese Wahrnehmung den Raum ganz ausfüllen: So wie die Kette des linearen Kodes nicht unterbrochen werden kann, ist es für das Bild des visuellen Kodes unmöglich, nicht vollständig gefüllt zu sein. Im Unterschied zu den traditionellen Künsten sind beide Kodes im Film immer präsent, gleichermaßen auf materielle Weise. Sie bedingen einander so sehr, dass das Manko genau wie das Übermaß eines der beiden als schmerzhaft empfunden wird. So entsteht ein kompliziertes Geflecht ineinander übergehender Wahrnehmungen, das auf ein vollständiges Erfüllen des Raumes und der Zeit ausgerichtet ist – wenn dies vielleicht auch mit einander widersprechenden Instrumenten geschieht. Während der lineare Kode in seiner logisch-rationalen Konsequenz eine vollkommen raumlose Zeit anstrebt, ist der visuelle Kode auf der Suche nach dem komplett zeitlosen Raum. Ein solches Ideal kann aber nur mittels der Vorstellungskraft des Zuschauers, der sich das jeweils Fehlende dazu denkt – erreicht werden.[4]

Von dieser Dualität ausgehend entsteht eine zweiseitige Betrachtung der filmischen Bilder, die sich in den beiden Theorieströmungen der Philosophie und der Psychoanalyse widerspiegelt:

Während sich die psychoanalytische Filmtheorie mit der Ordnung des Sagbaren (dem linearen Kode) beschäftigt, wird für die Filmphilosophie die Dualität des Sichtbaren (der visuelle Kode) in Bezug zum Film ausschlaggebend.

Beiden Theorien liegt dasselbe Ziel zugrunde, die (Erinnerungs)Bilder aus ihrem topologischen Gefängnis auf analytischer Ebene über die Zeit zu befreien. Während jedoch die psychoanalytische Theorie des Films die Ebene des Bildes zugunsten einer

---

3 Seeßlen, G.: ebd, S. 50.

4 Anm. aus ebd: Die lineare Konstruktion der Zeit ist hierbei ebenso ein Produkt unseres christlichen Kulturkreises wie das Prinzip der Verräumlichung. Wohingegen in östlichen Kulturen mit dem Glauben an die Reinkarnation die Zeit als kreisförmig erscheint, steht der Mensch der europäischen Neuzeit von Anfang an unter Zeitdruck. Die Erlösung für den christlichen Menschen liegt schließlich in seiner vollständigen Verräumlichung, für Menschen mit Reinkarnationsvorstellungen in der Verzeitlichung. Das Prinzip der Verräumlichung in der Erzählung des uns bekannten Films der westlichen Welt lässt sich auch an einer veränderten Bewegung im Übergang von außen nach innen verdeutlichen: Bewegungen im geschlossenen Raum werden langsamer, dramatische Konflikte im Innenraum drängen nach außen. Während in einem europäisch-amerikanischen Film die Schaffung eines zeitlosen Raumes den Augenblick der größten Ruhe bedeutet, ist dies in einem asiatischen Film die Schaffung der raumlosen Zeit.

sprachanalogischen Aufschlüsselung verlässt, sucht die Filmphilosophie den zeitlichen Aspekt auf der Ebene des Bildes selber.

Traditionellerweise, – und da macht auch die an Lacan orientierte feministische, psychoanalytische Filmtheorie keine Ausnahme – heben somit psychoanalytische Filmtheorien und -Interpretationen auf die *symbolische* Dimension ab. Manifeste Bildinhalte werden demnach gedeutet als Ausdrucksträger einer symbolischen Ordnung, die hinter den materialen Bildern steckt.

> Das heisst aber, dass die meisten psychoanalytischen Filmtheorien die in Filmen enthaltenen und verarbeiteten Erfahrungen auf phylogenetische und ontogenetische Stufen beziehen, die Fähigkeit zur Symbolbildung, die **Sprache** voraussetzen. [5]

E.1.1. Symbolisierung des Erinnerungsdiskurses

Die Idee, dass der Film eine eigene Sprache habe, bzw. eine eigene Sprache sei, ist schon sehr alt. Einer vermutlich apokryphen Anekdote zufolge soll bereits bei der ersten Vorstellung des Kinematografen Lumières ein Zuschauer ausgerufen haben, dies sei die Geburt einer neuen Sprache. Der Gedanke der Filmsprache zieht sich praktisch durch die gesamte Theoriegeschichte, wird aber an jeweils unterschiedlichen Aspekten des Mediums festgemacht.[6]

Den theoretischen Ursprung bildet jedoch **Freud** mit seinem Diktum der Traumdeutung, dass Erinnerungen und Wahrnehmungen an verschiedenen Orten stattfinden. Auf metaphorischer Ebene verdeutlicht dies Freuds anamnestische Gedächtnismetapher des Wunderblocks, welcher es erlaubt, die Dauerspuren der Schrift auf einer Wachstafel zu erhalten – obwohl sie auf der Oberfläche des Blocks, den Deckblättern, immer wieder gelöscht werden.

Die in Kapitel 2 beschriebene *Erinnerungsspur* des *Wunderblocks* entstammt allerdings einem ursprünglich von Freud konzipierten topischen Gedächtnismodell, welches anhand seines frühen *Entwurfs* und seiner *Traumdeutung* diskutiert werden soll. Eine Unterscheidung des metaphorisch verstandenen Wunderblocks und der topischen Gedächtnisvorstellung, wird besonders im Hinblick auf das Verständnis des intendierten Bezuges zur Philosophie verständlich.

Freuds Theorie des Unbewussten, die aus seiner Traumdeutung hervorgeht, findet zuerst praktische Anwendung in der **Hysterie**, als das Produkt dieser psychischen Arbeit, die an jenem *anderen Schauplatz* stattfindet.

Im Verlauf ihrer langen medizinischen Geschichte hat sich die Hysterie als somatische Erkrankung, für die keine klaren organischen Störungen festzumachen sind, hartnäckig einer präzisen Definition entzogen. Der surrealistische Dicher Louis Aragon erkannte gerade in der Unmöglichkeit, eine präzise und endgültige Nosologie (Krankheitslehre) der Hysterie zu erstellen, die Potenz dieser pathosgeladenen Körperspra-

---

[5] Koch, G.: *Psychoanalyse des Vorsprachlichen*, S. 7 in: *Frauen und Film: Psychoanalyse und Film*, Heft 36, Februar 1984, Frankfurt: Stroemfeld/ Roter Stern, Herv.des Autors.

[6] Vgl. Möller-Nass, K-D.: *Filmsprache. Eine kritische Theoriegeschichte*, Münster: MaskS-Publikationen, 1986; und Elsaesser, T./ Poppe, E.: *Film*, in: Asher, R.E. (Hg.): *The Encoclopedia of Language and Linguistics*, Band 3, Oxford-New York-Seoul-Tokyo: *Pergamon Press*, S. 1225-1241.

che.[7] Während Zwangsneurosen und Phobien ein verdrängtes Begehren in verbale Sprache übersetzen, verwandelt die Hysterie Worte und Ängste in somatische (körperliche) Manifestationen. Die Hysterie erweist sich somit als die einzige Neurose, die eine Überflutung des psychischen Apparats durch Vorstellungen zum Ausdruck bringt.

> Der hysterische Körper inszeniert einen pathologischen Überfluss an Einbildungen, an Phantasien, die fehlschlagen, und macht gleichzeitig deren Botschaft des Unbehagens an einer exaltierten und exzessiven Darbietung der Labilität und Fragilität des menschlichen Körpers fest. [8]

Die Körpersprache der Hysterie versteht Freud als nachträglichen Ausdruck jenes traumatischen Materials, das aufgrund einer Lücke im Psychischen das traumatische Ereignis konstitutiv mitbestimmt und von jedem unvermittelten Zugriff abdichtet. Das auf der Basis seines topischen Gedächtnismodells entworfene Bild der Hysterie veranschaulicht nicht nur dessen Dynamik und rational nicht fassbare Heterogenität, sondern weist durch die Betonung der Zeitlichkeit, sowie eines grundsätzlich dialektischen Bildmodells – zwischen Sprache und Körper, Ratio und Irratio, Aktualität und Virtualität – Parallelen zu den philosophischen Konzeptionen Bergsons (bezüglich des Gedächtnisses) und Deleuzes (bezüglich des *Kristall-Bildes*) auf.

Obwohl sich aus den Ansätzen von Freuds und Bergsons Gedächtnisentwürfen später komplett verschiedene Richtungen entwickeln, sind doch beide Modelle bestimmt von einer heterogenen Körperkonzeption, die die neuartige Idee des Kinos möglicherweise unbewusst bereits enthielt. Ein derartiger Bezug zu einem *Körpergedächtnis* zeichnet sich in der schauspielerischen Inszenierung der hysterischen Anfälle ab, in denen nicht nur – wenn auch indirekt – ein Bezug zum Kino gesehen werden kann, sondern gleichzeitig über ihre theoretische Konzeption wieder eine Schnittstelle für die scheinbar differenten Ansichten der Philosophen Bergson und Deleuze und dem Psychoanalytiker Freud entsteht.

Indem sowohl Freud, als auch Bergson dem Körper bestimmte Qualitäten aus der Perspektive der technischen Medien heraus zuschreiben, wird Heike Klippel[9] zufolge ein Spannungsfeld gekennzeichnet, in dem auch die Problemstellungen der Gedächtnistheorien der Jahrhundertwende anzusiedeln sind.

Zentrales Problem ist hier die Frage nach dem Verhältnis mechanisch ablaufender Schemata zum Bewusstsein der Vergangenheit. Die Erörterung dieses Komplexes kreist um die Gegensatzpaare *Erinnerung/Vergangenheit/Vorstellung* versus *Wiederholung/Präsens/Körper*. Erfahrung und Vorstellungskraft sind hierbei die wesentlichen Komponenten des Gedächtnisses. Dieser Konzeption von *Mémoire* entspricht nun nach Klippel das Kino. Mit der Betonung auf die Dynamik und Heterogenität psychologischer Prozesse anstelle eines statischen Speichermediums eröffnet sie damit über den Umweg der Gedächtnistheorien einen inzwischen weitgehend verschütteten Zusammenhang des frühen Kinos und seinem breit gefächerten Bezug der verschiedenen Bereiche des Lebens:

---

7 Vgl. Bronfen, E.: *Die Sprache der Versehrtheit*, in: Eiblmayr/Snauwaert/Wilmes/Winzen (Hg.): *Die verletzte Diva*, Kunstverein München, 2000, S. 122.

8 Ebd., S. 119.

9 Klippel, H.: *Gedächtnis und Kino*, Basel-Frankfurt/M.: Stroemfeld, 1997.

Ebenso wie das Produkt des Kinoerlebnisses ein über Körperlichkeit und Wahrnehmung angeeignetes, intuitiv erfasstes vorbegriffliches Wissen ist, treten in diesen Theorien die Produkte des Gedächtnisses als begrifflich nicht erschließbare *Wahrheiten* auf. [10]

Diese grundsätzlichen Parallelen der Gedächtnismodelle von Freud und Bergson bilden gleichsam den *Wendepunkt* der in der Folge auseinander schreitenden Wege der Psychoanalyse und der Philosophie, den Diskurs von Erinnerung und Bildern zu analysieren. Ob eines vergleichsweise ähnlichen topischen Gedächtniskonzeptes wird Freud dennoch innerhalb seiner Studien über die Hysterie die Heterogenität eines komplexen und nicht fassbaren Körpergedächtnisses aufgeben, zugunsten eines rationalen und eindeutigen Sprachanalysemodells:

Mit der so genannten *Redekur* der Hysteriekranken schafft Freud die Bedingungen für Lacans Diktum, dass das Unbewusste konzipiert ist wie eine Sprache. Lacans Spiegelanalogie, bei der das Symbolische (=die Sprache) schließlich die Dialektik zwischen dem Realen und dem Imaginären auflöst, wird das Basismodell für die in den 70er Jahren aufkommende *Apparatus* - und *Suture* - Theorie, dessen Köpfe Baudry und Metz sind.

Es entstehen somit zwei große Strömungen innerhalb der psychoanalytischen Filmtheorie, die sich direkt auf Lacan und Freud beziehen und deren Ansatz in den 80er Jahren von dem Philosophen Gilles Deleuze mit seinen zwei Büchern *Das Bewegungs-Bild* und *Das Zeit-Bild* kritisiert wird.

Christian Metz hat behauptet, dass das psychoanalytische Vorgehen im Bereich des Films von vorneherein ein semiologisches sei, weil es hierbei in lacanianischen Termini gesprochen immer darum ginge, „das Kino-Objekt dem Imaginären abzuringen und für das Symbolische zu gewinnen“[11], auch wenn (oder gerade weil), so Metz, die Aufmerksamkeit im Vergleich zu einer klassischeren Semiologie vom Ausgesagten auf das Aussagen gelenkt würde.

Der Bezug zum Diskurs der Erinnerung verlagert sich bei dem Bereich der psychoanalytischen Filmtheorie somit vom Bild, über den Fokus der Wahrnehmung (als aktive und interaktive Form von Erinnerung) und des Zuschauer-Leinwand-Verhältnisses auf die Sprache.

Mit dem *Scheitern* Freuds seiner noch auf bildtheoretischer Ebene ausgerichteten Theoriekonzeption, wird also der bereits erwähnte *Wendepunkt* vollzogen, an dem sich Sprache als bildanalytischer Ansatz für die folgende psychoanalytisch ausgerichtete Filmtheorie durchsetzt.

---

[10] Ebd., S. 17.

[11] Metz, C.: *Der imaginäre Signifikant. Psychoanalyse und Kino*, Münster: Nodus Publikationen, 2000, S. 13.

E.1.2. Die Erinnerung als *Bild*

Dem Verständnis des Erinnerns über die sprachliche Aufschlüsselung der Psychoanalyse, steht also dasselbe auf rein bildtheoretischer Ebene gegenüber.

Bergson konzipiert etwa zeitgleich zu Freud (tatsächlich ein bisschen früher) ein Gedächtnismodell, welches sich trotz der verschiedenen Intentionen in seiner *körperbezogenen Dynamik* ähnelt. Auf der bereits von Pierce vorbereiteten Neubewertung des Visuellen innerhalb der abendländischen Erkenntnistheorie, gibt Bergson dem Bild als prozesshaft verstandenes Erinnerungsmagazin eine neue ontologische Bedeutung für die Metaphysik.

Das 3. Kapitel beschreibt damit mit Bergson das Verständnis der Erinnerung als Prozess, wobei das Bild *als Gedanke* dem mnemotechnischen Verfahren der antiken Redner ähnelt. Ausgehend von der Dauer entwickelt Bergson eine Zeitphilosophie des menschlichen Bewusstseins, welches nur über einen an sich nicht miteinander vereinbarenden Dualismus zwischen Materie und Geist beschrieben werden kann. Aus diesem ergibt sich schließlich der für Bergsons Gedächtniskonzeption paradigmatische Aspekt einer ihr impliziten dualistischen Dialektik zwischen der reinen, virtuellen und als solche nicht wahrnehmbaren Erinnerung (*souvenir pur*) und dem Bild als Wahrnehmung (*image-souvenir*).

Eine solche Dialektik zwischen Körper und Geist bestimmt ebenso die Konzeption des Hysteriebildes bei Freud. Wohingegen dieser jedoch das Paradox zugunsten der Sprache auflöst, erfährt der das Bergsonsche Modell bestimmende und untrennbare Widerspruch weder auf sprachlicher, noch auf bildtheoretischer Ebene eine wirkliche *Auflösung* oder *Erlösung.*

Chris Markers Foto-Roman *La Jetée* vermag es auf filmischer Ebene Bergsons dialektisches Gedächtnismodell zu veranschaulichen. Aus einer Aneinanderreihung von sich ablösenden und sich überblendenen Fotos entsteht das Medium eines *Zwischenstadiums*, welches bestimmt ist von den sich abwechselnden Zuständen *Bewegung* und *Starre*. Die Fotos verdeutlichen die Heterogenität des Raumes über die Zeit – eine unsere Wahrnehmung bestimmende physikalische Voraussetzung, von der Bergson ausgeht. Auch der Inhalt der Geschichte kann in einen Bezug zu Bergsons Gedächtniskonzept gebracht werden. Besonders eignet sich jedoch die ästhetische Form in *La Jetée* dazu, die von Bergson vertretene These der fragmentierten menschlichen Wahrnehmung darzustellen. Die den Film bestimmende Suche nach dem Ausbrechen des topologischen Gefängnisses, wird Ausdruck für das dem Konzept Bergsons implizite ***Bewegungs-Paradox.***

Über diese unaufgelöste Dialektik innerhalb des Bergsonschen Modells wird das Scheitern seines Konzeptes auf praktischer Ebene verständlich. Bergsons Ablehnung gegenüber Symbolisierungen, sowie gegenüber jeglichem Versuch der pragmatischen Anwendung seiner Theorie tragen hierzu bei.

Kapitel 4 greift dieses Problem erneut in Zusammenhang mit dem Bezug von Deleuzes Filmtheorie und Bergsons Gedächtnisphilosophie auf. Hier geht es in erster Linie darum, zu zeigen, auf welche Weise Deleuze die beiden Aspekte des Bergsonschen Gedächtnismodells – die Differenz und die Totalität – über die *Zeitlichkeit* des Bildes auflöst.

E.1.2.1. Zeitlichkeit des Bildes

Deleuze übernimmt den Bildbegriff von Bergson und macht sich diesen mitsamt der erweiterten Konzeption von *Aktualität* und *Virtualität* für seine Filmtheorie zu Nutzen. Gleichzeitig löst er das das Bergsonsche Gedächtnismodell bestimmende Paradox zugunsten der Zeit auf, indem er dem Medium des Filmbildes in seinem zweiten Kinobuch eine *virtuelle* Komplexität von Zeitlichkeit zuspricht. Dieses die Differenz von Deleuzes beiden Kinobüchern bestimmende *Bewegungs-Paradox* repräsentiert gleichzeitig die Differenz zwischen Bergsons und Deleuzes Bildkonzeption.

> Erst eine Zeit, die aus den Fugen gerät – eine sowohl vom Raum, als auch von der Bewegung befreite, eine zentrumslos und linear gewordene Zeit – ermöglicht mit Deleuze (gegen Hegel) ein konsequent positives und immanentes Denken von Differenz. Sie vermag es, den offen gelegten Riss des Bewegungs-Paradoxes zu fusionieren.[12]

Deleuze selber berührt das Thema der Zeitlichkeit in Bezug zu Bildern tatsächlich eine lange Zeit nicht (zwischen 1970 und 1980 gibt es eine *Pause*). Erst 1981 wird er wieder davon sprechen – allerdings diesmal ganz anders, als in den vorherigen Jahren. In dieser *Pausen-Zeit* wird Deleuze vom Differenz- zum Immanenzdenker. Folgen wir Schaub, so ist dieser Wechsel im Deleuzschen Denken motiviert durch einen gleichzeitigen Medienwechsel innerhalb seiner Philosophie von der Schrift (resp. Sprache) zum Bild (resp. Film) – ganz nach dem Motto: „Gelingt es mit dem Bild, dem Sichtbaren jene *Parallelwelt* zum Sagbaren zu eröffnen, welche die Bedingung des Sagbaren vollzieht?"[13]

Entscheidend für das Verständnis dieser Arbeit ist, dass Deleuzes Theorie besonders in dem Versuch entsteht, sich gegen die Theoretiker der Psychoanalyse zu stellen – insbesondere gegen Christian Metz, der das Filmbild mit einer sprachlichen Aussage zu analysieren versuchte.

Ausgehend von den zwei sich einander ausschließenden Wirklichkeitsebenen unserer Wahrnehmung, – das Sichtbare und Hörbare versus dem Sag- wie Denkbaren – die zuvor in der Geschichte der Menschheit immer nur voneinander getrennt dargestellt werden konnten, macht für Deleuze erstmals der Film die *künstliche* Kombination dieser beiden Ebenen mit Hilfe des *unsichtbaren* Schnitts möglich. Da *falsche*, das heißt von der Normalität abweichende Bewegungen nicht die Ausnahme, sondern der *Regelfall* der scheinbar natürlichen Bewegungen im klassischen Kino sind, gerät auch der Wahrheitsanspruch, der sich mit einer bestimmten künstlichen Darstellung einer natürlichen Bewegung verband, ins Wanken. Die Entdeckung dieser *Macht des Falschen und des Fälschens*, wie Schaub es ausdrückt, die sich auf der Ebene der sprachlichen Aussagen über diese Bilder machen lassen, gründet sich für Deleuze in einer neuen Sicht auf Zeit. *Zeitlichkeit* bedeutet hierbei für Deleuze die Möglichkeit, unterschiedliche Schnitte auf verschiedenen Ebenen auszuführen und Neuverkettungen zwischen den verschiedenen Ebenen zu initiieren – eine Möglichkeit, die erst das moderne Kino entdeckt habe:

> Die Darstellung und die darstellerischen Mittel des Kinos entpuppen sich mit einem Mal als *fälschende Kräfte*, die uns mit großer Leichtigkeit Bilder zu sehen geben, die zwar so konkret und

---

12 Schaub, Mirjam: *Gilles Deleuze im Kino. Das Sichtbare und das Sagbare*, München: Fink Verlag, S. 11.

13 Ebd., S. 20.

> bestechend bleiben, wie Bilder es immer schon waren, die uns aber zugleich im Gestus des Faktischen etwas zu sehen geben, das unserer Logik widerspricht, vor allem der Logik der an Sprache geschulten Modalzeiten.[14]

Zeit ist damit bei Deleuze eng an den Begriff der Wirklichkeit geknüpft – Zeitlichkeit dargestellt als Heterogenese der beiden Parallelwelten im Film entspricht Deleuze zufolge einer wahreren Vorstellung von Realität (eine Realität, die wir nur künstlich erschaffen können). Die technischen Mittel des Films, wie Deleuze aufzeigt, ermöglichen es uns, eine Wirklichkeit zu konstruieren, die sich der Welt, wie wir sie normalerweise wahrnehmen, durch die Glaubwürdigkeit der Bilder einerseits annähert, sich andererseits aber auch von ihr entfernt durch die Künstlichkeit der Narration.

Wir sind also damit nach Deleuze mittels des Films als das das 20. Jahrhundert prägendste technische Medium in der Lage, unsere Wirklichkeit zu verändern (allerdings nur in dem gesteckten Rahmen der technischen Möglichkeiten), die damit – innerhalb dieser technischen Bedingungen – Ausdruck wird von unserem Denken, unserer Wahrnehmung, kurz unserem Gedächtnis. Deleuzes Kritik an einem linguistischen Ansatz von Metz richtet sich damit weniger an die Sprache an sich, als – wie Mirjam Schaub konstatiert – an verfestigte Modelle / Bilder/Termini der Linguistik oder auch der Psychoanalyse.

Mit seiner Abkehr vom Paradigma des Sagbaren – dem *linguistic turn* – und der Hinwendung zum Sichtbaren – dem *iconic turn* – meint Deleuze demzufolge im Kino Zeit in ihrem Reinzustand zu finden. Gleichzeitig eröffnet er mit dieser Philosophie eine bildtheoretische Erklärung des bereits erwähnten *Bewegungs-Paradoxes*, an der noch Bergson scheiterte und die von Freud über die Sprache geregelt wurde. Der zeitlichen Dissoziation von Deleuze innerhalb der Immanzebene des Bildes steht somit die sprachliche Analyse von Freud gegenüber.

Im zweiten Teil des vierten Kapitels sollen die aus diesem Verständnis konzipierten direkten *Zeit-Bilder* von Deleuze vorgestellt werden. Während die ersten beiden, klassischen Beispiele für das Verständnis einer a-chronologisch gewordenen Zeit stehen, soll anhand des Schaubschen Verständnisses des dritten *Zeit-Bildes*, als das *unsichtbare Intervall,* der Unterschied des *Bewegungs-* und des *Zeit-Bildes* verdeutlicht werden. Das Intervall, welches sich dieser Theorie zufolge *virtuell* im modernen Kino zwischen zwei durch einen alogischen Schnitt verkettete Bilder nistet, ist hiernach ein Effekt des Einbruches unterschiedlicher Simultanzeiten, welche die Sinnproduktionen generieren.

An dieser Stelle wird mit Schaub die Zuordnung *Sukzessivität/Sprachlichkeit* und *Simultaneität/Bildlichkeit* zu schematisch, um die Gesamtheit der zeitlichen Wirkungen zu beschreiben, die in beiden Ordnungen als inszenatorisches Produkt herstellbar sind.

> Im *Zeit-Bild* wird dieser Zusammenhang zwischen Bildern und Bewegungen noch sinnfälliger, wenn dieses *Dazwischen* unermesslich und bilderlos wird, wenn das Sichtbare durch diesen Bildentzug des falschen Anschlusses als falsche Bewegung erscheint.[15]

---

[14] Ebd., S. 83.
[15] Ebd., S. 85.

Im Vergleich hierzu werden Bergsons Gedächtnisbilder anhand von *La Jetée* als sichtbare Intervalle deutlich. Die fehlenden Bilder und Anschlüsse führen hier noch nicht zu dem von Deleuze geforderten a-chronologischen Zeitverständnis.

Bergsons Gedächtnismodell bewegt sich damit *noch* zwischen den Kriterien des Deleuzschen Kinobuchs 1 *Das Bewegungs-Bild* und des Kinobuchs 2 *Das Zeitbild.* Als Ausdruck einer unauflösbaren Dialektik zwischen Körper und Geist, Sichtbarem und Sagbarem, Bewegung und Starre, die sowohl dem Bergsonschen als auch dem Freudschen Gedächtnismodell zugrunde liegt, zeichnet sich hingegen eine andere Konzeption ab, der Deleuze eine spezielle Rolle innerhalb der Einordnung seiner *Zeit-Bilder* zukommen lässt: **das *Kristall-Bild.***

In der für diese Bildkonzeption charakteristischen Ununterscheidbarkeit von *aktuellen* und *virtuellen* Momenten findet *noch* eine Auseinandersetzung mit dem Visuellen und dem Sprachlichen statt. Die Entscheidung zu der einen oder der anderen Seite ist noch nicht gefallen. Gleichsam handelt es sich bei diesem Bildtypus im Deleuzschen Termini um ein *Unmögliches*, welchem daher – ähnlich wie Freud die Hysterie betrachtet hat – keine dauerhafte Existenz zugestanden wird. Durch seine Verkapselung von direkter Zeit stellt das *Kristall-Bild* eine – in den Worten Schaubs – *modal- und sukzessionslogisch restringierte Zeit* dar, die die metaphysischen Spekulationen Deleuzes über die serialisierende und verschiebende Wirkung von Zeit repräsentiert.

Das *Bewegungs-Paradox* ist hierbei das Präsenzproblem des *Kristall-Bildes*, welches den von Ropars-Wuilleumier zitierten und analysierten Riss dieses Problems gleichzeitig offenlegt und fusioniert. Der *Riss,* der auf die Doppelheit des Bildes verweist, verdeutlicht die Grenzen dieses Bildes: Das *Kristall-Bild* als Produkt des *Bewegungs-Bildes* und Vorstufe des *Zeit-Bildes* wird somit zu einem theoretischen *dead end*, das es (Deleuze zufolge) durch direkte *Zeit-Bilder* bzw. durch die *Virtualität* der Zeit zu überwinden gilt.

In Kapitel 5 dieser Arbeit sollen über diese Konstruktion des indirekten *Zeit-Bildes* (dem Deleuzschen *Kristall-Bild*) Verbindungen hergestellt werden zwischen der Freudschen Hysterie und Bergsons Gedächtnisdispositiv anhand von *La Jetée*.

In seinem *Bacon-Buch* wendet Deleuze den Begriff der Hysterie an, um Bilder als Diagramme und *Intensitäten*, bestimmt von einem beständigen *Zu-früh* und *Zu-spät*, auszumachen. Damit werden Bilder für Deleuze

> (...) zu Kräftefeldern des Sichtbaren (...), die aber Gefahr laufen, die unsichtbaren Kräfte zu stark an sich zu binden, sie von ihrem Außen abzubinden und gerinnen zu lassen wie Milch.[16]

Diese *hysteron-proteron*-Struktur ist auch bei Barthes und seinem Zeitverständnis von Fotos zu finden. Auf der Annahme, dass Fotos und Bilder über eine Zeitlichkeit verfügen, die der der Hysterikerin gleicht, entsteht schließlich eine theoretische Basis, auf der die drei vorgestellten bildhaften Erinnerungsmodelle miteinander verbunden werden können. Aus der Perspektive von Deleuze entsteht somit ein Verständnis von Zeitlichkeit in Bildern, die einen Bezug zu der Hysterie und damit zu Freud und den Fotogrammen von *La Jetée* bzw. dem Bergsonschen Bildermagazin eröffnet.

Für die Argumentation dieser Arbeit ergibt sich somit über die Deleuzsche Konzeption des *Kristall-Bildes* eine Verbindung zwischen dem Bergsonschen Gedächtnismo-

[16] Ebd., S. 228.

dell und der Freudschen Hysterie. Diese Konstruktion veranschaulicht nicht nur grundsätzliche Analogien zwischen den verschiedenen Theorieströmungen der Psychoanalyse und der Philosophie, sondern bietet außerdem eine bildtheoretische Analyse für *La Jetée* und die Hysterie.

Als Ausdruck jenes *Risses*, von dem Deleuze spricht, bewegen sich das *Kristall-Bild* – wie *La Jetée* und die Hysterie – noch in der nicht ausgefochtenen Unterscheidung zwischen Sichtbarem und Sagbarem. Nur in dieser Form scheint damit ein wirklich ausgeglichenes Verhältnis der beiden Ordnungen zu bestehen. Die Problematik dieser Konzeption wird auf der anderen Seite anhand des Foto-Films deutlich, der in dem Zwischenstadium von Starre und Bewegung niemals wirklich entstehen kann. Erst mit der Sprengung des Kristalls wird es möglich, diese dualstisch-dialektische Verzahnung der beiden Ordnungen aufzulösen. Sowohl Freud, als auch Deleuze entscheiden sich hierfür. In beiden Fällen entsteht eine Verlagerung zugunsten der einen bzw. der anderen Ordnung:

Deleuze konzipiert hierbei die reine *Virtualität* als Sichtbares im Bild[17], indem er ihr eine *erlösende* Zeitlichkeit zuordnet. Auch Freud erkennt diese aktualisierte Virtualität. Bei seiner Wahl zugunsten des aktuellen Sagbaren fällt sie jedoch in den Bereich des unsichtbaren Unbewussten.

Über die Konzeption des *Kristall-Bildes* kann somit ein Bogen gespannt werden von der Filmphilosophie Deleuzes in den 80er Jahren, zurück zu den Ursprüngen der Psychoanalyse und dem neuen Denken über das Bild in der Philosophie.

In dieser Arbeit wird also ausgehend von Freud und Bergson der Weg nachgezeichnet, den das Verständnis der Erinnerung zum Bild ab Beginn dieses Jahrhunderts – also zeitgleich mit der Entstehung des Kinos – gegangen ist. Hierbei sollen aus einer Deleuzschen Perspektive heraus Zusammenhänge zwischen den Modellen Freuds, Bergsons und Deleuzes erstellt werden.

---

[17] Anm.: Die eigentliche Unmöglichkeit dieser Theorie begründet sich dadurch, dass Bilder an sichschon *aktuell* und *virtuell* sind und immer über uneingeschränkte Präsenz verfügen.

Was also ist Wahrheit?
Eine bewegliche Armee von Metaphern.[18]

Kapitel 1: Ursprung und Metaphorik der Erinnerung

1.1 Begriffsdefinition von Erinnerung

Die Funktion des Gedächtnisses ist der Schutz der Eindrücke; die Erinnerung zielt auf ihre Zersetzung. Das Gedächtnis ist im Wesentlichen konservativ, die Erinnerung ist destruktiv.[19]

Benjamins Unterteilung der zwei Momente der *Mémoire* in einen konservativen und einen destruktiven Aspekt hat scheinbar einzig der französische Begriff als Einheit gedacht hat. Diese Dualität ist nicht nur in dem Zwiespalt der aktuellen Gedächtnisdebatte[20] erkennbar, sondern überträgt sich offenbar auf die – oder hat ihren Ursprung – in den geisteswissenschaftlichen Konzeptionen von Metaphern und Bildern. Die bis heute in der Wissenschaft fehlende Möglichkeit, einen konkreten Ort im Gehirn mit diesem Begriff in Verbindung zu bringen, weist die *memoria* noch heute als einen metaphorischen Begriff aus.

Auf der Suche der Wurzeln des lateinischen Wortes *memoria* bis hin in die griechische Ursprungslandschaft, stoße man, so Dietrich Hart[21], auf eine den Sprachen gemeinsame Wurzel: *men-*, ableitbar von dem lateinischen Wort *mens* und analog zu dem deutschen Wort *Verstand.* Die griechischen Bedeutungen von *Mnemonik* und *Mnemosyne* als Verwandte von *Geist* und *Kraft* (griechisch: *ménos*) machen im Vergleich eine ähnliche Verwandtschaft von Denk- und Erinnerungsvermögen zur Ratio deutlich. Der in der Umgangssprache zumeist unbewusste Gebrauch der deutschsprachigen Schlüsselbegriffe *Gedächtnis* und *Erinnerung* (wie z.B. *sich erinnern* oder *ein gutes Gedächtnis haben*) verdeutlicht, dass die bildlichen Ausdrücke selbst längst zu festen in unserer Kultur verankerten Redeweisen geworden sind.

Wohingegen *Gedächtnis* nach Harth im Allgemeinen für das Vermögen steht, sich erinnern zu können, meint man mit *Er - Innerung* mehr die Lektüre der dem Gedächtnis eingeschriebenen Gedanken oder Erfahrungen. Ausdrücke wie *Gedanke*, *Andenken*, *Gedenken* usw. schreiben dem Gedächtnis jedoch auch die Fähigkeit eines geistigen Innewerdens zu, als jenes *Er - Innern* wiederum, von dem es bei Hegel heißt, es sei ein *Sichinnerlichmachen.*[22] Das Reflexive des deutschen Sprachgebrauchs, des *sich erinnern* nimmt dieses Charakterium wörtlich.

---

[18] Nietzsche, F.: zitiert aus Draaisma, D.: *Die Metaphermaschine. Eine Geschichte des Gedächtnisses,* in: Wissenschaftliche Buchgesellschaft Darmstadt 1999, S. 5.

[19] Benjamin, W.: *Über einige Motive bei Baudelaire*, in: Tiedemann,R./ Schweppenhäuser, H.(Hg.): *Gesammelte Schriften*, Bd. 1-6., Frankfurt/M., 1972-1985, S. 612.

[20] Anm.: Trotz der unendlichen Vielfalt der Perspektiven auf die aktuelle Gedächtnisdiskussion, ordnet Heike Klippel dieser zwei Richtungen zu: dies ist einmal der Speichergedanke und zum anderen die Vorstellung einer beständigen Dynamik der symbolischen Strukturen. Vgl. hierzu Klippel, H.: *Gedächtnis und Kino*, Frankfurt/M.: Stroemfeld, 1997.

[21] Harth, D.: *Die Erfindung des Gedächtnisses*, Frankfurt /M: Keip Verlag, 1991, S. 36.

[22] Hegel, G. W. F.: *Erinnerung an Plato – Erinnerung ans Allgemeine*, in: *Vorlesungen über die Geschichte der Philosophie 1* (1816-1830), in: *Sämtliche Werke* , 18. Bd.,V.H., Hg. Glockner, 2. Bd., 4. Aufl. Stuttgart: Fr. Frommann Verlag (Günter Holzboog), 1965, S. 203-205.

Erinnerung ist damit also nicht nur ein reproduktives Wieder-Holen von längst Vergangenem, sondern kann vielmehr als „ein reflektierendes, analysierendes, am schöpferischen Diskurs des Intellekts teilhabendem Denken der vergangenen Dinge verstanden werden."[23] Verbleiben wir also auf dem Boden des alltäglichen Sprachgebrauchs, so erscheint *Gedächtnis* Aleida Assmann zufolge als „virtuelle Fähigkeit und organisches Substrat neben Erinnerung als aktuellem Vorgang des Einprägens und Rückrufens spezieller Inhalte."[24] Anstatt die Begriffe allerdings als Oppositionen zu begreifen, macht Assmann mit ihrem Konzept von *Speicher-* und *Funktionsgedächtnis* vielmehr auf die komplementären Aspekte eines Zusammenhangs dieses Begriffspaares aufmerksam.

1.2 Zum Methaphernbegriff: *Wachstafel* und *Magazin* als Ursprungsmetaphern der *Memoria*

Generell verschließt sich also offenbar nach Aleida Assmann das Phänomen *Erinnerung* direkter Beschreibung und drängt in die Metaphorik. Bilder spielen dabei die Rolle von Denkfiguren, die die Begriffsfelder abstecken und die Theorien orientieren. Aristoteles definierte die *Metapher* in der Poetica als die

> Verwendung eines fremden Namens durch die Übertragung von der Gattung zur Art, oder von der Art zur Gattung, oder von Art zu Art, oder durch Ähnlichkeit, das heißt: Verhältnismäßigkeit.[25]

Zwei Elemente, die Verwendung eines *fremden Namens* und die *Übertragung* der Bedeutung, zählen nach wie vor zum Wesen des metaphorischen Sprachgebrauchs. Ersteres verweist auf die Abweichung vom gewohnten Kontext, die in jeder Metapher enthalten ist. Der Begriff der *Übertragung* gibt dahingegen an, dass die Konnotationen des Wortes vom üblichen Sprachgebrauch auf den neuen, *fremden* Kontext übertragen werden. Wie die Beziehung zwischen diesen beiden Kontexten jedoch genau aussieht, wie sich Metaphern zur Wirklichkeit verhalten, ob man alle Metaphern gegen wörtliche Beschreibungen eintauschen kann, und sogar ob überhaupt wörtliche Beschreibungen existieren – in diesen Fragen herrscht keinerlei Übereinstimmung in der Wissenschaft.[26]

Im weiten Feld der Sprache erscheint die Metapher dennoch als ein besonders geeigneter Kandidat, strukturelle Einsichten in die Funktionsweise von *Bildern* zu eröffnen, ob sie nun „gemalt, skulpiert, gebaut, gestellt, gespielt oder getanzt" sind.[27] Von

---

23 Harth, D: a.a.O.

24 Assmann, A.: *Zur Metaphorik der Erinnerung*, in: Harth, D.(Hg.): *Mnemosyne – Formen und Funktionen der kulturellen Erinnerung*, Fischer Wissenschaft, August 1994, S. 13-34, hier S. 14.

25 Aristoteles: *Poetica*, S. 6; zitiert aus Draaisma, D.: *Die Metaphermaschine. Eine Geschichte des Gedächtnisses*, Darmstadt: Wissenschaftliche Buchgesellschaft, 1999.

26 Vgl. hierzu Draaisma, D.: ebd., 19-23.

27 Haverkamp, A. (Hg.): *Theorie der Metapher*, in: *Wege der Forschung, Bd. 389*, Darmstadt 1983; Weinrich, H.: *Metapher*, in: Ritter/Gründer (Hg.): *Historisches Wörterbuch der Philosophie*, Basel 1980; vgl. hierzu auch Nierrad, J.: *Bildgesegnet und Bildverflucht*, in: *Forschungen zur sprachlichen Metaphorik; Erträge der Forschung*, Bd. 63, Darmstadt 1977; Ricoeur, P.: *Die lebendige Metapher*, München : Fink 1991; Kurz, G.: *Metapher, Allegorie, Symbol*, Göttingen: Vandenhoek und

ihrem Verständnis aus kann das Wesen der Metapher als die Verwendung eines konkreten Bildes begriffen werden, welches dazu dient, abstrakte Beziehungen zu verstehen oder formulieren zu können. Seit der Antike hat man sie von der Syntax aus verständlich gemacht. Neben der nicht zu verkürzenden Vieldeutigkeit einer metaphorischen Syntaktik[28], lässt sich die Metapher außerdem als ein Phänomen des Kontrastes kennzeichnen. Letzterer resultiert gerade aus den überraschenden Wortfolgen, aus Brüchen, Inversionen oder unüberbrückbaren geistigen Sprüngen. Charakteristisch erscheint hier die gleichzeitige Kombination von Gegensätzen, die auf die Unterscheidung von zwei Denkebenen verweist, hierbei aber – Beck[29] zufolge – weder der einen, noch der anderen Ebene angehörig ist, sondern als Vermittler zwischen analogen und semantischen Formen des Denkens ein *go-between* darstellt. Diese Interpretation der Metapher wird von den neuesten Versuchen, den neurologischen Ort bildhaften Sprachgebrauchs zu lokalisieren, gestützt.[30]

Was immer sich also im sprachlichen Bild fügt, seine innere Differenz wird stets als eine einzige Sinngröße erfahrbar. Das eigentliche *Wunder* der Metapher ist damit in den Worten Gottfried Boehms „die Fruchtbarkeit des gesetzten Kontrastes. Er fügt sich zu etwas Überschaubarem, Simultanem, etwas, das wir Bild nennen."[31] Unter *Metaphorik* ist in diesem Zusammenhang eine nicht umschreibende, sondern den Gegenstand zuallererst erschließende, konstituierende Sprache gemeint. Die Frage nach unterschiedlichen Gedächtnis-Bildern wird damit zugleich zur Frage nach unterschiedlichen Gedächtnismodellen, ihren Kontexten, Bedürfnissen, Sinn-Figurationen.

In einem knappen, wegweisenden Aufsatz zum Thema hat Harald Weinrich festgestellt, dass im Bereich der Memoria-Metaphorik nicht, wie man annehmen könnte, eine bunte, unüberschaubare Bilder-Fülle herrscht.[32] Nach seiner Ansicht gibt es überhaupt nur zwei Zentralmetaphern: die *Wachstafel* und das *Magazin*.

Sie haben ihre spezifische Herkunft und gehören bestimmten Traditionen an.

Die *Magazin-Metapher* stammt demzufolge aus dem Kontext der Sophistik und Rhetorik, der pragmatischen Ausarbeitung von Sprachfertigkeit und Gedächtniskapazität im Rahmen einer erlernbaren Technik überzeugender Rede.[33] Die von Platon elaborierte *Wachstafel-Metapher* dagegen bezieht sich nicht auf ein artifizielles, sondern auf das natürliche Gedächtnis. Dieses erscheint als eine geheimnisvolle göttliche Gabe und

---

Ruprecht 1988; eine umfassende Bibliographie: Shibles, W. A.: *Metaphor: An annotated bibliography and history*, Whitewater, Wisconsin: Language Press, 1971.

28 Vgl. Zitat Boehm, G.: „Alle Versuche, die Metapher sprachlich zu normalisieren, müssen scheitern." in: *Die Wiederkehr der Bilder*, in:ders. (Hg.): *Was ist ein Bild?*, München Fink Verlag 1994 , S. 28.

29 Beck, G.F.: *The metaphor as mediator between semantic and analogic modes of thought*, in: *Current anthropology*, 19 (1978) 1, S. 83-88.

30 Vgl. Danesi , M.: *The neurological coordinates of metaphor*, in: *Communication and cognition,* 22 (1989) 1, 73-86; Obwohl Danesis zufolge die *neurologischen Koordinaten der Metapher* bis dato nicht genau bestimmt werden konnten, gebe es doch einige Beobachtungen, die die Metapher neurologisch als ein *go-between* zwischen Bild und Sprache ausweisen.

31 Boehm, G.: *Die Wiederkehr der Bilder*, in: ders.: *Was ist ein Bild?*, a.a.O., S. 29.

32 Weinrich, H. 1964, *Typen der Gedächtnismetaphorik*, in: Rothacker, E. / Scholtz, G. (Hg.): *Archiv für Begriffsgeschichte*, Bouvier 1999, S. 23-26.

33 Anm.: Gemeint ist hier das künstliche Gedächtnis. Vgl. hierzu auch die Ursprungslegende der abendländischen Mnemotechnik.

wird im Innersten der menschlichen Seele angesiedelt. Weinrich fasst Platons These mit folgenden Worten zusammen:

> Die Zweiheit der Memoria-Bildfelder ist ein Faktum der abendländischen Geistesgeschichte. Sie hängt wahrscheinlich mit der Doppelheit des Phänomens Memoria zusammen; die Magazinmetaphern sammeln sich nämlich vorwiegend um den Pol Erinnerung.[34]

In ihrem Versuch, die Unterscheidung von Geschichte und Gedächtnis als zwei Modi der Erinnerung festzuhalten, ohne sie als dualistisches Gegensatzpaar zu verstehen, unterteilt Aleida Assmann[35] nochmals die *Magazin-Metapher* in eine dem *monumentalen* oder dem *archivarischen* Gedächtnis zugewandten Richtung:

Wohingegen ersteres Gedächtnisbildung im Sinne der Kanonisierung einer Auswahl mit dem Zweck der Stablisierung werthafter Fixpunkte und Erzeugung von Verbindlichkeit bedeute, handele es sich bei letzterem um die Konservierung einer grundsätzlich offenen und unstrukturierten Menge, „einschließlich all dessen, was aus der Gegenwart gefallen ist und anderswo keine Chance mehr hat zu überleben."[36]

Damit kommt sie zu den Begriffen des *bewohnten* und des *unbewohnten* Gedächtnisses, die sich komplementär zueinander verhalten. Die wichtigsten Merkmale jenes lebendigen, bewohnten Gedächtnisses als das *Funktionsgedächtnis* sind hier Gruppenbezug, Selektivität, Wertbindung und Zukunftsorientierung. Festgehalten würden hier allein Dinge mit vitalem Bezug für die Gruppe – falle dieser weg, trete das Vergessen ein. In mündlichen Kulturen übernehme dies die körperliche Mnemotechnik, in Schriftkulturen die Kanonisierung als materielle Stabilisierung traditionstragender Texte.

Das *Speichergedächtnis* analog zum *unbewohnten* Gedächtnis wirke diesem Vergessen entgegen; es müsse, so Assmann, als ein Gedächtnis zweiter Ordnung begriffen werden, als *„Gedächtnis der Gedächtnisse"* – vertreten in unserer Kultur in den historischen Wissenschaften als die „Institutionen der Vergegenwärtigung".[37]

Die Verdopplung der *Magazin-Metapher* führt also wieder zu der dualen Einteilung unseres alltäglichen Sprachgebrauchs des Gedächtnisses als Speicher und der Erinnerung als aktuelle Funktion zurück. Eine mögliche Verschränkung dieser beiden Modi sieht Aleida Assmann unter anderem in der Psychotherapie. Die Lebensgeschichte des einzelnen – die *story*[38] als das individuelle Funktionsgedächtnis – werde innerhalb der Therapie mittels einer formativen Struktur gedeutet.[39]

Die Beziehung zwischen *Speicher-* und *Funktionsgedächtnis* ist hierbei nicht mehr als dualistischer Gegensatz zu verstehen, sondern *perspektivisch*:

---

[34] Weinrich, H.: a.a.O., S. 26.

[35] Assmann, A.: *Funktionsgedächtnis und Speichergedächtnis - Zwei Modi der Erinnerung*, in: Platt, K./ Dabag, M.: *Generation und Gedächtnis*, Opladen 1995, S. 169-185.

[36] Assmann, A. 1994: a.a.O., S. 30.

[37] Assmann, A. 1995, a.a.O., S. 170.

[38] Anm. aus ebd., S. 183: „Der Theologe und Psychotherapeut Dietrich Ritschl hat diesen Gedanken in einem Grundsatz zusammengefasst: "Wir sind die Geschichten, die wir von uns erzählen können". Vgl. Ritschl, D.: *Das story-Konzept in der medizinischen Ethik*, in: ders.: *Konzepte*, München 1986, S. 201-212.

[39] Vgl. hierzu: White, M. /Epston: *Literate Means to Therapeutic Ends*, Adelaide 1989, S. 20.

So wie das Speichergedächtnis das Funktionsgedächtnis verifizieren, stützen oder korrigieren kann, kann das Funktionsgedächtnis das Speichergedächtnis orientieren und motivieren.[40]

Ein vom *Speichergedächtnis* abgekoppeltes *Funktionsgedächtnis* verkomme zum Phantasma, andersherum verkomme das isolierte Funktionsgedächtnis zu „einer Masse bedeutungsloser Informationen."[41] Beide Gedächtnismodelle Aleida Assmanns sind ausschließlich *raumorientiert*, da sie den Zeitfaktor in der Figur des Ensembles, der Kollektion auflösen.

Dem raumorientierten Gedächtnis gegenüber steht ein rein *zeitorientiertes*:

Zeitorientierte Gedächtnismodelle akzentuieren die Diskontinuität der Zeit, sie setzen bei der Priorität des Vergessens und der Unwahrscheinlichkeit der Erinnerung an.[42]

Der Übergang von räumlich orientierten zu zeitlich orientierten Gedächtnismetaphern ist hierbei kein gradueller: Wo Gedächtnis im Horizont des Raumes konstituiert wird, steht die Persistenz und Kontinuität der Erinnerungen im Vordergrund; wo das Gedächtnis im Horizont der Zeit konstituiert wird, stehen Vergessen, Diskontinuität und Verfall im Vordergrund.

An die Stelle einer durch technische und materielle Supplemente gesicherten Stabilität tritt die prinzipielle Unverfügbarkeit und Plötzlichkeit der Erinnerungen. Sie spiegeln nicht mehr Gewusstes und Bekanntes wider, sondern werden zum Einfallstor für das Neue.[43]

Vor diesem Hintergrund stehen die religiös eschatologischen und politisch legitimatorischen Heilsgeschichten, die eine leidvolle Gegenwart der Vergessenheit durch eine verheißungsvolle Vergangenheit und eine erfüllungversprechende Zukunft einrahmen. (=*Deuteronium*[44]).

---

[40] Assmann A. 1995, a.a.O., S. 184.

[41] Ebd., S. 185.

[42] Assmann, A., 1994: a.a.O., S. 30.

[43] Ebd., S. 22.

[44] Anm.: Für diese zeitlich orientierte kollektive oder kulturelle Mnemotechnik gibt es ebenfalls so etwas wie eine Gründungslegende oder *Urszene*. Sie führt uns nach Israel in das Diaspora-Judentum: Die Urszene, auf die sich die heilskräftige, eschatologische Erinnerung bezieht, ist das Deuteronium: es ist der Bund, den Gott mit dem Volk Israel am Sinai geschlossen hat, nachdem er es aus Ägypten herausgeführt hat. Die Erinnerung an diese Urzsene der Befreiung, des Bundes und der Verheißung wird zum Zentralmotiv der deuteronomischen Predigt, mit der Ermahung des Gedenkens zu ihrem wichtigsten Imperativ. Wie in der Simonides-Geschichte bilden auch hier eine Katastrophe und das Vergessen von Identität die Ausgangslage. Hier aber, so Jan Assmann, ist die Katastrophe über das gesamte Volk hereingebrochen, und sie ist nicht die Ursache, sondern die Folge von Vergessen. Vgl. Assmann, J.: *Die Katastrophe des Vergessens. Das Deuteronomium als Paradigma kultureller Mnemotechnik*, in: Assmann, A. /Harth, D. (Hg.) *Mnemomsyne. Formen und Funktionen der kulturellen Erinnerung*, Frankfurt/M.: Fischer Taschenbuch Verlag, 1991, S. 337.

1.2.1. Die topographische Gründungslegende individueller Mnemotechnik

Die Ursprungslegende der artifiziellen *Magazin-Metapher* ist in der Antike zu finden, in der so etwas wie die Urszene der (individuellen) abendländischen Mnemotechnik (=*Gedächtniskunst*) geschildert wird.

Das ist die vielbeschworene Anekdote des Dichters Simonides, die bei Cicero erzählt wird, zu einer Zeit, als es die Schrift noch nicht gab. Hiernach konnte Simonides als einziger Überlebender eines Zusammenbruches einer Festhalle alle bis zur Unkenntlichkeit entstellten Leichen identifizieren, weil er sich die Sitzordnung eingeprägt hatte.[45] Diese Erfahrung brachte den Dichter, so Yates, auf die Prinzipien der Gedächtniskunst, deren Erfinder er gewesen sein soll. Auf Grund seiner Beobachtung, dass die Leichen nur deshalb von den Verwandten identifiziert werden konnten, weil er sich daran erinnerte, wo die Gäste gesessen hatten, kam er zu der Erkenntnis, dass eine planmäßige Anordnung entscheidend für ein gutes Gedächtnis ist.[46]

Der springende Punkt dieser Anekdote aber ist die Verräumlichung der Erinnerung. Der Erinnerungskünstler weiß alle Daten in einem imaginären Raum anzuordnen und mit diesem Raumbild zusammen abzurufen.

> Wer diese Fähigkeit (des Gedächtnisses) trainieren will, muss deshalb bestimmte Orte auswählen und von den Dingen, die er im Gedächtnis behalten will, geistige Bilder herstellen und sie an die bewussten Orte heften. So wird die Reihenfolge dieser Orte die Anordnung des Stoffs bewahren, das Bild der Dinge aber die Dinge selbst bezeichnen, und wir können die Orte anstelle der Wachstafel, die Bilder statt der Buchstaben benützen.[47]

Übermittelt wird diese Geschichte von Cicero in *De oratore* bei der Behandlung des Gedächtnisses als eines der fünf Teile der Rhetorik. Mit dieser Geschichte werde Yates zufolge eine kurze Beschreibung der Mnemotechnik mit Orten und Bildern (*loci* und *imagines*) eingeleitet, die von den römischen Rhetoren benutzt wurde. Neben der Überlieferung Ciceros gibt es noch zwei weitere Beschreibungen zur klassischen Mnemotechnik, die beide ebenfalls innerhalb einer Schrift zur Rhetorik und im Zusammenhang mit der Behandlung des Gedächtnisses als der der Rhetorik stehen: einmal in dem anonymen Text *AD C.Herennium libri röm.4*, zum anderen in Quintilians *Instituitio oratoria.*

Entscheidend zum Verständnis der klassischen Gedächtniskunst sei laut Yates die Betrachtungsweise dieser Kunst als eine Technik, „mit deren Hilfe ein Redner sein Gedächtnis so verbessern konnte, daß er auch lange Reden mit unfehlbarer Genauigkeit frei halten konnte."[48] Zu den allgemeinen Prinzipien der Mnemotechnik gehörte demnach als erstes, dem Gedächtnis eine Reihe von *loci*, Orten, einzuprägen. Hierbei war der gängigste Typ des mnemotechnischen Ortssystems der Architekturale. Quintilian[49] beschreibe Yates zufolge dieses Verfahren am anschaulichsten:

---

[45] Vgl. Cicero: *De Oratore 2*, 86, S. 352-87, S. 355, dt. M.T. Cicero: *Über den Redner/De Oratore*, übers. u. hrsg. v. Merklin,W. , Stuttgart 1976, S. 433. Text, Übersetzung und eingehende Interpretation bei Lachmann, R., 1990, S. 18-27 in: Assmann, J. 1991, a.a.O.

[46] Yates, F. A.: *Gedächtnis und Erinnern*, Berlin: Akademie-Verlag, 2001, darin: 1. Die drei lateinischen Quellen zur klassichen Gedächtniskunst, S. 11-33, hier S. 11.

[47] Zitat Cicero: *De Oratore* röm. 2, 351-354 in ebd., S. 11.

[48] Yates, F.A.: ebd., S.12.

[49] Quinitilian: *Institutio oratoria*, röm. 11, ii, 17-22 in: ebd., S.12.

Um im Gedächtnis eine Reihe von Orten zu bilden, erinnere man sich an ein möglichst geräumiges und komplexes Gebäude, an seinen Vorhof, den Wohnraum, die Schlafgemächer und Empfangsräume, nicht zu vergessen die Statuen und anderen Zierstücke, mit denen seine Räume ausgeschmückt sind. Die Bilder, mit deren Hilfe der Vortrag im Gedächtnis haften soll – nach Quintilian benutze man dafür beispielsweise einen Anker oder eine Waffe –, werden in der Vorstellung an die Orte in dem Gebäude gestellt, die man sich gemerkt hat. Ist man so verfahren, können alle diese Orte, sobald das Faktengedächtnis wiederbelebt werden muß, der Reihe nach aufgesucht und die dort verwahrten Pfänder zurückgefordert werden.[50]

Man stelle sich also vor, der Redner wandelt während seines Vortrages in seinem geistigen Erinnerungsgebäude und nimmt nach und nach die dort deponierten Bilder ab. Die festgelegte Reihenfolge der Orte in dem Gebäude garantiert ihm eine *lückenlose* Rede. Der Kern der *ars memorativa*, so Aleida Assmann[51], sind die *imagines*, die Kodifizierung von Gedächtnisinhalten in prägnanten Bildformen, und die *loci*, die Zuordnung dieser Bilder zu spezifischen Orten eines strukturierten Raumes. Seitdem gehört das Prinzip einer möglichst *transparent* geordneten Bildtopik zum beständigen Repertoire aller mnemonischen Modelle.[52]

Harth weist in diesem Zusammenhang darauf hin, dass die Mnemonik als Kunst der Erinnerung eine Unterscheidung des natürlichen (= *Mnemosyne*) und des künstlichen (= *Mnemonik*) Gedächtnisses voraussetzt. Kult und Mythos der Mnemosyne konnte demnach erst mit der *Er-Findung* (Heuresis) des artifiziellen Gedächtnisses überwunden werden. Erst eine Verschiebung vom symbolischen (kultischen) zum begrifflichen (aufgeklärten) Wissen – ohne den Besitz von reproduzierbaren Informationsträgern – habe die Notwendigkeit rhetorischer oder dialektischer Diskurse ermöglicht. Aber erst der, besonders hervorgehoben von den Scholastikern, angeführte Ausruf Aristoteles „Kein Denken ohne mentale Bilder“[53] habe die Unterscheidung zwischen Wort- und Bildgedächtnis bestimmt.[54]

In Theorie und Kunst des Gedächtnisses, so Harth, galt seitdem als ausgemacht [55], dass es ein Sach- und ein Wortgedächtnis gäbe, die beide geübt werden müssten, indem das zu erinnernde Wort mit Bildern/Symbolen verbunden und in einem durch genaue Grenzen definierten Raum an bestimmten Orten (Merkplätzen = *topoi* oder *loci*) aufgestellt bzw. eingetragen würde.

---

[50] Yates, F.A.: ebd.

[51] Assmann, A. (1994): a.a.O., S. 14.

[52] Vgl. hierzu Blum, H.: *Die antike Mnemotechnik (Spudasmata 15)*, Hildesheim 1969, S. 10-20 u. Goldmann, S.: *Statt Totenklagen Gedächtnis*, in: *Poetica 21*, S. 43-66 1989, in: Keller, Barbara: *Mnemotechnik als kreatives Verfahren im 16. und 17. Jahrhundert*, in: Assmann/Harth: *Mnemosyne. Formen und Funktionen*, a.a.O.

[53] Anm: Zitat von Aristoteles aus *De memoria et reminiscentia* als Anhang von *De anima*: „Wie schon früher in meiner Abhandlung über die Seele von der Einbildungskraft gesagt wurde, ist es unmöglich, ohne geistiges Bild zu denken.“ Zitiert aus Yates, F. A.: *Gedächtnis und Erinnern*, Weinheim 1990, darin: *Die Gedächtniskunst in Griechenland: das Gedächtnis und die Seele*, S. 34-53, hier S. 38; Anm.: Laut Yates benutzten die Scholastiker Aristoteles Bemerkung, um den Gebrauch von Bildern in der Mnemotechnik zu rechtfertigen. Es sei zweifelhaft, ob Aristoteles gerade dies gemeint habe; wahrscheinlicher sei es, dass seine Verweise auf die mnemotechnische Technik lediglich zur Verdeutlichung seiner Argumentation verwendet wurden.

[54] Harth, D.: a.a.O., S. 23.

[55] Anm. aus Harth, D. : ebd, S. 23: „(...) - die bei Cicero erzählte Simonides-Legende hat das nur bildlich eingegraben - (...).“

So entstand nach und nach als künstliches Gedächtnis ein räumliches, schriftabhängiges Ordnungssystem, aus dem sich je nach Bedarf die bildlich kodifizierten Daten und ihre Netzwerke abrufen ließen. Die phonetische Schrift muss daher als Resultat jener Doppeldeutigkeit der grafischen Darstellung, die auch die doppelte Bedeutung des griechischen Wortes *graphein* erklärt – zeichnen und schreiben – verstanden werden. Erst mit der Entstehung des Schriftzeichens durch die Trennung vom Wort konnte sich dann das Bild – als das ursprüngliche Zeichen mündlich bzw. bildhaft miteinander kommunizierender Gesellschaften – von der *trivialen* Aufgabe der Kommunikation entfalten: befreit von seiner zweckgebundenen Funktion wird es offen für Funktionen des Ausdrucks, der Repräsentation und Ähnlichkeiten.

Mit der Durchsetzung der Schrift nimmt also, sozusagen als doppelter Prozess, auch gleichzeitig die Verbreitung von künstlerischen Bildern zu: Die Verbreitung des vollen phonetischen Alphabeths Griechenlands, in dem auch die Vokale geschrieben werden, läßt zur selben Zeit – etwa 800 vor Christus – die Vasenmalerei auftauchen, die uns heute gleichsam fotografische Einsichten in das Leben des antiken Griechenlands verschafft.[56] Die Abstraktion der Schrift führte also auch zu einer verstärkten Bedeutung des Visuellen.

Jan Assmann sieht die Entstehung der Schrift und ihre sich aufgrund dessen auf einer höheren Stufe der Zivilisation befindenden Gesellschaft (gemeint sind hier die Ägypter) in einer Verbindung zu der dem *kulturellen Gedächtnis* innewohnenden Ambivalenz[57]: Jene neue Symbolwelt von Merkzeichen – die Gesetze der Ma`at – „in der das Schmerzhafte der Erinnerung nicht mehr unmittelbar den Körpern eingebrannt wird, sondern ausgelagert wird in die symbolischen Formen staatlicher Institutionen und Gesetze (...)“[58] bildete die Rahmenbedingungen der ägyptischen Gesellschaft. Mit der Schrift als die *Exkarnation* der kulturellen Mnemotechnik, um mit Aleida Assmann[59] zu sprechen, geht also in die symbolischen Formen eine Veränderung der Zugehörigkeitsstruktur einher, die durch solche Erinnerung vermittelt wird.

Das bedeutet: Erinnerung wird abstrakt, weiträumig und hierarchisch. Den Preis, den demzufolge die Menschheit für die Humanisierung des Gedächtnisses – der kulturellen Memoria – mittels eines derartigen Symbolsystems zu zahlen hatte, waren Unterwerfung unter ein hierarchisches System von Befehl und Gehorsam. Indem die pho-

---

[56] Anm.: Das Alphabeth setzte sich besonders in den Gegenden Griechenlands durch, in denen auch die Bilderverehrung religiös bejaht wurde. Vgl. hierzu Braun, v. C.: *Das Ein-Gebildete Geschlecht*, in: Belting, H. und Kamper, D. (Hg.): *Der zweite Blick. Bildgeschichte und Bildreflexion*, München: Wilhelm Fink Verlag, 2000, S. 156.

[57] Anm.: Gemeint ist hier auf der einen Seite das kulturelle Gedächtnis als ein Mittel zur gewalttätigen Disziplinierung und Züchtigung des individuellen Gedächtnisses, wie es etwa Nietzsche sieht; *(vgl.* Nietzsche, F.: *Werke*, 3 Bd, (Hg.): Schlechta, K., München 1960, Bd. 2, S. 80: „Man brennt etwas ein, damit es im Gedächtnis bleibt: nur, was nicht aufhört, wehzutun, bleibt im Gedächtnis. Das ist der Hauptsatz aus der allerältesten (leider auch allerlängsten) Psychologie auf Erden." Auf der anderen Seite betrachteten es die Ägypter eher positiv als Mittel der Errettung vor dem Vergessen und Verschwinden des Gegenwärtigen.

[58] Assmann, J.: *Historisches Gedächtnis und kulturelle Institution: Erinnern, um dazuzugehören. Kulturelles Gedächtnis, Zugehörigkeitsstruktur und normative Vergangenheit*, in: K.Platt/m.Dabag (Hg): *Generation und Gedächtnis*, Opladen 1995, S. 51-75, hier S. 56.

[59] Assmann, A.: *Exkarnation. Gedanken zur Grenze zwischen Körper und Schrift*, in: dies., Huber, Jörg (Hg.): *Raum und Verfahren: Interventionen Bd. 2*, Basel-Frankfurt /M.: Stroemfeld, 1993, S. 159-181.

netische Alphabethschrift [60] zur Vereinheitlichung der Sprachen beitrug, nahm die Schrift auch auf das Sprechen, das Denken und den sprechenden Körper Einfluß. Der der Schrift inhärente Gleichheitsgedanke wurde Christina von Braun zufolge nicht nur zum zentralen Motor der *Demokratisierung*, sondern auch zu dem der *Synchronisierung der Menschen.*[61]

1.2.1.1. Begriffsbestimmung *Bild*: Komplexität, Uneindeutigkeit

Es scheint also eine enge Wechselbeziehung zwischen den Gedächtnismetaphern und den Bildern zu bestehen. Von Philosophen, Wissenschaftlern und Künstlern kreierte oder gefundene Bilder, die für die Prozesse des Erinnerns und Vergessens stehen, folgen jeweils den derzeitig herrschenden materiellen Aufschreibesystemen und Speichertechnologien. Etwas vom Spektrum dieser Bilder zu vergegenwärtigen, heißt also zugleich, den Wandel von Gedächtnistheorien im Überschneidungsbereich mit der Mediengeschichte darzustellen.

Die Frage nach den Bildern wird besonders heute in Diskursen ganz verschiedener Art gestellt. Neben den *endogenen* Bildern der Vorstellung und der Erinnerung, die unseren eigenen Körper besetzen, gibt es die *exogenen* Bilder oder Artefakte, die uns sichtbar im sozialen Raum begegnen.

Wohingegen die *endogenen* Bilder sich von dem Begriff *Imago*, der auf den körperlosen Geist oder auch die Schriftlichkeit verweist, ableiten, beziehen sich die *exogenen* Bilder auf die Entfaltung oder eben auch auf die *Bildung* der Imagines vor den Augen des Betrachters. Anders als das *Bild* steht der Begriff *Imago* also in der Tradition der Sprachbilder, in der das *Bild* mit Sprache oder Geistigkeit gleichgesetzt wird.[62] Diese duale Unterteilung vermischt sich heute in den Bildern der abstrakten Malerei und den technischen Bildern in den visuellen Medien.[63]

Ebensowenig wie eine Bildgeschichte gibt es bis dato eine Bildwissenschaft, die eine integrative Wirkung auf die Disziplinen ausüben könnte, die heute Bilder zu ihrem Thema machen. Es soll hier jedoch nicht um die Aufdeckung der Frage *Was ist ein Bild?* gehen, da sich dieser Begriff einer eindeutigen Definition verweigert. Hingewie-

---

[60] Anm.: Braun, v. C., a.a.O.: „Wie keine andere Schriftform trug sie" (die phonetische Alphabethschrift) - durch die begrenzte Anzahl von leicht erlernbaren Zeichen, eine unbegrenzte Anzahl von Wortkombiantionen zu verschriflichen und auf alle Sprachen zu übertragen – „die Möglichkeit einer Vereinheitlichung des Sprechens und damit auch des sprechenden Subjekts in sich."

[61] Braun, v. C.: ebd., S. 157.

[62] Anm.: Der Begriff des *Imaginären* allerdings, der sich von *Imago* ableitet, hat heute eine dem Ursprungssinn konträre Bedeutung angenommen. So wird im psychoanalytischen wie im soziologischen Kontext das Imaginäre einem vorsprachlichen, ungeistigen, mithin fast körperlichen Zustand zugeordnet. Dies gilt sowohl für Jaques Lacan, der den Begriff im individuellen Kontext benutzt, als auch für Cornelius Castoriadis, bei dem er sich auf kollektive Zusammenhänge bezieht. Letzterer bezeichnet das *radikale Imaginäre* als eine „elementare und nicht weiter zurückführbare Fähigkeit, ein Bild hervorzurufen." Demgegenüber verweist der Begriff des Symbolischen heute auf Abstraktion und Geistigkeit: eine Bedeutung, die eigentlich dem traditionellen Begriff der *Imago* entsprechen würde. Vgl. Castoriadis, C.: *Gesellschaft als imaginäre Institution. Entwurf einer politischen Philosophie*, übersetzt v. Brühmann, Horst, Frankfurt /M: Suhrkamp, 1984, S. 218.

[63] Vgl. Belting, H.: *Vorwort zu einer Anthropologie des Bildes* und Braun, v. C.: *Das Ein-Gebildete Geschlecht,* in Belting, H. und Kamper, D. (Hg.): *Der zweite Blick. Bildgeschichte und Bildreflexion*, München: Wilhelm Fink Verlag, 2000.

sen werden soll aber auf die Komplexität von Bedeutungen verschiedenster Diskurse, die das Wort *Bild* hervorruft:

Der klassische Bildbegriff, der sich bereits im Gebrauch des lateinischen *imago* ankündigt, verweigert sich einem eindeutigen Sinnzusammenhang: Es meint sowohl das *Bild* der (sinnlich, flüchtigen) Erscheinung, als auch das *Bildnis* (der Plastik und der Malerei). Es meint das Spiegelbild, den Widerschein, das Ahnenbild (auch die Wachsmaske, aufbewahrt in den Schränken des Atriums), das Abbild (Ebenbild), auch das Schattenbild und die Schemen der Verstorbenen (imago mortuorum), das Traumbild (somni), das Trugbild (simulacrum), das Phantombild (imago vana), das Echo (imago vocis), die Vorspiegelung (imagine pacis decipere aliquem), den Vorwand, die Erscheinung, den Anblick, die Gestalt, das Gleichnis, den Vergleich, die bildliche Darstellung ebenso wie das Bild im Geiste, die Vorstellung, den Begriff (imago recentes rerum), den Gedanken und die Einbildung.[64]

Roland Barthes beschreibt seine Vorstellung des Bildes folgendermaßen:

> Bekanntlich hat ein Bild (...) stets mehrere Wahrnehmungsebenen, und wer ein Bild liest, verfügt über eine gewisse Freiheit bei der Wahl der Ebene, auf der er sich befindet. (...) Mit anderen Worten, der Sinn eines Bildes ist niemals eindeutig. Die Sprache (language) hebt diese Freiheit auf, aber damit auch jene Ungewissheit (ob man sich auf der optimalen Ebene des betrachteten Bildes befindet, Anm. M.S.) (...) Allem Sprechen kommt also eine Autoritätsfunktion zu, insofern es, wenn man so sagen kann, stellvertretend für das Auge seine Wahl trifft. Das Bild hält unendliche viele Möglichkeiten fest; das Sprechen fixiert eine ganz bestimmte (...), sind beide verbunden, dient das zweite dazu, das erste zu enttäuschen.[65]

Die Bedeutungs- oder Sinnebene eines *Bildes* ist damit niemals eindeutig, sondern komplex und im Werden begriffen. Ein *Bild* – ob gemalt oder reproduziert – ist auch niemals Ausdruck eines Kodes, sondern „die Variation einer Kodifizierungsarbeit: Es ist nicht die Niederlegung eines Systems, sondern die Generierung von Systemen."[66] Damit ist die „Praxis des Bildes seine eigene Theorie."[67] Ein *Bild*, so Schaub, spricht nicht. Wohl aber gibt es Anlass zum Sprechen über diese Bilder, Anlass zu Interpretationen, die immer zurückbleiben hinter der Bedeutungsüberschüssigkeit von Bildern. Letztere sei der zeitlichen Struktur von Bildern geschuldet: „Der Simultaneität verschiedener Zeitlichkeiten in ein- und demselben Bild, die wir nicht zugleich erfassen können." [68]

1.2.1.2. Von der Metapher zum Bild: Die *ikonische Differenz*

Der Kontrast, der die Metapher charakterisiert, kehrt in gewisser Weise in der das Bild bestimmenden Dualität wieder: Gleichsam aus dem visuellen Felde stammend, unter-

---

64 Vgl. Schaub, M.: *Gilles Deleuze im Kino. Das Sichtbare und das Sagbare*, München: Wilhelm Fink Verlag, 2003, S. 11.

65 Barthes, R.: *Die Sprache der Mode*, Frankfurt/M.: Suhrkamp, 1988, S. 27.

66 Barthes, R.: *Der entgegenkommende und der stumpfe Sinn. Kritische Essays 3*, Frankfurt/M.: Suhrkamp, 1990, S. 158.

67 Ebd., S. 159.

68 Schaub, M.: a.a.O., S. 11.

bricht und kennzeichnet dieser Kontrast als *ein sichtbares Entgegenstehen* eine planmäßige Anordnung.

Die *ikonische Differenz* nun bezieht sich nicht primär auf Einzelphänomene wie etwa die Unterschiede der Helligkeit oder das Verhältnis von Fläche und Tiefe, sondern auf die Bedingungen des Mediums selbst. Was uns als Bild begegnet, beruht auf einem einzigen Grundkontrast, dem zwischen einer überschaubaren Gesamtfläche und allem was sie an Binnenereignissen einschließt. Bilder sind damit keine Sammelplätze beliebiger Details, sondern *Sinneinheiten*. Sie entfalten das Verhältnis zwischen ihrer sichtbaren Totalität und dem Reichtum ihrer dargestellten Vielfalt. Das historische Spektrum möglicher Wechselbestimmungen dieser *ikonischen Differenz* ist ausgesprochen reich.[69] Sie betreffen die Relation zwischen dem Nacheinander auf der Fläche und ihrer Ansicht als Fläche, kurz gesagt: zwischen *Sukzession* und *Simultaneität.*

Dieser dem Bild eigene visuelle Grundkontrast – die *ikonische Differenz* – markiert eine zugleich visuelle und logische Mächtigkeit, welche die Eigenart des Bildes kennzeichnet, das der materiellen Kultur unaufhebbar zugehört, auf völlig unverzichtbare Weise in Materie eingeschrieben ist, darin aber einen Sinn aufscheinen lässt, der zugleich alles Faktische überbietet.

> Das tertium beider, zwischen Sprachbildern (als Metaphern) und dem Bild im Sinne der bildenden Kunst, repräsentiert (...) die Struktur des Kontrastes.[70]

Obwohl die moderne Medientheorie eher mit Techniken des Bildes oder mit anderen Medien als jenen des Bildes beschäftigt ist, schließt sie wieder an die alten Bildfragen an. Zugleich radikalisierte sich in der Moderne der Unterschied von Bild und Kunst, seit die Bilder zunehmend in technischen Medien erzeugt werden.

Endlich, so Belting[71], leide die Bildfrage an einem allzu engen Bildbegriff. Gewöhnlich wird das physische Bild einfach mit dem gerahmten Bildfeld in Malerei, Fotografie und Film gleichgesetzt, während die Interaktion von Bild und Körper in ihren anderen Formen (Körpermaske, Performance, Rauminstallation) außer Betracht bleibt: das Gemälde wurde eine Zeitlang das Leitmedium des Westens.

> Bilder lassen sich damit als Nomaden der Medien verstehen: die Bilder bleiben, die Medien wechseln.[72]

Dennoch, oder gerade deswegen ist die Medienfrage den Bildern nicht äußerlich. Trägermedien erfüllen einzig den Zweck, Bilder zu kommunizieren bzw. sie auszudrücken und wahrzunehmen. Sie haben Einfluss auf das aktuelle Gedächtnis einer Kultur insofern, als dass sie die mentalen Bilder in Artefakte übertragen, die auf die Imagination ihrer Betrachter einwirken. Gleichzeitig aber kann man sie auch als so etwas wie die Repräsentation der Vorstellung von Gedächtnis verstehen, da die Form der Wahr-

---

69 Anm.: Der Begriff der *ikonischen Differenz* ist mit dem des *ikonischen Kontrastes* eng verwandt. Es ist allerdings sinnvoll, die wechselseitige Bestimmung, die im Kontrast liegt und die Unterschiedenheit, die sich auf die Einheit zurückbezieht, genauer zu benennen – in Analogie zur *ontologischen Differenz* (Heidegger).

70 Boehm, G.: *Die Wiederkehr der Bilder*, in: ders (Hg.): *Was ist ein Bild?*, München: Fink Verlag, 1994, S. 1-38; hier S. 30f.

71 Vgl. Belting, H.: *Vorwort Zu einer Anthropologie des Bildes*, in: ders. und Kamper, D. (Hg.): *Der zweite Blick. Bildgeschichte und Bildreflexion*, München: Wilhelm Fink Verlag, 2000.

72 Ebd., S. 8.

nehmung wie der Kommunikation von Bildern die Art des Denkens innerhalb einer Gesellschaft charakterisiert. Insofern ist es interessant, dass der Film als entscheidendes Trägermedium unseres Jahrhunderts aus der Debatte um das Gedächtnis ausgespart wurde.[73]

1.2.1.3. Die Rückkehr der Bilder als *ikonische Wendung* der Moderne

Die sogenannte *ikonische Wendung* spielt auf eine Analogie an, die sich seit Ende der sechziger Jahre unter dem Namen des *linguistic turn* vollzogen hat. Richard Rorty[74], der diesen linguistischen Impuls in seiner radikalen Form initiierte, meinte, dass alle Fragen der Philosophie Fragen der Sprache sind oder wie Gottfried Boehm es formuliert:

> Er zeigte, dass der letzte Grund allen Argumentierens am Ende nicht in einem höchsten Sein, einem transzendentalen Ich oder in der Reflexivität des Selbstbewußtseins besteht, sondern in den Regeln der Sprache.[75]

Rortys Philosophiegeschichte stellt eine Entwicklung dar, die komplexe Resonancen in anderen Humanwissenschaften zur Folge hatte. Linguistik, Semiotik, Rhetorik und verschiedene Modelle von *Textualität* sind so zur *lingua franca* für kritische Betrachtungen der Künste, Medien und anderer kultureller Formen geworden. Die Gesellschaft ist demzufolge ein Text. Die Natur und ihre wissenschaftlichen Repräsentationen sind *Diskurse*. Selbst das Unbewusste ist wie eine Sprache strukturiert - ein Gedankenmodell, welches auf Jaques Lacan zurückgeht.[76]

Dass das Fundament der Sprache - gemeint ist die Eindeutigkeit von Begriffszuordnungen und konsistentem Argumentieren - schwankt, wurde spätestens mit Wittgensteins Kritik am eigenen Frühwerk deutlich. Sein *Konzept des Sprachspiels*[77], welches auf der *Metaphernpflichtigkeit* des philosophischen Denkens beruht, bedeutet in der Geschichte der *ikonischen Wendung* nach Boehm einen vorläufigen Endpunkt

> (...) und insofern einen Durchbruch, als es die Befragung der Sprache war, welche der ihr innewohnenden Bildpotenz Nachdruck verschaffte, den *linguistic turn* in einen *iconic turn* überzuleiten.[78]

In der angloamerikanischen Philosophie lassen sich Spuren dieser Wende schon früh, etwa in der Semiotik des Charles Sanders Peirce[79] finden, der die Konventionen und

---

[73] Vgl. Klippel, H.: *Gedächtnis und Kino*, Basel-Frankfurt/M.: Stroemfeld, 1997.

[74] Rorty, R. (Hg.): *The Lingistuc Turn: Recent Essays in Philosophical Method*, Chicago: Chicago Press, 1967.

[75] Boehm, G.: a.a.O., S. 1-38.

[76] Vgl. Rorty, R.: *Der Spiegel der Natur. Eine Kritik der Philosophie*, Frankfurt/M.: Suhrkamp 1987, S. 289.

[77] Wittgenstein, L.: *Philosophische Untersuchungen/Philosophical Investigations*, Oxford: Blackwell, 1953, S. 281ff.

[78] Boehm, G.: a.a.O. , S. 14.

[79] Vgl. Pierce, C. S.: „Kein anderes Zeichen kann eine Wahrheit offensichtlich machen. Denn das *Offensichtliche* ist das, was in einem Bild dargestellt wird, wobei als einzige Aufgabe des Verstandes noch bleibt, das Bild in einem Symbol zu interpretieren." Pierce 1993, S. 223; zitiert aus Pape, H.: *Der Gedanke als Überblendung in der Folge der Bilder. Peirces visuelles Modell geistiger*

Kodes untersucht, die nicht-linguistischen Symbolsystemen zugrunde liegen. Das Modell der Sprache ist hiernach nicht paradigmatisch für die Analyse von Bedeutung.

Zumindest ist in der Geschichte des fortschreitenden 19. Jahrhunderts eine Rückkehr der Bilder ins philosophische Argumentieren zu vermerken. Ein Vorgang, so Boehm[80], der mit einer Erneuerung der alten Rhetorik nicht ganz hinreichend beschrieben wäre: Deren Wettstreit mit der Philosophie in der Antike hatte in der Regel nicht bedeutet, dass die Bildpotenz Teil des philosophischen Argumentationsganges gewesen wäre. Im Gegenteil: die metaphernabhängigen Wahrscheinlichkeiten der Rhetorik blieben hinter der eigentlichen Wahrheit der Idee, welche die Philosophie zu begründen versteht, signifikant zurück.

Gerade die poietische Leistung der Bilder wurde zum Leitsignal der Kunst des späten 19. Jahrhunderts, mehr noch für diejenige der Abstraktion, des surrealen Unbewussten und der kubistischen Weltkonstruktion.

Als Prototyp dieser neuen Wendung zur Metapher ist immer wieder Nietzsche herangezogen worden. Sein *Heer von Metaphern*[81] entzaubert die Illusion der einen Welt, wird zum Grund menschlicher Erkenntnistätigkeit. Die eigentliche Leistung (und der Gehalt dieses historischen Geschehens) ist nach Boehm „die Entkräftung des Abbildes und, zugleich damit, die Entdeckung genuiner und produktiver Leistungen des Bildes selbst."[82]

> Neben dem bekannten Wirklichkeitssinn entsteht ein neuer ihn begleitender Möglichkeitssinn.[83]

Diesem *iconic turn*, zu deren Vertretern auch Gilles Deleuze gezählt werden kann, steht jenem *linguistic turn* gegenüber, dessen Ursprung in der Erfindung der Psychoanalyse – und damit in Freud – gesehen werden kann.

Die dem *linguistic turn* zugrunde liegende Gedächtnismetapher ist die Schrift, die neben den räumlichen Metaphern Tafel und Magazin des Gedächtnisses ein zeitliches Phänomen darstellt. So geht es hier um die vorübergehende Unverfügbarkeit von Erinnerungen und ihre konstitutive Nachträglichkeit. Die Bild-Produktivität des Gedächtnisses erhält mit dieser zeitlichen Komponente Möglichkeiten und Grenzen: Die Komplexität des Bildes spiegelt sich nicht etwa nur in einzelnen Bildern, sondern auch in den Überlappungen, Verschiebungen und Differenzen der vielen unzureichenden Bilder.

1.2.2. Schriftmetapher: Buch, Palimpsest, Spur

So unentbehrlich und suggestiv die Schrift als Metapher des Gedächtnisses ist, so unvollkommen und irreführend ist sie gleichzeitig. Während die Schriftmetaphorik also

---

Prozesse, in: *Deutsche Zeitschrift für Philosophie. Zweitmonatsschrift der internationalen philosophischen Forschung*, 43. Jahrgang, 1995, Heft 3, Akademie Verlag, S. 479.

80 Ebd., S. 15.

81 Vergleich hierzu Fußnote 17.

82 Ebd., S. 16.

83 Anm.: Robert Musil beschreibt das Verhältnis dieser beiden Sinne in seinem *Mann ohne Eigenschaften*, Hamburg: Rohwolt, 1952, S. 16ff.

mit ihrer zeichenförmigen Fixierung zugleich die permanente Lesbarkeit und Verfügbarkeit des Gedächtnisses impliziert, verfehlt sie das dem Gedächtnis immanente Wechselverhältnis von Präsenz und Absenz.[84]

Die Schrift müsste also neu erfunden werden gemäß einer bedingt möglichen, aber an sich immer vorhandenen Lesbarkeit.

Ein solches Schrift-Bild hat ihren metaphorischen Ursprung in der in Mesopotamien zuerst belegten Vorstellung vom göttlichen Weltbuch, welches das absolute Gedächtnis als totales Buch symbolisiert.[85] Trotz seiner räumlichen Geschlossenheit, die derjenigen der Bibliotheks- und Speichermetapher ähnlich ist, ist das Buch aber dennoch keine totalitäre Metapher. Der Vollständigkeit und Geschlossenheit des Textes steht die Unvollständigkeit und Unendlichkeit der Interpretationen gegenüber. Ebensowenig hat das Gedächtnis, zumal das menschliche, eine geschlossene Gestalt. Beruht die Unendlichkeit des Textes auf der Unabschließbarkeit der Lektüren, so beruht die Unendlichkeit des Gedächtnisses auf seiner Wandelbarkeit und Unverfügbarkeit.[86]

Thomas de Quincey hat ein vergleichbares Gedächtnisbild erfunden: das Palimpsest als ein Buch ohne feste Gestalt, das *dynamisierte Buch*, bei dem das kostspielige Pergament sukzessiv zum Träger verschiedener Beschriftungen wird.

In der Hintergehung des Anfangs besteht die Zauberkunst des Philologen, der die Chronologie umzukehren und rückläufig zu lesen vermag. De Quincey sieht darin ein Bild für die retrogade Sprengkraft der Erinnerung:

> What else than a natural and mighty palimpsest is the human brain? (...) Everylasting layers of ideas, images, feelings, have fallen upon your brain softly as light. Each succession has seemes to bury all that went before. And yet, in reality, not one has been extinguished.[87]

Sein Versuch, den Weg des Vergessens in inverser Richtung abzuschreiten, enstpricht etwa dem Bild eines rückwärtsläufigen Films. Die hier betonte Wiederherstellbarkeit des Verlorenen, verbunden durch die Sprengkraft der Erinnerung, findet sich später in Freuds Wunderblock und dem Eintritt der Geschichte in die Psychoanalyse wieder.

Die Einteilung der Erinnerung in Wachstafel und Magzin erweitert Aleida Assmann durch die beiden Motive des Erweckens und Erwachens, die der animatorischen Erinnerung entsprechen. An dieser Stelle beginnt die Geschichte der Psychoanalyse, deren Bezug zum Gedächtnis im Folgenden anhand von Freud verfolgt wird.[88]

---

[84] Anm.: An das, was gegenwärtig ist, daran kann man sich eben nicht erinnern. Um sich erinnern zu können, muss es vorübergehend entzogen gewesen und an einem anderen Ort deponiert gewesen sein, von wo man es wieder-holen kann. Erinnerung setzt weder Dauerpräsenz noch Dauerabsenz voraus, sondern ein Wechselverhältnis von Präsenzen und Absenzen.

[85] Anm.: Diese Buch-Metapher konnten die Juden aus Mesopotamien übernehmen; Borges hat dieses Bild noch gesteigert in seiner Beschreibung einer mystischen Vision Gottes in Gestalt eines runden, *zyklischen Buches*. Vgl. Assmann, A.: *Zur Metaphorik der Erinnerung*, a.a.O.

[86] Vgl. Borges *Sandbuch*, welches sich durch die Unmöglichkeit auszeichnet, zurückzublättern bis zur ersten Seite, da stets vorige Seiten auftauchen, die das Buch zu einem unergründlichen mit bodenlosem Anfang machen.

[87] De Qunicey, T.: *The Palimpsest and the Human Brain*, in: Whibley, C. (Hg.): *Essays*, London, S. 272, zitiert aus Assmann, A: ebd.

[88] Anm.: An dieser Stelle weicht die Arbeit von einem chronolgischen Theorieaufbau ab, da Freuds Gedächtniskonzeption dem Modell Bergsons vorgestellt ist.

Kapitel 2: Freud und die Gedächtniskonzeption der Psychoanalyse am Beispiel der Hysterie

> Die Sprache hat es unmissverständlich bedeutet, dass das Gedächtnis nicht ein Instrument zur Erkundung des Vergangenen ist, sondern deren Schauplatz. Es ist das Medium des Erlebten wie das Erdreich das Medium ist, in dem die toten Städte verschüttet liegen. Wer sich der eigenen verschütteten Vergangenheit zu nähern trachtet, muss sich verhalten wie ein Mann, der gräbt. Das bestimmt den Ton, die Haltung echter Erinnerungen.[89]

2.1. Von der Schrift zur Spur-Metapher: Das *anamnestische* Gedächtnis

Zwischen den zeitlosen, den raumorientierten Gedächtnismodellen auf der einen Seite und den eminent zeithaften, den eschatologischen, auf der anderen Seite stehen jene, so die Klassifizierung Aleida Assmanns, die sich am Bild der Schrift oder Spur orientieren und damit im Schatten der Zeit stehen.

Diese gehören zu der Gruppe des *anamnestischen Gedächtnisses*[90], deren Hintergrund das neu gewonnene, durch den Bruch der mythisch-genealogischen Modelle der Antike, ausgelöste Bewusstsein des Vergangenseins der Vergangenheit ist: Zeitlos sind sie darin, dass sie die Prägung einer unvergänglichen Spur voraussetzen, und zeithaft insofern, als sie das Problem des vorübergehenden Verlusts, das Vergessen und die Anstrengung der Wiederherstellung thematisieren.

Den Hintergrund der *animatorischen Erinnerung* bildet das Bewusstsein des Vergangenseins der Vergangenheit. Um das Vergangene als Vergangenes zurückzuholen, bedarf es der nekromantischen Kraft der Wiederbelebung, deren Symbol der *Funke* ist. „Plötzlich, wie der springende Funke das Feuer entzündet, so entsteht in der Seele das Urbild der Sache."[91] Das Feuer ist das Symbol einer plötzlichen, unverfügbaren Erkenntnis, die auf dem Grunde einer latenten Erinnerung zündet. Als Erinnerungssymbol ist es ebenso ambivalent wie das Wasser; denn es macht ebensosehr das Vergessen und die Verwüstung durch die Zeit wie das Erinnern und die Erneuerung des Verlorenen sinnfällig.

Im Unterschied zum *eschatologischen Gedächtnis*, das auf die messianische Zukunft oder die große Wende hin ausgerichtet ist, inszeniert das *animatorische Gedächtnis* punktuell den Kurzschluss (im Wortsinne) zwischen Vergangenheit und Gegenwart. Dadurch haftet dieser Form von Gedächtnis stets der Charakter der Unverfügbarkeit, der Plötzlichkeit, des Momentanen an. Diese Erinnerung trennt sich von allen Formen legitimatorischer Kontinuitätssicherung; sie zwingt Vergangenheit und Gegenwart, Nähe und Ferne „in einen Punkt, der herausgesprengt ist aus linearen und narrativen Zeitkonstruktionen."[92]

Der Zerfall dieser Kontinuitätsmodelle der klassisch-antiken Welt hat den Weg der Erinnerung in die Tiefe, in die (scheinhafte) Wiederbelebung geführt. Dadurch sind zwei neue Haltungen gegenüber der Vergangenheit entstanden:

---

89 Benjamin, W. (1932): *Berliner Chronik*, Frankfurt/M.: Suhrkamp, 1988, S. 93.
90 Assmann, A. 1994 , a.a.O., S. 30.
91 Plato: *Siebter Brief*, S. 5; zitiert aus Assmann, A.: ebd., S. 28.
92 Ebd., S. 30.

(...) auf der einen Seite die Erfahrung der Historisierung – Ernüchterung, Entfremdung, Einsamkeit in der Zeit; auf der anderen Seite die Betonung der subjektiven Rückwendung – durch Teilnahme, Intuition und Imagination. Die Vergangenheit ist abgestorben, aber ein Genie, ein kreativer Geist vermag sie wiederzubeleben.[93]

Damit trennt sich die Erinnerung sowohl vom Begriff der Tradition – dem Bewahren durch Weitergeben – wie von der Vorstellung einer systematisch ausbaufähigen, zeitlosen Memoria. Die Idee der sich in der Tiefe befindenden Erinnerung führt zu der Assoziation des Grabens, die neben Walter Benjamin[94] auch Freud mit der Entdeckung seines *Wunderblocks* geprägt hat.

2.1.1. Freuds Wunderblock

Die Anerkennung dieses Modells steht in einem Zusammenhang mit der Tatsache, dass keine andere Metapher des Gedächtnisses sich als so vielseitig und dauerhaft erwiesen hat wie die der Schrift:

Sokrates verwendete das Bild von der Wachstafel, dem Geschenk der Mnemosyne, um damit den Zusammenhang von Erinnerung (*Urbild*) und Wahrnehmung (*Abbild*) zu beschreiben, der für zuverlässiges Erkennen als Identifizieren die Voraussetzung ist. Diese langlebigen und wirkungsvollen Traditionen von der *inneren Schrift* und der *Innerlichkeit* des Gedächtnisses hat Nietzsche gewaltsam durchkreuzt, als er vom Einschreiben in Körper sprach und den Schmerz das „mächtigste Hilfsmittel der Mnemotechnik“ nannte.[95]

Im Anschluss an Nietzsche werden unter Körper-Schrift inzwischen alle Narben, Male und Tätowierungen, „essentielle Zeichen, blutige Ritzungen, Brandzeichen der Existenz“[96] verstanden. Solche Schriften sind selten mit einem Entzifferungs-*Kode*, klaren Botschaften oder bestimmbaren Adressaten verbunden.

In seiner Verallgemeinerung wird das Konzept der Schrift zu dem der *Spur*, welche in der Psychologie des 19. Jahrhunderts zum Zentralbegriff der Gedächtnisforschung wird. Karl Spamer bestimmt sie als „eine Krafteinwirkung an einem unbelebten Objekt“[97], das diese Energie in sich festhält. Gedächtnis und Spur werden hier geradezu zu synonymen Begriffen:

---

93 Ebd., S. 27.

94 Anm.: Walter Benjamins visionäres Projekt einer *politischen Geschichtstheologie*, das er selber als einen *Versuch zur Technik des Erwachens* bezeichnete (vgl. Benjamin, W.: *Das Passagenwerk*, 1980ff, S. 490), changiert nach A. Assmanns Einordnung zwischen eschatologischer und animatorischer Erinnerung.

95 Vgl. Nietzsche, F.: *Werke*, 3 Bde, hrsg. von Karl Schlechta, München 1960, Bd. 2, S. 80: “Man brennt etwas ein, damit es im Gedächtnis bleibt: nur, was nicht aufhört, wehzutun, bleibt im Gedächtnis – das ist der Hauptsatz aus der allerältesten (leider auch allerlängsten) Psychologie auf Erden.“

96 Anm.: Peter Sloterdijk macht aus dieser Körperhermeneutik ein poetologisches Programm. Es lautet:„ Wo Brandmarkung war, soll Sprache entstehen!“

97 Spamer, K.: *Physiologie der Seele. Die seelischen Erscheinungen vom Standpunkte der Physiologie und der Entwicklungsgeschichte des Nervensystems, wissenschaftlich und gemeinverständlich dargestellt*, Stuttgart: F. Enke, 1877, S. 86.

Man kann (...) von einem Gedächtnis aller organischen Materie, ja der Materie überhaupt, sprechen, in dem Sinne, dass gewisse Einwirkungen mehr oder weniger dauernde Spuren an ihr hinterlassen. Der Stein selbst behält die Spur des Hammers, der ihn getroffen hat.[98]

Freud, der davon ausging, dass jede irgendwie betrachtenswerte psychologische Theorie das Problem des Gedächtnisses zu erklären habe, hat die Diskussion an diesem Punkt vorgefunden und aufgenommen. Sein Beitrag zur Gedächtnis-Theorie ist damit unablösbar vom Ringen nach einer besseren Gedächtnis-Metaphorik. Freud formulierte das Gedächtnisproblem als Paradox:

Wie kann die Gleichzeitigkeit der entgegengesetzten Funktionen des Bewahrens und Löschens vorgestellt werden? Wie verträgt sich *unbegrenzte Aufnahmefähigkeit* mit der *Erhaltung von Dauerspuren*? [99]

Derrida hat den Weg nachgezeichnet, den Freud von der (neuronalen) *Spur* zur (psychischen) *Schrift* zurücklegte.[100]

Die Lösung des Gedächtnisparadoxes gelingt Freud auf der Ebene der Metaphern mit der Rekonstruktion des psychischen Apparates im Schrift-Modell, des sogenannten *Wunderblocks*. Mit diesem Modell hat Freud Wahrnehmung und Erinnerung als gleichsam gekoppelte und distinkte Momente beschrieben:

Wahrnehmung wird dabei als ein Vorgang beschrieben, der gefiltert verläuft und deren Speicherung woanders stattfindet, an einem anderen Schauplatz.[101]

Das aus drei Schichten zusammengesetzte Schreibgerät vermag es, Dauerspur und *tabula rasa* gleichzeitig zu präsentieren: Die aus feinem Wachspapier bestehende Oberfläche kann beschrieben und überschrieben werden. Das darunter liegende Zelluloidblatt dient als *Reizschutz* für die ganz unten liegende Wachstafel, welche die Dauerspuren festhält, die bei günstigen Lichtverhältnissen sogar als feine Rillen sichtbar bleiben. Gedächtnisinhalte können hier immer wieder neu überschrieben und ausgelöscht werden – erhalten bleiben allein die dabei entstehenden *Dauerspuren*.

Aleida Assmann weist darauf hin, dass mit Freuds Beschreibung des Wunderblocks eine neue Ära der Geschichte des Gedächtnisses begonnen habe: Sich zwar der

---

98 Spamer, K.: ebd., Gedächtnis als Eigenschaft der Materie ist u.a. charakteristisch für sog. Nicht-newtonische Flüssigkeiten. Während Flüssigkeiten normalerweise nicht 'spurenfähig' sind, weil sich Oberflächen automatisch wieder glätten und Löcher wieder füllen, sind nicht-newtonische Flüssigkeiten spuren- bzw. gedächtnisfähig.

99 Freud, S.: 1960, Bd 14, S. 4; (vgl. auch Bd. 2/3, S. 543) aus: GW, Wien: S. Fischer Verlag, 2000: „Von den Wahrnehmungen, die an uns herankommen, verbleibt in unserem psychischen Apparat eine Spur, die wir >Erinnerungsspur< heissen können. (...) Nun bringt es offenbar Schwierigkeiten mit sich, wenn ein und dasselbe System an seinen Elementen Veränderungen getreu bewahren und doch neuen Anlässen zu Veränderung immer frisch und aufnahmefähig entgegentreten soll."

100 Derrida, J.: *Die Schrift und die Differenz*, Frankfurt/M.: Suhrkamp, 1976, S. 315 f.: „Im Brief 52 vom 6. 12.1896 wird das ganze System des *Entwurfs* in einer bislang bei Freud noch nicht dagewesenen graphischen Begrifflichkeit rekonstruiert. Es ist kein Zufall, wenn es mit dem Übergang vom Neurologischen zum Psychischen zusammenfällt."

101 Angerer, M.-L.: *Die Haut ist schneller als das Bild*, S. 188 in: Angerer, M.-L./Krips, H. P.: *Der andere Schauplatz: Psychoanalyse, Kultur, Medien*, Wien: Turia and Kant, 2001.

Schrift-Metaphorik als eine der Speicher-Metapher vergleichsweise überlegene[102] bedienend, führt Freud durch vielfältige und komplexe Faktoren dennoch mit seinem *Wunderblock* wieder zur Verfasstheit des natürlichen Gedächtnisses zurück:

> Durch die Bildlichkeit des Schreibens und Überschreibens, des Festhaltens und Löschens, der Intensität tiefer Prägungen und der flachen, vielfältigen Reize fällt die topologisch-symmetrische Ordnung des artifiziellen Gedächtnisses wieder auseinander. [103]

Zwischen Schreiben und Lesen treten auf einmal Verzerrungen, Verschiebungen, Verdunkelungen auf – die Folge: das Vergessen tritt ein und mit ihr die Frage nach der Identität der Erinnerungssubstanz. Mit diesem Problem beginnt laut Aleida Assmann die psychische Geschichte des Gedächtnisses. Ohne die Komponente der Bewahrung, der Speicherung, aufzugeben, hat Freud die Diskussion aus ihrer auschließlichen Raumorientierung heraus geführt und sie in den neuen Horizont psychischer Zeitlichkeit versetzt. Mit dem Werk Sigmund Freuds tritt damit auch die Geschichte in die Gedächtnistheorie ein.

Laplanche und Pontalis[104] haben darauf hingewiesen, dass der psychophysiologische Begriff der Erinnerungsspur[105], der in den meta-psychologischen Schriften ständig verwendet wird, eine Konzeption des Gedächtnisses impliziere, die Freud niemals in ihrer Gesamtheit dargelegt habe und dadurch leicht zu falschen Interpretationen Anlass gäbe.

Der Ausdruck *Erinnerungsspur* ist hiernach lediglich das Erbe eines verjährten neurophysiologischen Denkens. Nach den Erläuterungen von Laplanche und Pontalis lag der Entstehung dieses Begriffs primär Freuds Absicht zugrunde, das Gedächtnis nach einer Topik[106] anzuordnen und sein Funktionieren in ökonomischen Ausdrücken zu erklären. Das Postulat einer Inkompatibilität zwischen dem Bewusstsein und dem Gedächtnis führte Breuer und Freud besonders in ihren *Studien über Hysterie* zu einer topischen Konzeption des Gedächtnisses, welches durch den Vergleich mit dem Funktionieren des bereits erwähnten *Wunderblocks* erläutert wurde: Demnach schreibt das

---

[102] Anm.: Die Schrift-Metapher ist wesentlich komplizierter als die Speicher-Metapher. Als topologische Ordnung des Magazins suggeriert letztere Organisation, Ökonomie und Verfügbarkeit – alles Aspekte, die das künstliche Gedächtnis dem natürlichen vorraus hat.

[103] Assmann, A. 1994: a.a.O., S. 21/22.

[104] Laplanche, J. / Pontalis, J.-B.: *Das Vokabular der Psychoanalyse*, 12. Auflage, Frankfurt/M.: Suhrkamp, S. 138-140: *Erinnerungsspur* oder *Erinnerungsrest.*

[105] Definition *Erinnerungsspur* aus ebd.: „Von Freud in seinem ganzen Werk verwendeter Ausdruck zur Bezeichnung der Art und Weise, auf die die Ereignisse sich im Gedächtnis niederschreiben. Nach Freud sind die Erinnerungsspuren in verschiedenen Systemen deponiert; sie bleiben dauernd erhalten, werden aber nur reaktiviert, wenn sie einmal besetzt sind."

[106] Definition *Topik, topisch* aus ebd., S. 503: „Theorie oder Standpunkt, der eine Differenzierung des psychischen Apparates in eine bestimmte Anzahl von Systemen annimmt, die verschiedene Eigenschaften oder Funktionen haben und in einer bestimmten Reihenfolge zueinander angeordnet sind, was gestattet, sie metaphorisch als psychische Orte zu betrachten, denen man eine räumliche Vorstellung verleihen kann. Man spricht gewöhnlich von zwei topischen Modellen. Beim ersten liegt die Hauptunterscheidung zwischen Unbewusst, Vorbewusst und Bewusst, das zweite unterscheidet drei Instanzen: das Es, das Ich, das Über-Ich."

Gedächtnis selbst ein gegebenes Ereignis in verschiedenen *mnestischen Systemen* nieder, welche nach wiederum verschiedenen Klassifizierungsweisen[107] angeordnet sind.

Die metapsychologische Theorie der Erinnerungsspuren aber könne mit der Freudschen Konzeption der *infantilen Amnesie*[108] erklärt werden. Hiernach wären theoretisch alle Erinnerungen niedergeschrieben, „aber ob sie wachgerufen werden, hängt von der Art der Besetzung, der Entziehung der Besetzung, der Gegenbesetzung ab."[109] Diese auf der Vorstellung der Verdrängung basierende Konzeption stütze sich auf die herausgestellte Unterscheidung zwischen *Vorstellung* und *Affektquantum*[110]:

> Es ist die Vorstellung, dass an den psychischen Funktionen etwas zu unterscheiden ist (Affektbetrag, Erregungssumme) (...), das der Vergrösserung, Verminderung, der Verschiebung und der Abfuhr fähig ist und sich über die Gedächtnisspuren der Vorstellungen verbreitet, etwa wie eine elektrische Ladung über die Oberflächen der Körper.[111]

Der kritische Einwand von Laplanche und Pontalis soll verdeutlichen, dass die Freudsche Konzeption der Erinnerungsspur sich klar von der empirischen Konzeption des Engramms unterscheidet, „das als ein der Realität ähnlicher Abdruck definiert wird."[112] Die Erinnerungsspur wird somit nur als ein besonderes *Bahnungsarrangement*[113] verstanden, dergestalt, dass ein bestimmter Weg vor einem anderen bevorzugt wird. Ein derartiges Funktionieren des Gedächtnisses könne man mit den kybernetischen Apparaten vergleichen, welche nach dem Prinzip der binären Komponenten konstruiert seien – ebenso wie der durch aufeinanderfolgende Bifurkationen definierte Neuronenapparat nach Freud.

Erste Überlegungen zu Fragen einer derartigen Gedächtnistopik sind in seinem *Entwurf einer Psychologie*[114], einer frühen, von ihm selbst nie veröffentlichten Schrift, zu finden. Probleme einer längerfristigen Retention von Ereignissen – seien es sensorisch/motorische Eindrücke oder Erlebnisrepräsentationen – wie generelle Strukturbildungen und dessen Reaktivierungen werden hier behandelt.

---

[107] Anm. aus ebd.: Gemeint sind z.B. chronologische Reihenfolge, Verbindung in Assoziationsketten, Stufe des Zugangs zum Bewusstseins.

[108] Definition *Amnesie, infantile* aus ebd., S. 58: „Amnesie, die im Allgemeinen die Ereignisse der ersten Lebensjahre verdeckt(...). Sie ergibt sich aus der Verdrängung, der die infantile Sexualität unterliegt, und erstreckt sich auf fast alle Kindheitsereignisse.".

[109] Ebd., S.139.

[110] Definition *Affektbetrag* aus ebd., S. 39: „Quantitativer Faktor, der als Substrat des subjektiv erlebten Affekts postuliert wird und das bezeichnet, was bei den verschiedenen Modifikationen des Affekts: Verschiebung, Ablösung von der Vorstellung, qualitative Umwandlungen, unveränderlich bleibt."

[111] Freud, S./Breuer, J. (1894): *Die Abwehr-Neuropsychosen*, in: *Neurologisches Zentralblatt*, Bd. 13 (10), S. 362 und 11 S. 402., S. 139.

[112] Ebd., S. 139.

[113] Laplanche /Pontalis: a.a.O., S. 85; Definition *Bahnung*: „Von Freud benutzter Ausdruck, als er ein neurologisches Modell über das Funktionieren des psychischen Apparates entwirft (1895): In ihrem Übergang von einem Neuron zum anderen hat die Erregung einen bestimmten Widerstand zu überwinden; wenn ein solcher Übergang eine permanente Verminderung dieses Widerstandes nach sich zieht, sagt man, dass Bahnung bestehe; die Erregung bevorzugt den gebahnten Weg vor einem nicht gebahnten."

[114] Freud, S. (1987): *Entwurf einer Psychologie*, in: ders.: *Gesammelte Werke. Nachtragsband*, Wien: S. Fischer Verlag, 1991, S. 373-486.

2.2. Freud: Das Gedächtnis im *Entwurf*

Im *Entwurf einer Psychologie* skizziert Freud das Zusammenspiel der drei Systeme Wahrnehmung, Gedächtnis und Bewusstsein, aus welchem er später in seinen psychoanalytischen Schriften einige der Charakteristika des psychischen Apparates ableitet – ohne dort allerdings auf die Erörterung der neuronalen Vorgänge genau einzugehen. Die Beobachtungen am Krankheitsbild der Hysterie veranlassen ihn dazu, „eine naturwissenschaftliche Psychologie zu liefern, d.h. psychische Vorgänge darzustellen als quantitativ bestimmte Zustände aufzeigbarer materieller Teile."[115]

Es geht hier also, wie Klippel zusammenfasst, um das Erstellen von sowohl dem Geistigen als auch dem Körperlichen äquivalenten Prinzipien.[116] Ausgehend von der Vorstellung eines in sich ruhenden und trägen Gedächtnisses, welches durch die Reize eines komplexen Bahnungsgeflechtes und den dort stattfindenden dynamischen und widersprüchlichen Abläufen der Neuronen gestört wird, mache Freud es sich zur Aufgabe, ein System zu entwerfen, welches gleichzeitig Neues aufnehmen wie auch Dauerspuren bewahren kann. Mit der Unterteilung in einerseits durchlässige Wahrnehmungszellen und andererseits undurchlässige Erinnerungszellen erhalte das Gedächtnis die Funktion, äußere und innere Erregungen miteinander in Beziehung zu setzen.

> Das Gedächtnis besteht in den Bahnungen. Die Bahnungen werden durch Niveauerhebung nicht verändert, es gibt aber Bahnungen, die nur für ein bestimmtes Niveau gelten. Die Richtung des Ablaufes wird durch Niveauveränderung zunächst nicht geändert, wohl aber durch die Strömungsquantität und durch Seitenbesetzungen. Bei grossem Niveau sind eher kleine Quantitäten verschiebbar.[117]

Die Neuronen der Wahrnehmungszellen, wie die der Erinnerungszellen wirken nun in unterschiedlicher Quantität auf die Gedächtniszellen ein. Da Freud davon ausgeht, dass das Körperinnere keine extremen Reizquantitäten ertragen würde, misst er der Wirkung der Neuronen der Erinnerungszellen eine erheblich geringere Quantität zu. Die Quantität der Erregung eines unter Spannung stehenden Neurons sorgt nun für die sogenannte *Bahnung*: Ausgelöst durch ein solches Neuron entstehen durch die Affizierung der sich innerhalb des Systems der Gedächtnisneuronen befindenden Kontaktschranken bestimmte Wege. Hierbei gilt: Je grösser die Quantität, umso leichter ist der Weg durch die Kontaktschranken gangbar. Je stärker demgegenüber die Bahnung, umso mehr ist das Gedächtnisneuron an das gänzlich durchlässige Wahrnehmungsneuron angenähert. Ein besetztes Neuron steht vergleichsweise gleichmässig unter Spannung und ist dadurch in der Lage, die Herabsetzung des Widerstandes der Kontaktschranken an einem bestimmten Weg für spätere, schwächere Energiemengen festzuhalten. Das Gefüge der Durchlässigkeit für Energiemengen ist fein abgestimmt und bietet für alle unterschiedlichen Quantitäten entsprechende Wege, die darüber hinaus durch unterschiedliche Breiten noch zusätzliche Differenzierungen ermöglichen.

Dem Bewusstsein kommt nun Freud zufolge die Rolle der Aufnahme von Qualitäten zu: Es müsse folglich ein drittes Neuronensystem existieren, dass weder direkt der

---

[115] Ebd., S. 387.

[116] Klippel, H.: a.a.O., S. 108.

[117] Freud, S./ Breuer, J. (1895): *Studien über Hysterie*, in: *Gesammelte Werke*, Wien: S. Fischer Verlag, 1991, S. 469.

Außen- noch der Innenwelt angehöre, dass aber bei der Wahrnehmung miterregt wird und „dessen Erregungszustände die verschiedenen Qualitäten ergeben, d.h. bewusste Empfindungen sind“[118] – ein System also, das speziell der Umwandlung der Quantitäten in Qualitäten dient. Da Qualität nur dort existieren kann, wo Quantität möglichst ausgeschlossen ist, nimmt Freud an, dass im Bewusstseinssystem nur minimale Quantitäten wirken; gerade soviel, wie nötig ist, um die Neuronen zu erregen. Das Bewusstsein ist damit, wie Klippel feststellt[119], zu verstehen als ein *selbstreflexives System*, das Quantitätsveränderungen, die im Wesentlichen aus dem Gedächtnis zum Bewusstsein geleitet werden, qualitativ umsetzt, d.h. *beurteilt*. Es erhält seine Informationen aus dem Zusammenwirken von Wahrnehmung und Gedächtnis. Die grundlegenden Qualitäten, die hier entstehen, sind Unlust (bei Spannungsanstieg) und Lust (bei Spannungsabfuhr).

Entscheidend bei der Entstehung der Lust-/Unlustentbindung, welche in mehreren Vorgängen entsteht, ist die hier bereits angedeutete Unterscheidung zwischen Erinnerungsbildern und Wahrnehmung: beim Primärvorgang, wo der Apparat dem Trägheitsprinzip am gemäßesten arbeitet, nimmt die Abfuhr den Weg der Neuronenbesetzung der Erinnerungsbilder (des begehrten Objekts); hierbei wird gleichzeitig eine Wahrnehmung in Form einer *Halluzination* produziert.[120] Auf das Nicht-Unterscheiden zwischen Bild und Wahrnehmung des Primärvorganges kommt Freud in der Traumdeutung nochmals zurück. Im Sekundärvorgang der Lust-/Unlustentbindung stellt Freud eine Verbindung her zwischen der Unterscheidung des Realen vom Imaginären und der Hemmungsfunktion, die er der sogenannten *Ich-Organisation* zuschreibt.[121]

Freuds *Entwurf* ist der letzte Versuch, seine Entdeckungen anatomisch zu umschreiben. In der *Traumdeutung*[122] wird die Thematik zwar noch einmal aufgegriffen, aber auf einer neuen Ebene verhandelt.

> Der Entwurf ist der Abschied von der Anatomie in Form einer phantastischen Anatomie.[123]

---

[118] Ebd., S. 402.

[119] Klippel, H.: a.a.O., S. 112.

[120] Vgl. Zitat aus Freud, S.: *Der Entwurf*, a.a.O., S. 327: „Ich bezweifle nicht, dass diese Wunschbelebung zunächst dasselbe ergibt wie die Wahrnehmung, nämlich eine Halluzination.“

[121] Ebd., S. 330.

[122] Freud, S. (1900): *Die Traumdeutung*, Studienausgabe Bd.2, Fischer Verlag: Frankfurt/M. 1972, Kapitel 7, S. 488-588; darin insbesondere die Abschnitte B *Die Regression*, S. 510-524.

[123] Ricoeur, P.: *Die Interpretation. Ein Versuch über Freud* , übersetzt von Eva Moldenhauer, Frankfurt/M.: Suhrkamp Verlag, 1993, S. 95.

2.2.1. Freuds Gedächtnis in seiner *Traumdeutung*

Seine Überlegungen des *Entwurfs* nun teilweise auf psychologischer Ebene in der *Traumdeutung* fortsetzend, bildet das Gedächtnis auch hier wieder den Teil der Fragestellungen bezüglich der Zusammensetzung oder *Topik* des psychischen Apparates. Das eigentliche Anliegen Freuds ist hier jedoch die Erläuterung der Entstehung des Traums als rückläufiger Weg von der Vorstellung zur Affektion des Wahrnehmungsapparats.

Zentral, so Klippel, ist hierbei aber nicht mehr das energetische Strömen, sondern die „Lokalisierung der unterschiedlichen Systeme und ihre Zusammenarbeit."[124] Da es primär um die Vorstellung des Traum-Gedankens geht, spricht Freud nicht mehr von *besetzten Neuronen*, sondern von *besetzten Vorstellungen*.

Damit schwankt der seelische Apparat zwischen einer *realen* und einer *bildlichen* Darstellung. Daraus folgt außerdem, dass im Gegensatz zum *Entwurf* die Erklärung der Deutung ausdrücklich untergeordnet ist – daher auch der Name des Buches.[125]

Der Traum nun schafft Zugang zu einem Phänomen der *Regression*, deren Aspekte sowohl *zeitlich*, als auch *topisch* und *dynamisch* sind. Die Darstellung dieses Phänomens zeigt sich in den Gedanken visueller Bilder und in der Rede.

2.2.1.1. Der seelische Apparat

> Wir bleiben auf psychologischem Boden und Gedenken nur der Aufforderung zu folgen, daß wir uns das Instrument, welches den Seelenleistungen dient, vorstellen wie etwa ein zusammengesetztes Mikroskop, einen photographischen Apparat u. dgl.[126]

Die psychische Lokalität entspricht einem Ort innerhalb eines Apparats, an dem eine der Vorstufen des Bildes zustande komme. Bei der Anordnung der psychischen Systeme bestimmt Freud – anders als bei den technischen Apparaten – eine **Hegemonie des zeitlichen Aspektes gegenüber dem räumlichen**.

Der gerichtete Apparat hat zwei Enden: Ein *sensibles Ende*, welches die Wahrnehmungen empfängt, und ein *motorisches Ende*[127], welches die Bewegung erzeugt. Diese Konstruktion ist vergleichbar mit der eines *Reflexapparats.*[128] Die erste Differenzierung des Erregungsverlaufes entsteht bereits zu Beginn, also am *sensiblen Ende*, welche die Erinnerungsspur erzeugt.

2.2.1.2. Erinnerungsspur

> Von den Wahrnehmungen, die an uns herankommen, verbleibt in unserem psychischen Apparat eine Spur, die wir *Erinnerungsspur* heissen können. Die Funktion, die sich auf diese Erinnerungsspur bezieht, heissen wir ja *Gedächtnis.*[129]

---

[124] Klippel, H.: a.a.O., S. 116.
[125] Vgl. Ricouer, P.: a.a.O., S. 100f.
[126] Freud, S. (1900): *Die Traumdeutung*, a.a.O., S. 527.
[127] Ebd., S. 513 f.
[128] Ebd.
[129] Ebd., S. 514.

Die Funktion, die sich auf diese Erinnerungsspur bezieht, ist das Gedächtnis, mit welchem erst Komplexität erreicht werden kann. Da alle psychischen Vorgänge an Systeme gebunden werden, erfolgt nach der Wahrnehmung der Aufbau von Erinnerungsspuren als bleibende Veränderungen im System. Gebildet werden diese an einer anderen Stelle, sozusagen *hinter* dem Wahrnehmungssystem, welches frei sein muss für neue Reize.

> Wir nehmen an, dass ein vorderstes System des Apparats die Wahrnehmungsreize aufnimmt, aber nichts von ihnen bewahrt, also kein Gedächtnis hat. (...). [130]

Diese *Dauerspuren* sind nicht einfach isoliert abgelagert, sondern auf vielfache Weise miteinander vernetzt und damit Bedingung für die Assoziation.

> Wir müssen also als die Grundlage der Assoziation vielmehr die Erinnerungssysteme annehmen.[131]

Die Erinnerungssysteme können generell in die Stufen *vorbewusst* und *unbewusst* eingeteilt werden, wobei alle Erinnerungssysteme nach Laplanche und Pontalis[132] im deskriptiven Sinn erstmal unbewusst sind. Der Bereich der Erinnerungsspuren selber ist unterteilt in ein dem Bewusstsein zugewandten und ein diesem nicht zugewandten, sprich unbewussten Teil. Allerdings können die Spuren des Bereichs unbewusst nicht ohne weiteres aktualisiert werden, sondern müssen erstmal in das System der vorbewussten Erinnerungen gelangen, welche an die verbale Sprache gebunden sind.[133]

Neben den beiden Formen der Erinnerungsspuren und dem Bewusstsein gibt es noch eine dritte kritisierende Instanz, die *Zensur*, welche die Bewusstseinsinhalte auswählt. Vom Wahrnehmungssystem zu den unbewussten Erinnerungssystemen führt also der Weg durch die Zensur zu den vorbewussten Spuren und schließlich zur Bewegung. Die Unterscheidung zwischen vorbewussten und unbewussten Erinnerungen wird in der Folge für Freud und Breuers Studien wichtig.

Freud erklärt nun die Entstehung von bestimmten Träumen über das Absinken der Zensur zwischen diesen beiden Systemen. Der halluzinatorische Traum lässt sich schließlich über die Regression, also dem rückläufigen Weg der Erregung (vom motorischen zum sensiblen Ende) erklären. Der Traum hat damit einen *„regredienten Charakter“* [134].

> Wir heissen es Regression, wenn sich im Traum die Vorstellung in das sinnliche Bild zurückverwandelt, aus dem sie einmal hervorgegangen ist.[135]

2.2.1.3. Erinnerungsbilder

Entscheidend bei diesen sinnlichen Bildern ist die Vermutung, dass der Schauplatz der Träume ein anderer ist, als der des wachenden Vorstellungs-Lebens.

> Denn keine andere Annahme gestatte es, die besonderen Eigentümlichkeiten des Traumlebens zu begreifen.[136]

---

[130] Ebd., S. 512.
[131] Ebd., S. 515.
[132] Laplanche /Pontalis: a.a.O., S. 139.
[133] Anm.: Gemeint sind die *Wortvorstellungen*, vgl. Laplanche/Pontalis: ebd., S. 614.
[134] Ebd., S. 518.
[135] Ebd., S. 519.

Zwar erzeugt aufgrund materieller Bedingungen, sind diese Bilder und Vorstellungen doch nicht in der Materie auf irgendeine Weise *vorhanden* bzw.

> in organischen Elementen des Nervensystems lokalisiert (...), sondern sozusagen *zwischen* ihnen, wo Widerstände und Bahnungen das ihnen entsprechende Korrelat bilden.[137]

An dieser Stelle greift Freud wieder auf das Problem des Nicht-Unterscheidens zwischen Bild und Wahrnehmung zurück, welches schon bei seinem Entwurf postuliert wurde. Die Lokalisation des *Dazwischen* lässt die Erinnerungsbilder zu ***virtuellen,*** da nicht wirklich greifbaren Phänomenen werden. Nur unter bestimmten Bedingungen des Unterbewusstseins oder Bewusstseins können sie entstehen.

Anhand der ***Metapher des Fernrohrs*** beschreibt Freud diese folgendermassen:

> Alles, was Gegenstand unserer inneren Wahrnehmung werden kann, ist *virtuell,* wie das durch den Gang der Lichtstrahlen gegebene Bild im Fernrohr. Die Systeme aber, die selbst nichts Psychisches sind und nie unserer psychischen Wahrnehmung zugänglich werden, sind wir berechtigt anzunehmen, gleich den Linsen des Fernrohrs, die das Bild entwerfen.[138]

Die psychisch Kranken sind in der Regel von Bildern, die aus dem Unterbewusstsein gekommen sind, besessen. Die sprachliche Entzifferung löst schließlich diese Bilder auf:

> Bei der Wiederkehr von Bildern hat man im allgemeinen leichteres Spiel als bei der von Gedanken; die Hysterischen, die zumeist visuell sind, machen es dem Analytiker nicht so schwer wie die Leute mit Zwangsvorstellungen. Ist einmal ein Bild aus der Erinnerung aufgetaucht, so kann man den Kranken sagen hören, dass es in dem Masse zerbröckle und undeutlich werde, wie er in seiner Schilderung desselben fortschreite. Der Kranke trägt es gleichsam ab, indem er es in Worte umsetzt. Man orientiert sich nun an dem Erinnerungsbilde selbst, um die Richtung zu finden, nach welcher die Arbeit fortzusetzen ist (…).[139]

2.2.1.4. Die Konzeption von Vergessen

> Das Verhalten des Traumgedächtnisses ist sicherlich höchst bedeutsam für jede Theorie des Gedächtnisses überhaupt. Es lehrt, dass *Nichts,* was wir geistig einmal besessen, ganz und gar verlorengehen kann (...).[140]

Mit der Theorie der *Abwesenheit des Vergessens* stellt sich Freud in die Linie vorheriger Gedächtnistheoretiker (z.B. William James). Wie er hier darlegt, richten sich Erinnern und Vergessen der Träume (und anderer Vorstellungskomplexe) nach den Erfordernissen der Verdrängung (welche wiederum durch die Instanz der Zensur gesteuert würden). Der Großteil der Träume wird von der Zensur ins Unterbewusstsein gedrängt. Vergessen bedeutet daher Verdrängung, Abhalten vom Bewusstsein – nicht aber Verschwinden. Im Verlauf seiner Studien arbeitet Freud diese These immer differenzierter aus. In *Erinnern, Wiederholen und Durcharbeiten* (1914) schreibt er:

---

136 Ebd., S. 512.
137 Ebd., S. 579, Hervorhebung des Autors.
138 Freud, S. (1900): *Die Traumdeutung*, a.a.O., S. 579.
139 Freud, S. (1892-1899): *Studien über Hysterie*, in: GW., Bd. 1, Frankfurt/M.: S. Fischer Verlag, 6. Auflage, 1991, S. 282, Hervorhebung des Autors.
140 Freud, S. (1900): *Die Traumdeutung*, a.a.O., S. 46.

Das Vergessen von Eindrücken, Szenen, Erlebnissen reduziert sich zumeist auf eine *Absperrung* derselben (...). [141]

und zwar durch systematische Prozesse der Entstellung.

Besonders bei den mannigfachen Formen der Zwangsneurose schränkt sich das Vergessene meist auf die Auflösung von Zusammenhängen, Verkennung von Abfolgen, Isolierung von Erinnerungen ein.[142]

2.2.2. Fazit Freuds topisches Modell

Anders als in seinem *Wunderblock-Text*, bei dem Ablagerungen wieder relvant werden, wird Freuds *topisches Gedächtnis* mit Klippel zu einem „Ort der Kontinuität und zugleich der Nicht-Identität“[143]. Denn Freud sei – ebenso wie Bergson – eben nicht am Endprodukt (=Speicherung auf irgendeinem Trägermaterial), sondern allein an der Projektion, dem Prozess der Bilderzeugung (durch Brechung an bestimmten Interessen) interessiert. Die Apparatur des Gedächtnisses sei demnach dafür konzipiert, konstant immer wieder die gleichen und gleichzeitig immer wieder neue Inhalte herzustellen.

Die Eigenschaften, die Freud dem Gedächtnis in seinem *Entwurf einer Psychologie* zuschreibt, sind besonders die der *Trägheit* als Vermittler zwischen Innen und Außen, „indem es die äußeren Reize dämpft und für die inneren eine erhöhte Sensibilität entwickelt“[144] und die der *Selbstproduktion.* Letztere unterscheidet sich von aller technischen Produktion dahingehend, dass sie das Vergangene beständig hinter sich lässt und immer Neues – und zwar das, was gerade benötigt wird – erarbeitet. Für Heike Klippel ist ein solches sich selbst produzierendes Gedächtnis, welches nur arbeitet, um nicht zerstört zu werden, ein Hohn auf alle künstlich hergestellten Apparaturen.

Was dieses Gedächtnis sich merkt, sind **Prozesse**, nicht aber Inhalte, und die Prozesse werden nicht im strengen Sinn wiederholt, sondern in unterschiedlicher Exaktheit nachvollzogen.[145]

Da die Re-Produktion eines Erlebnisses/einer Fähigkeit damit niemals wirklich exakt sein kann, liegt sie mit Klippel jenseits des leblos Technischen.
Nach dem Scheitern seiner neurophysiologischen Spekulationen wird der Fokus von Freuds *Traumdeutung* bezüglich des Gedächtnisses nicht mehr das energetische Strömen, sondern die Lokalisierung der unterschiedlichen Systeme von Gedächtnis, Bewusstsein, Wahrnehmung und ihre Zusammenarbeit. Die Technikkonzeption der Organe verschiebt sich hier ganz in die Metaphorik. Hierbei ist eine Affinität Freuds bezüglich der optischen Apparate als Metaphern für den psychischen Apparat zu erken-

---

[141] Freud, S. (1914): *Erinnern, Wiederholen und Durcharbeiten,* in: *GW*, Bd. 10., Wien: S. Fischer Verlag, 1969, S. 126-136; hier: S. 127.
[142] Ebd., S.128.
[143] Klippel, H.: a.a.O., S. 159.
[144] Ebd., S.115.
[145] Ebd., Hervorhebung des Autors.

nen, „etwa ein zusammengesetztes Mikroskop, ein photographischer Apparat u. dgl.“[146]

Derrida schreibt:

> In der Traumdeutung ist die metaphorische Maschine (...) noch nicht (wie später im *Wunderblock-Text*) der skripturalen Analogie angeglichen worden. Es ist eine optische Maschine.[147]

Beide Systeme – das des *Entwurfes* und das der *Traumdeutung* – sind bestimmt von einer Durchlässigkeit und Heterogenität des idealisierten energetischen Gedächtnisflusses, die zwar eine beständige Flexibilität des Systems garantiert, jedoch keine Starrheit zulässt. Dadurch enthält Freud seinem Gedächtnismodell die Möglichkeit der Speicherung von Inhalten.

> Der Weg der Erregung markiert eine bestimmte Reaktivierung – es gibt keinen Inhalt, der gesucht wird und um den es geht.[148]

Nach Heike Klippel entzieht sich die Freudsche Konzeption außerdem aufgrund der *Sprengung* ihrer Dreidimensionalität einer grafischen Darstellung. Die scheinbare Übersichtlichkeit der Freudschen Konstruktion täusche darüber hinweg, dass z.B. die Innen-Außen-Verhältnisse ungeklärt blieben.

> Das Gedächtnis wird so zum unausgesprochenen Sinnbild des Unvorhersehbaren, wodurch Bergsons These, dass die Zeitlichkeit von außen nicht auf den Begriff gebracht werden kann, eine Bestätigung findet.[149]

Freuds hochdifferenziertes Neuronengeflecht sei damit eine Art utopischer Gegenpol zur kapitalistischen Produktionsweise: Es stelle nie etwas her, das früher einmal gebraucht wurde, oder das nie gebraucht wurde und nun durch sein Dasein eine Verwendung aufnötigte. Hierin vermittelten sich auch eine große Abwehr gegen die Produktivitätsfreude des Industriezeitalters sowie ein Wunsch nach dem ewigen Schlaf aller Maschinen und nach dem Befreitsein von entfremdeter Arbeit.

Dadurch, dass Freud versuche, die Pragmatik eines solchen psycho-physichen Parallelismus mit der idealen Praxis eines Bergson zu verbinden, scheitere Klippel zufolge sein Entwurf: Die Idee eines materiellen Zusammenwirkens von innen und außen – ein Punkt, in dem sich Freud und Bergson träfen – als hochkomplexes, an die Umwelt sich adaptierendes System – sei mit dem Modell einer nicht-mechanischen Reproduktion, die Nicht-Identität nach sich ziehe, nicht vereinbar.

> Eine Identiät aber, die sich nur noch aufrechterhalten kann, indem sie sich beständig als nicht mehr dieselbe erneuert, ist im Grunde verloren.[150]

Seine Theorie der Träume gibt weniger theoretischen Aufschluss über die Organisation des menschlichen Gedächtnisses, sondern Maßgaben zu Erkenntnissen über die **Vergangenheit** der Träumer. So schreibt Freud am Ende seiner Traumdeutung:

---

146 Freud, S. (1900): *Die Traumdeutung*, a.a.O., S. 512.

147 Derrida, J.: *Freud und der Schauplatz der Schrift*, in: ders.: *Die Schrift und die Differenz*, Frankfurt/M.: Suhrkamp Verlag , 1989 (1967), S. 305-350; hier S. 308.

148 Klippel, H.: a.a.O., S. 137.

149 Ebd., S. 118.

150 Ebd., S. 116.

> Und der Wert des Traums für die Kenntnis der Zukunft? Daran ist natürlich nicht zu denken. Man möchte dafür einsetzen: **für die Kenntnis der Vergangenheit**. Denn aus der Vergangenheit stammt der Traum in jedem Sinne. Zwar entbehrt auch der alte Glaube, dass der Traum uns die Zukunft zeigt, nicht völlig des Gehalts an Wahrheit. Indem uns der Traum einen Wunsch als erfüllt vorstellt, führt er uns allerdings in die Zukunft; aber diese vom Träumer für gegenwärtig genommene Zukunft ist durch den unzerstörbaren Wunsch zum Ebenbild jener Vergangenheit gestaltet.[151]

Entscheidend schließlich für die weitere Entwicklung der Psychoanalyse wird Freuds Diktum der Traumdeutung, dass Erinnerungen und Wahrnehmungen an verschiedenen Orten stattfinden. Hieraus entsteht seine Theorie der Unterscheidung des *Unbewussten* und *Bewussten*, wobei Freud dem *Unbewussten* eine weitere Kategorie, das *Vorbewusste* zuordnet. Wohingegen die vorbewusste Ebene anhand von Wortvorstellungen sprachlich aufgeschlüsselt werden kann, realisieren wir Freud zufolge die erste Ebene des *Unbewussten* allein anhand von Erinnerungsbildern. Wichtig ist, dass die Konstruktion eine Trennung innerhalb des Unbewussten vornimmt, von der nur ein Teil sprachlich aufgeschlüsselt werden kann. Das Unterbewusstsein *denkt* daher primär mit *virtuellen* Bildern. Diese Bilder entstehen an einem nicht-lokalisierbaren Ort und haben im Allgemeinen eine prägnantere Wirkung als Worte. Erst im Bewusstsein vollzieht sich eine Art Aktualisierung dieser *virtuellen* Bilder, deren Entzifferung sich Freud (mittels der Sprache) zur Aufgabe gemacht hat. Entscheidend ist hier also, dass die Erinnerungsbilder des Unterbewusstseins nur teilweise sprachlich aufgeschlüsselt werden können und daher auch im Gedächtnis eine wichtigere Rolle haben als die Sprache.

Freuds Konzeption der Bilder soll bei dem Vergleich mit den philosophischen Gedächtnismodellen von Bergson und Deleuze nochmal besprochen werden. Die Funktion der Sprache als *Bilderentzifferung* wird in dem folgenden Exkurs über die Hysterie verdeutlicht. Welchen Einfluss Freuds Gedächtnistheorien auf die psychoanalytische Kinotheorie hatte, wird außerdem im Anschluss des Kapitels über die Hysterie skizziert werden.

2.3. Die Hysterie

Erste Überlegungen zur Rolle des Gedächtnisses bei psychischen Erkrankungen finden sich in Freuds und Breuers Studien über Hysterie[152], die allerdings keine konkreten Erläuterungen zum Gedächtnisapparat beinhalten. Für den Zusammenhang dieser Arbeit sind sie deshalb interessant, weil sie (schon vor Freud und Breuer) Teil einer breit gefächerten Ikonografie war, die intensiv chronofotografisch dokumentiert wurde. Damit galt sie als ein Phänomen, welches man versuchte über die Visualisierung zu erklären. Freuds und Breuers Therapie der Sprechkur – ausgehend von dem Glauben, dass diese Störung eine Gedächtniskrankheit sei, weil Erinnerungen und Wahrnehmungen an verschiedenen Orten stattfänden – trug zur Eliminierung der Krankheit bei. Die starken Parallelen der Hysterie zu den darstellenden Künsten sowie die unter-

---

[151] Freud, S. (1900): *Die Traumdeutung*, a.a.O., S. 588, Hervorhebung des Autors.

[152] Freud, S. / Breuer, J. (1895): *Studien über Hysterie*, Frankfurt/M.: S. Fischer Verlag, 1991.

schiedliche Betrachtung dieses Phänomens (aus psychoanalytischer sowie philosophischer Perspektive) sollen mitunter Thema dieser Arbeit sein.

2.3.1. Hysterie und Fotografie

Die Verbreitung der Hysterie hatte seit Mitte des 18. Jahrhunderts zugenommen und erreichte gegen Ende des 19. Jahrhunderts ihren Höhepunkt. Als plastische Umsetzung der zunehmenden Widersprüchlichkeit der weiblichen Rolle, wie sie gesellschaftlich gefordert und literarisch formuliert wurde[153], war sie geprägt von exhibitionistischen, publikumsorientierten Körperaktionen während der Anfälle und umgeben von Ästhetisierungsstrategien[154]:

> (...) bei der Hysterie handelt es sich um das Register trügerischer weiblicher Ausdrucksformen, um die Rhetorik des weiblichen Begehrens, das sich unter der Hypnose kultureller Zeichen in eine pathologische Symbolik des Geschlechts zurückzieht.[155]

Die Poesie der hysterischen Zeichen und Zeichenkombinationen mitsamt der Choreografie der unterdrückten Wünsche entstammt nach Schneider der Literatur und Ikonografie des Abendlandes und zirkuliert durch das Medium der Arzt-Patienten-Beziehung.

Nach langer Zeit der Nicht-Beachtung ist Jean-Martin Charcot der erste, der sich der Hysterie als Krankheitsbild annimmt und die einzelnen Stadien des Anfalls zwecks einer Klassifikation mittels der Chronofotografie festhält. Durch die technische Visualisierung der Krankheit wird laut Schneider der hysterische Anfall in eine sich wie mechanisch reproduzierende Wiederholungsstruktur verwandelt und, wie Klippel schreibt, der „Unberechenbarkeit und Ungreifbarkeit der Hysterie (...) damit gleichzeitig eine künstlerisch gestaltete Oberfläche und ein Gerüst scheinhafter Ordnung angemessen.“ [156]

Charcots Arbeit war der Versuch mittels fotografischer Aufzeichnungen faktisches Wissen zu erlangen: Das relativ neue Medium der Fotografie diente Charcot zwar in erster Linie als Werkzeug (im Sinne eines Archivs seiner experimentellen wissenschaftlichen Arbeit), zugleich waren die Bilder aber auch dazu ersehen, dem Gedächtnis zu dienen.

---

153 Zur Sozialgeschichte der Hysterie vgl. Schaps, R.: *Hysterie und Weiblichkeit*, Frankfurt/M.: Campus Verlag, 1982.

154 Schneider, M.: *Hysterie als Gesamtkunstwerk*, in: *Merkur*, Nr. 9/10, Sept./Okt. 1985, S. 879-895.

155 Ebd., S. 883.

156 Klippel, H.: a.a.O., S. 123.

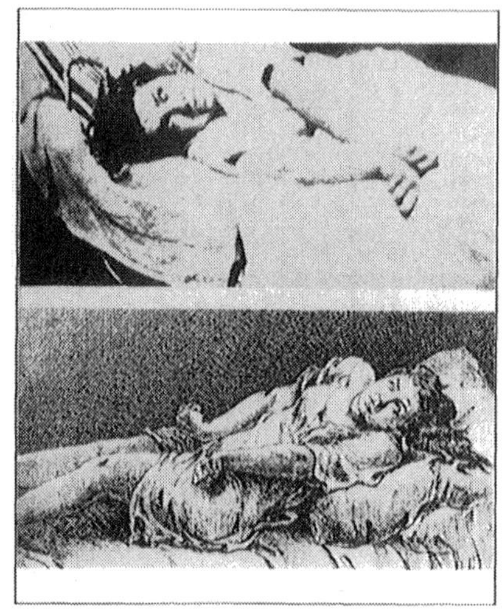

Abb. 1

Was die Photographie gestatten sollte, war letztlich, in einem Bild oder in einer Serie von Bildern, die ganze Zeit einer Untersuchung, und von daher einer Geschichte zu kristallisieren und zu memorisieren.[157]

Im Sinne Mareys war es die Aufgabe der Fotografie, die Wirklichkeit sichtbar zu machen. Die Fotografie als eine Weiterentwicklung des Grafischen betrachtend, zielte Marey darauf ab, zwei Hürden der Wissenschaft auszuklammern: Einerseits die Mittelbarkeit der Sprache, andererseits die zu fehlerhafte Unmittelbarkeit unserer Sinne.[158]

Die grafische Methode Mareys begann, sich die Fotografie unter dem Gesichtspunkt der räumlichen Ausdehnung der aufzuzeichnenden Bewegungen anzueignen. Die Chronofotografie war das geeignete Mittel, um seiner Ansicht, dass „Bewegung nicht mehr als das Verhältnis der Zeit zum Raum"[159] ist, grafischen Ausdruck zu verleihen. Seine Suche nach mechanischen Aufzeichnungsformen für die unterschiedlichsten Tätigkeiten des menschlichen Körpers ist nach Rabinbach symptomatisch für die damalige Krise des Raum- und Zeitbewusstseins.[160]

Aus dieser Perspektive ist Mareys Chronofotografie paradigmatisch für den Weg der totalen Quantifizierung, den die moderne Wissenschaft eingeschlagen hat. Dennoch wurde sie weniger zum Instrument der Analyse, „als zum Agenten der Zersetzung und Fragmentierung."[161] Dies reflektiert gleichsam der Umgang der Malerei mit der Chronofotografie: Statt zur akkuraten Wiedergabe von Bewegung, inspiriert sie vielmehr zur optischen Auflösung des Dargestellten im Impressionismus und Pointillismus:

(...) it was (Marey`s and Muybridge`s) decomposition of the visual field, their experiments with the boundaries of perception, and their impact on the crisis of absolute time and space that was most important for the arts.[162]

---

[157] Didi-Huberman, G.: *Erfindung der Hysterie*, München: Wilhelm Fink Verlag, 1997, S. 59.

[158] Ebd.

[159] Rabinbach, Anson: *The Human Motor. Energie, Fatigue and the Origins of Modernity*, Chicago: Perseus Books Group, 1990, S. 108; Rabinbach zitiert hier Marey: *Development de la méthode graphique par l`emploi de la photographie*, Paris 1884, S. 9.

[160] Anm.: Ihren wesentlichen Ausdruck fand diese Krise in der Philosophie Bergsons, der sich intensiv mit der Chronofotografie Mareys beschäftigt hatte. Bergson stand allerdings diesem ausschließlich quantitativen Zugang zur Wirklichkeit kritisch gegenüber. Sein Anliegen war im Gegenteil, die *Wahrheit der Bewegung* zu erfassen.

[161] Klippel, H.: ebd., S. 70.

[162] Rabinbach, A.: a.a.O., S. 114.

2.3.2. Die Konstruktion der Hysterie als Gedächtniskrankheit: *Verzeitlichung* der Erinnerung

Mit seiner Methode konnte Charcot auf dem Gebiet der Ätiologie und Therapie der Krankheit wenig erreichen. An dieser Stelle wurde er von Breuer und Freud abgelöst, die den Zusammenhang zwischen dem Symptom und seiner Verursachung als eine Konstruktion erkannten, welche jenseits des wachen Bewusstseins liegende Kräfte zu äußern imstande waren. Breuer war mit der Existenz dessen zusammengestoßen, was er und Freud zu diesem Zeitpunkt *Bewusstseinsspaltung* (double conscience)[163] nannten und das in die entstehende Psychoanalyse als Unterscheidung zwischen Bewusstem und Unbewusstem Eingang fand.[164] Dadurch sollte der Verdacht, dass die Erzählungen der hypnotisierten Kranken lediglich willkürlich konstruiert seien, widerlegt werden. Die Neubewertung der Hysterie als eine Art Erinnerung trägt mit ihrer sich auf die Gesamtheit von Körper, Persönlichkeit und Biographie beziehende Therapieform zur Eliminierung dieses Krankheitsphänomens bei – „Freuds Entdeckung (bildet) den Auftakt ihres Verschwindens."[165]

> Wir fanden nämlich, anfangs zu unserer grössten Überraschung, dass die einzelnen hysterischen Symptome sogleich und ohne Wiederkehr verschwanden, wenn es gelungen war, die Erinnerung an den veranlassenden Vorgang zu voller Helligkeit zu erwecken, damit auch den begleitenden Affekt wachzurufen, und wenn dann der Kranke den Vorgang in möglichst ausführlicher Weise schilderte und dem Affekt Worte gab.[166]

Obwohl Freud und Breuer die Hysterie zu den neurotischen Erkrankungen zählen, ist sie doch durch die Umwandlung pathologischer Vorstellungen in körperliche Symptome grundlegend verschieden von allen anderen psychischen Störungen: An die Stelle des verbalen Aussprechens (bzw. der verbal geleiteten Imagination) tritt eine plastisch-visuelle Inszenierung, und die Emotionen werden zum Teil durch körperlichen Schmerz ersetzt.

> Solche Beobachtungen scheinen uns die pathogene Analogie der gewöhnlichen Hysterie mit der traumatischen Neurose nachzuweisen und eine Ausdehnung des Begriffes der *traumatischen Hysterie* zu rechtfertigen.[167]

Zur Erklärung dieser Verwandlung von Erinnerungen vertritt Freud hier noch die schlichte *Konversions-/Abstraktionstheorie*[168], die er nur im Ansatz beibehalten und später komplett umgearbeitet hat.Therapiert wird die Hysterie dieser Theorie zufolge in dem emotionalen Durchleben und der anschließenden Verbalisierung des jeweiligen

---

[163] Vgl. Freud, S. / Breuer, J. (1893): *Über den psychischen Mechanismus hysterischer Phänomene; Vorläufige Mitteilung*, in: *Neurologisches Zentralblatt*, Bd. 12 (1), S. 4; Bd. 12 (2) S. 43 und dies.: (1894) *Die Abwehr-Neuropsychosen*, in: *Neurologisches Zentralblatt*, Bd. 13, S. 362 u. 11 S. 402.

[164] Schlesier, R.: *Mythos und Weiblichkeit bei Sigmund Freud*, Frankfurt/M: Verlag Anton Hain 1990, S. 17.

[165] Schneider, M.: a.a.O., S. 882.

[166] Freud, S. (1895): *Studien über Hysterie*, a.a.O., S. 85.

[167] Ebd., S. 84.

[168] Vgl. hier Klippel, H.: a.a.O., S. 124: „Dieser Theorie zufolge bleiben von den nicht weiterverarbeiteten, die Hysterie verursachenden Vorstellungen Erregungsquantitäten zurück, deren Energie dann, da ihr andere Wege verwehrt sind, über die Körpersymptome abgeführt wird."

kranken Erinnerungskomplexes. Durch das sinnlich-körperliche Wiederholen des traumatischen Erlebnisses soll also Heilung erzielt werden. Im Unterschied zu den *normalen*, der Umwelt angepassten und daher abgenutzten und sich mit der Zeit umgewandelten Erinnerungen seien diejeingen der Hysterie emotional noch voll aufgeladen und unverblasst. Was hingegen bei diesen *unklaren*, hysterischen Erinnerungen ausbleibe, sei die *assoziative* Verarbeitung.

Der Grund für die *Dissoziation* der Gedächtnisinhalte, deren Resultat ein gespaltenes Bewusstsein ist, liegt mit Klippel „in einem unüberwindlichen Widerspruch des Ichs gegen die pathogenen Vorstellungskomplexe.“[169] Diese stark emotional belasteten, pathogenen Erinnerungen können sich nur durch Abspaltung dem Traumatischen entziehen. Eigentliches Ziel der hysterischen Symptome ist damit weniger ein Vergessen des traumatischen Ereignisses als vielmehr ein Ausradieren, ein Ungeschehenmachen. Gleichzeitig, so der Hinweis Renate Schlesiers[170], führt die *Dissoziation* des Verdrängten zum Bewusstsein nicht etwa zu einer Einschränkung des Verdrängten – wie z.B. in der zwangsneurotischen Regression – sondern zu seiner Entfaltung. Der hysterische Anfall ist damit „die Epiphanie des Verdrängten(...)“[171], dessen Vergangenheit „noch nicht abgeschlossen, Gegenwart noch nicht herstellbar“[172] ist.

Eine Charakterisierung dieser Krankheit könnte laut Freud folgendes Bild ergeben: Unter den psychisch sichtbaren Symptomen der Hysterie ragen Beeinträchtigungen der Motorik, der Organfunktion und der Sprache hervor, die sich mit schubartig einsetzenden Steigerungen der physichen und psychischen Leistungsfähigkeit abwechseln, den *Attacken*. Denken und Handeln der hysterisch Kranken erscheint wie *alteriert*, der bewussten Beeinflussung oder gar Beherrschung entzogen.[173]

Immer sind es Personen, die „heftige gemütliche Erschütterungen“[174], Traumen vergleichbar, erfahren haben. Alles, was nur entfernt daran erinnern kann, wird von den hysterischen Kranken unwillkürlich und ihnen unbewusst in Beziehung zu diesen Erschütterungen gebracht. Das assoziative, das mimetische, das repräsentative Vermögen zeichnet die Hysterie und die Disposition zu ihr aus.

Thesenartig ließe sich Freuds Theorie der Hysterie so zusammenfassen:

> In ihren Affekte bindenden Phantasieproduktionen repräsentiert die Hysterie eine aktualisierte infantile Mythologie; in ihren Affekten zum Ausbruch verhelfenden Anfällen stellt die Hysterie eine Art öffentliche kultische Veranstaltung dar.[175]

Die Aufgabe der Psychoanalyse hat Freud weniger darin gesehen, den Veranstaltungscharakter der Hysterie herauszuarbeiten, als das in die Hysterie gebannte Vergangene aus dieser Fixierung zu lösen; „dabei wurde die psychoanalytische Kur selber zu einer Veranstaltung.“[176]

---

[169] Ebd.
[170] Schlesier, R.: a.a.O., S. 48.
[171] Ebd., S. 48.
[172] Ebd., S. 18.
[173] Ebd., S. 41.
[174] Freud, S. (1910): *Über Psychoanalyse*, in: *GW.* , Bd. 4., Wien: S. Fischer Verlag, 1975 , S. 5.
[175] Ebd., S. 42f.
[176] Ebd.

Obwohl Vergangenheit in der Hysterie wie in jeder Neurose noch nicht abgeschlossen ist, Gegenwart noch nicht herstellbar, ist erstere doch innerhalb ihrer Anfälle sichtbar. Bei der Hysterie geht es schließlich um die Darstellung und Aktualisierung der Vergangenheit – im Unterschied zur Zwangsneurose.

Anhand der Hysterie konnte Freud seine Konstruktion des Traumes verwirklicht sehen: Der Vermengung von Realität und Phantasie, von Vergangenem und Gegenwärtigem, lag dasselbe Bauprinzip zugrunde: das *Pasticcio-Artige* der Schichtung und Zusammensetzung, wie Freud es von alten römischen Bauwerken kannte.[177] Im Unterschied zum Traum wird in der Hysterie jedoch ein Wunsch aktiv, der in einer Aktion realisiert wird. Die Verzerrtheit und Unvollständigkeit der hysterischen Wunscherfüllung liegt hierbei mehr in einer sie beschränkenden *Zensur.* [178] Und an an deren unbedingten Wirksamkeit zweifelte Freud, weswegen er die Kranken nötigen konnte, sich aus eigener Kraft durch die Sprache aus ihrem Gefängnis zu befreien.

Die Fixierung auf die Vergangenheit ist daher nicht so sehr *regressiv* zu verstehen. Sie verweist eher auf eine noch nicht eingelöste Zukunft, welche die Hysterischen *hic et nunc* in der Gegenwart zu realisieren suchen.

> Das Präsens ist die Zeitform, in welcher der Wunsch als erfüllt dargestellt wird.[179]

2.3.3. Bezug Hysterie zum Diskurs der Erinnerungsproblematik und dem Kino

Freud und Breuer erheben die Hysterie als ehemalige Geisteskrankheit zu einer gesellschaftlich anerkannten Gedächtniskrankheit. Ihre theoretische Konstruktion schafft schließlich mindestens zwei Bezüge zum Kino:

1) Das die Konzeption der Hysterie bestimmende *Körpergedächtnis* erlaubt einen Darstellungsraum für das *Schauspiel* der hysterischen Frauen.

In der Hysterie verbindet sich die Tendenz des Melodramas und des Kinos zur Stereotypisierung und Genrebildung „mit der Grandiosität der Schauspielerin, die im Stummfilm Triumphe feiern konnte.“[180] Die wissenschaftliche Anerkennung des Emotionalen hatte damit auch emanzipatorischen Charakter.[181]

2) Die Therapie der *Redekur* verdeutlicht bereits den theoretischen, sprachanalogischen Weg der späteren psychoanalytischen (Filmwissenschafts-)Theorie, auf den sich zunächst Lacan mit seiner Spiegelanalogie bezog.

---

[177] Vgl. Freud, S.: 1900, a.a.O., S. 496.

[178] Anm.: Daher kommt es, dass ein *hysterisches* Symptom wie ein *autoerotischer* oder *masochistischer* Vorgang aussieht, dass es die, die es erleben, verrückt machen kann.

[179] Freud, S.: 1900 , a.a.O., S. 540.

[180] Klippel, H.: a.a.O., S. 129.

[181] Vgl. außerdem zur emanzipatorischen Kraft der Selbstwahrnehmung der Frauen im Kino Schlüppmann, H.: *Unheimlichkeit des Blicks*, Frankfurt /M., Basel 1990, S. 14ff und zum Zusammenhang zwischen Hysterie, Schauspielkunst und Filmwahrnehmung als einer oppositionellen, sich dem sprachlichen Zugriff entziehenden Artikulation vgl: *Filmsprache als Körpersprache. Zu Béla Balázs`Ästhetik des Kinos von 1925,* in: Erdle, B./ Weigel, S.: (Hg): *Mimesis, Bild und Schrift*, Köln, S. 83-97.

2.3.3.1. Das Schauspiel der *hysterischen* Frauen

Interessant ist, dass es sich bei den von Freud und Breuer vorgestellten Hysterie-Fällen nicht nur um eine Gedächtniskrankheit, sondern auch um eine Frauenkrankheit handelt. Das dargestellte Krankheitsbild steht damit „im Schnittpunkt der Polarisierungen (...)“[182] von *Körper und Geist, Lebendigkeit und Mechanik*, die in unversöhnlichem Gegensatz in wechselseitiger Ausschließlichkeit nebeneinander in der Hysterie existieren und dabei den weiblichen Körper zum Austragungsort dieser Widersprüche machen. Sie ist modern in dem Sinne, dass sie Teil hat an der *expanding culture of the visible.*[183]

Der Körper der Hysterischen signalisiert Freud und Breuer zufolge ihre paradox erscheinende Fähigkeit, etwas zu erinnern, dessen sie sich nicht bewusst sind. Die der Hysterie spezifische *Körpersprache* ist für sie das Realitätszeichen der Reminiszenzen, ihre *Morphologie* ist der Schlüssel zu ihrer *Ätiologie.*[184] Die an Abfuhr und Verarbeitung, an *Assoziation* mit anderen seelischen Vorgängen gehinderte psychische Erregung werde hiernach im hysterischen Symptom in körperliches Leiden umgesetzt.[185]

Hatten die alten Griechen mit ihrer Mnemotechnik oder die Ägypter mit der Schriftkultur an eine im Innern niedergelegte *unsichtbare* körperliche Einschreibung des Erlebten geglaubt, so transformieren die Hysterikerinnen ihre erinnerten Traumatas in eine expressive Körpersprache, „die viel weniger spricht als dass sie schreit, spielt, täuscht (...).“[186]

> (...) das Orgiastische und Exzessive innerhalb des Anfallgeschehens war nicht zu übersehen (...), wie eben überhaupt die ganze hysterische Erscheinungswelt an ein Theaterspiel, an eine Komödie erinnerte.[187]

Gleichzeitig zeigt sich in dieser emotionalen Inszenierung des erinnerten Schmerzes der Hysterikerinnen der Versuch, unterdrückte Bedürfnisse, Enttäuschungen und Sehnsüchte außerordentlich expressiv und mit „der Plastizität der zur Verfügung stehenden Materialien“[188]darzustellen.

> Aber wie immer man die klassische Hysterie bewertete, auf jeden Fall war die Hysterikerin unlösbar mit dem Stigma des Darstellungsdranges und der Publikumsabhängigkeit behaftet. In ihrer Fähigkeit zur Ekstase und zur totalen Hinwendung an ihre Umgebung gab die Hysterikerin den Mittelpunkt ihrer eigenen Existenz auf.[189]

Manfred Schneider weist darauf hin, dass es sich bei dieser Darstellung der Frauen nicht nur um einen „durch männliche Lektüre-Politik in Bewegung gesetzte(n) semiotischen Effekt“[190] handelte, sondern dass sie die kulturelle Umsetzung der weiblichen Ikonographie selbst mitumsetzte und beeinflusste.

---

[182] Klippel, H.: ebd. , S. 127.

[183] Gledhill, C.: *The Melodramatic Field:An Investigation*, in: ders. (HG.): *Home is where the Heart is*, London: British Film Institute, 1987, S. 5-39; hier: S. 21.

[184] Vgl. Freud, S.: *Die Sexualität in der Ätiologie der Neurosen*, Wien klin. Rdsch., Bd. 1, S. 439.

[185] Freud/Breuer: (1895), S. 142.

[186] Klippel, H.: a.a.O., S. 127.

[187] Schaps, R.: *Hysterie und Weiblichkeit*, a.a.O., S. 56.

[188] Klippel, H.: ebd.

[189] Schaps, R.: a.a.O., S. 64.

[190] Schneider, M.: *Hysterie als Gesamtkunstwerk*, a.a.O., S. 882.

> Das hysterische Auge war äusserst beweglich. Es erweckte so einen schmachtenden, oft wechselnden, weichen, schwärmerischen Eindruck. (…) **Anders war jedoch der Blick der Hysterikerin, wenn sie sich über einen Mann erzürnte.** Dann vermochte sie ihm mit einer solch dramatischen Wucht einen finsteren Blick seitlich von unten her zuzuwerfen, dass die grösste Tragödin sie um diese Fähigkeit beneidet hätte.[191]

Freud und Breuer markieren mit ihren *Studien über Hysterie* einen kurzen historischen Moment, an dem sich eine Art Koalition zwischen den weiblichen Ausdrucksformen und der männlichen Wissenschaft vollzieht. Der emanzipatorische Charakter dieser Studien zeigt sich nicht allein in der Anerkennung und Erforschung jener theatralischen Darstellungen, sondern auch darin, dass sie den Frauen einen eigenen Erkenntnisraum gegeben haben, dessen Inhalt sie selbst mitbestimmen konnten.

> (...) Freud`s early work develops something of a *feminist* science. Freud`s first gropings toward the theory of psychoanalysis incororated both women`s actual experiences and traditionally feminine domains. Further, Freud studied *women and their actual experiences* and integrated the domains relegated to them – *namely the personal, the emotional, and the sexual* – into his psychological theory.[192]

2.3.3.2. Sprechkur: theoretischer Bezug zum Kino

> Die Natur der hysterischen Symptome ist die der Geister und Dämonen, die erlöst erst zur Ruhe gehen, wenn sie ganz und gar durchschaut sind, wenn sie bei ihrem Namen genannt werden konnten.[193]

Die psychoanalytische Therapie verstand sich von Anfang an als ein Vorgang der Heilung im Medium der Sprache, während dessen von beiden an ihm Beteiligten, dem Patienten und dem Arzt, eine „erhebliche psychische Arbeit“[194] geleistet werden musste. Der überraschende Effekt jedoch, dass die hysterischen Patientinnen, deren Körper- und Sprachfunktionen gestört waren – zumeist unter Einsatz der Hypnose – innerhalb der Therapie sprechen konnten, erklärten sich Breuer und Freud durch einen Vorgang des *nachholenden* Erinnerns und Agierens. Symptomauslösend, traumatisch musste nach diesen Erfahrungen ein Ereignis geworden sein, in dem ein Affekt sich nicht *entladen* konnte oder eine denkende Verarbeitung dieses Affekts nicht möglich gewesen war.[195]

Wurde dem „eingeklemmten Affekte der Ablauf durch die Rede“[196] gestattet und wurde das Abreagieren des Affektes nachgeholt – wurden also die Symptome in „affektbesetzte Vorstellungen“[197] zurückverwandelt – so konnte das sie verursachende Ereignis sprachlich und gestisch dargestellt, bewusst gemacht werden. Durch diesen

---

[191] Schaps, R.: a.a.O., S. 87, Hervorhebung des Autors.

[192] Marneffe, D.: *Looking and Listening: The Construction of Clinical Knowledge in Charcot and Freud*, in: *Signs*, Vol. 17, Nr. 1, Herbst 1991, S. 71-111, hier S. 108.

[193] Ebd.

[194] Freud/Breuer: 1895 , a.a.O., S. 266.

[195] Freud/Breuer 1892: *Zur Theorie des hysterischen Anfalls*, in: *Gesammelte Werke*, Bd. 17, Wien: S. Fischer Verlag, 1969, S. 13.

[196] Freud, S./ Breuer, J.: 1895 , a.a.O., S. 97.

[197] Freud, S.: *Drei Abhandlungen zur Sexualtheorie*, in ders.: *Gesammelte Werke*, Bd. 5 , Wien: S. Fischer Verlag, 2000, S. 63.

Repräsentations- und Übersetzungsvorgang wurde der erste theoretische Satz der Psychoanalyse über den *Mechanismus* der Hysterie gewonnen:

> Die hysterisch Kranken leiden an ihnen unbewussten und von ihnen unerledigten *Reminiszenzen.*[198]

Die Sprache hatte bereits bei der Symptombildung eine entscheidende Rolle als „Surrogat für die Tat."[199] So konnte zum Beispiel Freud und Breuer zufolge eine hysterisch halbseitige Gesichtslähmung oder -neuralgie von einer Bemerkung herrühren, die wie ein „Schlag ins Gesicht"[200] empfunden wurde. Ein *hysterischer Halsschmerz* konnte entstehen, wenn während einer Erkältung eine bestimmte Situation von dem Gedanken begleitet wurde: „Das muss ich herunterschlucken."[201] Die Bedingung einer Summation von Traumen – eine Obsession – war zudem gegeben, wenn eine Hysterische durch eine Reihe von Begebenheiten, in denen ihr ihr „Alleinstehen"[202] schmerzlich bewusst wurde, einen heftigen Beinschmerz im Stehen entwickelte.

> Diese *Symbolisierung vermittels des sprachlichen Ausdrucks* durch die Produktion somatischer Symptome zwang Freud dazu, nicht nur den Traum, sondern auch die Hysterie wie einen *heiligen Text* zu lesen.[203]

Mit dem Erkennen der *Symbolisierung* – also der Materialisierung der Bilder – wird Freud zufolge auch der Körper der Hysterischen dazu gebracht, „mitzusprechen."[204] Die Sprache der Hysterie ist jedoch, wie Schlesier einwendet, keine tautologische:

> Die ins Somatische führende Verwandlung des Affekts und der Erinnerung zeugt von einer aus der Vergangenheit in die Gegenwart reichenden Entwicklung. Sie ist eher eine Akzentverschiebung als eine bloße Wiederholung, eher eine Steigerung von etwas einmal schon Vorhandenem als ein Schauplatzwechsel. Sie drückt keine bloß formale oder mediale, sondern eine substantielle, reale Veränderung aus. [205]

Anders als in einer Psychose obsedieren in der Hysterie nicht die Worte, sondern die darstellenden Bilder. **In der Hysterie überwiegt die Sachbeziehung die Wortbeziehung.** Es sind „Wortbrücken, über welche die Wege zum Unbewussten führen"[206] – und mittels deren Träume und Hysterien können abstrakte Gedanken versinnbildlicht werden. Lebhafte, visuelle Bilder und Halluzinationen sind damit das Medium des hysterischen Erinnerns, eher als Worte oder Sätze. Werden die Bilder in Worte umgesetzt, so beginnt mit der gleichzeitigen Zerstörung der Bilder der Heilungsvorgang. Ist es der Sprache gelungen, die komplette Vision abzutragen, so „schwindet das Bild, wie ein erlöster Geist zur Ruhe eingeht."[207]

---

198 Freud, S./Breuer, J.: 1895, a.a.O., S. 86.
199 Ebd., S. 87.
200 Ebd., S. 250.
201 Ebd.
202 Ebd., S. 217.
203 Schlesier, R.: a.a.O., S. 51.
204 Freud, S. /Breuer, J.: a.a.O., S. 212.
205 Schlesier, R.: a.a.O., S. 4; Hervorhebung des Autors.
206 Freud, S./Breuer, J.: a.a.O., S. 380.
207 Ebd., S. 283.

Umgekehrt ist das beharrliche Bleiben von Bildern und Gedanken ein Indiz für vollständige Rekonstruktion:

> Ein Bild, das nicht verlöschen will, verlangt noch seine Würdigung, ein Gedanke, der sich nicht verlöschen will, verlangt noch seine Würdigung, ein Gedanke, der sich nicht abtun lässt, will noch weiter verfolgt werden.[208]

2.3.4. Fazit Hysterie

In der Hysterie bricht die Grenze zwischen *visueller* (körperlicher) und *sprachlicher* (geistiger) Reaktivierung der Gedächtnisinhalte zusammen. Indem Freud und Breuer sich diesem Zustand wissenschaftlich analysierend gewidmet haben, eröffneten sie einen Darstellungsraum, in dem besonders Frauen ihren Wünschen und Sehnsüchten emotional Ausdruck verleihen konnten. Die anschließende Therapie der *Sprechkur* allerdings rehabilitiert die Grenze dann wieder, ordnet dem *normalen*, also nicht-pathologischen, distanziert kontemplativen Erinnern die *Vergeistigung*, die Loslösung vom Körperlichen zu. Damit wird mit Klippel die Vergangenheit erst wirklich, wenn sie sich der Geschichtlichkeit unterwirft, das heißt, wenn sie sich in immer neue Vergangenheiten umformt. Die dissoziierten, der Ratio nicht untertänigen Erinnerungen der Hysterie dagegen werden aus dem Reich der Geschichte, aus der Zeit herausgeworfen. Die Möglichkeiten einer solchen Körperlichkeit als Fortschritt sozusagen, von dem sich Freud und mit ihm die Psychoanalyse abwendet, übernehme und erkenne zur selben Zeit das Kino.

> Im Zusammenspiel von körperlicher Aktion der Schauspielerin und sinnlicher Wahrnehmung der Zuschauerin gewinnen weibliche Artikulationsformen Einfluss auf den Gang der Geschichte.[209]

Die hysterischen Anfälle werden durch einen Fehler im System der ständigen Dynamik begründet – die pathologischen Strukturen sind daher unflexibel, sie relativieren den ewigen Fluss des Systems. Damit gibt es statische Elemente in Freuds Gedächtnismodell, die das unentwegt pulsierende System Freuds stocken: sie finden sich wieder in den Anfällen, den kranken Neurosen.

Indem sich Freud aber den kranken Momenten, den Stauungen und Fehlleistungen widmet, – (seinen Entwurf als die Idealvorstellung eines gesunden Zustandes hatte er gar nicht erst veröffentlicht) – bekennt er sich Klippel zufolge zur Linearität, zur Geschichte. Die Annahme der Unmöglichkeit von Vergessen kann angesichts des artifiziellen Charakters dieser Rekonstruktion als problematisch angesehen werden: Denn das Ausschließen des Vergessens lässt alle Vorgänge der Psyche als geordnet erscheinen. Fehler und Unregelmässigkeiten sind zwar vorhanden, haben aber immer eine Bedeutung.

> Diese innere Ordnung aber greift in ihrer rigorosen Subjektivität die äussere Ordnung an und setzt die Faktizität ausser Kraft: In den meisten Fällen werden wir nie erfahren, wie etwas *wirk-*

---

[208] Ebd., S. 301.
[209] Ebd., S. 130.

lich gewesen ist.(...) Nicht nur ihre endlose Konstruktivität, auch die implizite Eliminierung des Zufälligen relativiert den Status der aufklärenden Interpretation (...).[210]

Klippel kritisiert also einen rationalen aufklärerischen Standpunkt Freuds, der gleichzeitig den Zufall ausblendet. Freud baue eine Welt auf, die unter dem Überdruck der sich unentwegt ansammelnden Geschichte ersticke. Die Unmöglichkeit einer räumlichen Darstellung lasse ihn hierbei nicht irritieren.[211]

Dennoch skizziert Freud mit der Konzeption der Hysterie ein komplexes und zeithaftes Modell, welches sich gerade durch seine Undurchsichtigkeit und Irrationalität auszeichnet. Er gibt den Hysterischen eine Möglichkeit, ihre *virtuellen* Erinnerungsbilder körperlich zu artikulieren, und sie damit zu *aktualisieren*. Der Moment des hysterischen Anfalls wird so zu einem Bild, in dem sich virtuelle und aktuelle, körperliche und geistige, sowie rationale und irrationale Aspekte miteinander vermengen und ununterscheidbar werden. Freud jedoch versucht diesen Zustand zugunsten der Rationalität aufzubrechen. Der Einsatz der Sprache als Loslösung aus dem bildhaft-plastischen Gefängnis der Erinnerung zerstört zwar einerseits das traditionelle topologische Erinnerungsmodell, zeigt aber gleichzeitig auf, wie sehr Freud doch beeinflusst war von einer bestimmten Geisteshaltung, die dem *Geistigen*, bzw. der *Vergeistigung* oder *Loslösung vom Körperlichen* letzten Endes mehr Vertrauen schenkte als dem emotionalen, irrationalen, materiellen Körper.

Die explizite Verzeitlichung seines Gedächtnismodells, die zu einer komplexen Vorstellung des Visuellen führt, kann Freud aus seiner damaligen wissenschaftlichen Perspektive damit nur sprachlich auflösen.

Die sich zwischen Sichtbarem und Sagbarem befindende, kristalline Konzeption der Hysterie ist jedoch der Deleuzschen Konzeption des *Kristall-Bildes* erstaunlich ähnlich. Damit teilen – wie noch zu zeigen ist – die beiden Theoretiker trotz ihrer scheinbaren geistigen Distanz das Grundverständnis eines dialektisch-dualistischen Gedächtnismodelles. Mit der Ausführung seines neu entdeckten Sprachmodells zumindest markiert Freud eine Richtung, die die psychoanalytische Wissenschaft im Folgenden gehen wird, wenn sie die Sprache – das Sagbare – vor den Körper oder das Bild – das Sichtbare – stellen wird. Indem sich Freud für die Therapie der Sprechkur entscheidet, wendet er sich also wieder ab von einer Anerkennung des Visuellen und des Körperlichen. Mit der Heterogenität des Wortes über den Körper wird nach Klippel die Schwere der Inszenierung in *fleischlose Verbalisierung* umgewandelt, die sich dadurch dem „*kinematografischen Ablauf*"[212] des hysterischen Schauspiels entziehen kann.

Freuds Gedankenmodell – basierend auf der theoretischen Annahme, dass Erinnerungen und Wahrnehmungen an einem anderen Schauplatz stattfinden – findet *praktisch* erstmals in der Hysterie ihren Ausdruck. Freuds und Breuers sprachanalogischer An-

[210] Klippel, H.: a.a.O., S. 140.

[211] Vgl. hierzu Freud, S. (1929): *Das Unbehagen in der Kultur*, in: Studienausgabe, Band 9, Frankfurt/M.: S. Fischer Verlag, 1982, S. 197-270, S. 201 f.: „Es bleibt dabei, dass eine solche Erhaltung aller Vorstufen neben der Endgestaltung nur im Seelischen möglich ist und dass wir nicht in der Lage sind, uns dies Vorkommen anschaulich zu machen."

[212] Ebd., S. 130.

satz antizipiert schließlich das Lacansche *Symbolische*, welches die Dualität zwischen Imaginärem und Realem auflöst.

2.4. Freud und das Kino

In Anlehnung an Freuds Ablehnung des Films als modische Erscheinung blieb das Verhältnis vieler PsychoanalytikerInnen zu dem neuen Medium lange Zeit – bis zu Beginn der 70er Jahre – distanziert.[213] Eine ideologiekritische Emphase der französischen Gesellschaft, die neben gesellschaftlichen Institutionen und Herrschaftsmechanismen auch linke Politikkonzepte und Institutionen miteinbezog, initiierte die Kritik der Form gesellschaftlicher Repräsentation – gleich welcher Interessen und Absichten.[214]

Das Durchsetzen des psychoanalytischen Denkmodells in der Filmtheorie ist also unter anderem Ausdruck einer gesellschaftlichen Kritik der Form, die wiederum als Effekt der zuvor erfahrenen *gescheiterten* oder machtlosen Kritik des *falschen Bewusstseins* (gemeint ist die marxistisch fundierte Ideologiekritik) angesehen werden kann. Das psychoanalytische Modell wird begleitet von sprachtheoretischen und strukturalistischen Denkmodellen. Mit der Frage nach den Strukturen kinematografischer Rezeption bekommt auch die Filmrezeption eine Neubestimmung:

> Nicht mehr die Inhalte der Filme, die Geschichten und Erzählungen des Kinos, sondern die medienspezifischen Darstellungsformen, die narrativen Strukturen und die filmischen Codes wurden zum Gegenstand ideologiekritischer Analysen.[215]

Der gesamte theoretische Diskurs bezieht sich im Grunde auf zwei gesellschaftliche Kritiken: Die eine ist die des erkenntnistheoretischen Subjekts, die andere die des i-

---

213 Anm.: Zwar spielte schon in den älteren Arbeiten von Hugo Münsterberg, Martha Wolfenstein/Nathan Leites und Jean Mitry die Psychologie eine herausragende Rolle zur Beschreibung und Erklärung von filmischen Wahrnehmungsmustern, doch die sich anschließenden kognitionspsychologisch fundierten Ansätze von David Bordwell, Peter Wuss und Peter Ohler beruhen auf präziseren Ausgangsfragen: Wer sieht laufende Bilder unter welchen Bedingungen in welcher Form und mit welchem Inhalt? Während die *Werkmodelle* von Wuss den Ort der Narrativik innerhalb des Filmerlebens und -verstehens fokussieren, versucht der experimentell arbeitende Kognitionspsychologe Ohler zu erklären, was *passiert*, wenn wir audiovisuelles Material in uns aufnehmen. Beide Wissenschaftler verfolgen das Ziel, die kognitive Psychologie als Teil einer übergreifenden Psychosemiotik zu verankern. (Vgl. dazu Stolle, P.: *Tempelspringen im Imaginären. Bemerkungen über das Verhältnis der Psychologie zum Film*, in: Sierek, K./Heiss, G. (Hg.): *Texte zu Film und Kino*, Wien: PVS Verleger, 1992, S. 43-52) Weit kontroverser erscheint die Stellung der *Psychoanalyse* als international bevorzugtes filmtheoretisches und -pragmatisches Bezugsparadigma.

214 Vgl.Kappelhoff, H.: *Kino und Psychoanalyse*, in: Felix, Jürgen (Hg.): *Moderne Film Theorie*, Mainz: Theo Bender Verlag, 2002, S. 130-160, hier S. 132: „Der Leitgedanke strukturalistischer Methodologie, nicht vom Verstehen, vom Sinn der Werke, Dokumente und Texte auszugehen, sondern von den beschreibbaren formalen Regelsystemen und Strukturen, die sinnhaftes Verstehen überhaupt ermöglichen, wurde nun machttheoretisch gewendet. Die Analyse der *Mikrostrukturen der Macht* in allen Äußerungsformen, Institutionen und Alltagsritualen der Gesellschaft bildete den theoretischen Bezugspunkt einer politischen Praxis, die sich nun als Subversion und nicht mehr als Kritik verstand."

215 Ebd., S. 133.

deologischen Bewusstseins.[216]Lacan, der sich auf Freud bezieht, bietet den zwei wichtigen Entwicklungen innerhalb der psychoanalytischen Filmwissenschaft ein Modell:

Dies ist erstens die *Spiegelanalogie*, die die *Apparatus-Theorie* übernimmt und zweitens Lacans These, dass das Unbewusste wie eine Sprache konstituiert ist, auf der sich die *Theorie des Suture* gründet.

2.4.1. Lacans Konzeption der Spiegelphase[217]

> Lacans Spiegelstadium ist die mehr oder weniger konstruierte Annahme einer Ur-Identifikation, das Dispositiv einer ursprünglichen Selbsttäuschung, die die psychische Integrität des Subjekts sichert.[218]

Nach Lacan ist die durchlebte Erfahrung des heranwachsenden Kindes des „*Spiegelstadiums* (*als ein Stadion*[219]) ein Drama, das die ganze weitere Entwicklung des Subjekts bestimmt.“ [220]

Im physischen Spiegelbild einerseits, wie im affirmativ verfahrenden gesellschaftlichen (mütterlichen) Spiegel andererseits, manifestiert sich die erfahrene Unvollkommenheit in einem Phantasma: dem *Realen* bzw. Begehren nach diesem realen Zustand der Perfektheit, Reinheit oder Unversehrtheit.

Die Idee ist, dass das Kind bereits in seinen frühesten Entwicklungsphasen ein Bild seiner selbst konstituiert – physisch wie psychisch –, welches eine imaginäre Einheit bildet und aus dem physischen und gesellschaftlichen Abbild oder Spiegelbild entsteht. Dieses Bild allerdings, da es an dem Begehren der anderen konstituiert wird – entspricht eher einem Wunschbild als der tatsächlichen Realität: das Spiegelbild *kaschiert* sozusagen die eigentliche Konstitution des Psychischen und Körperlichen. Denn Lacan zufolge vollzieht sich das Spiegelstadium unter dem Vorbehalt, dass das Imago/Abbild potenter oder einheitlicher erscheint als der erkennende Säugling selbst. In einer *triumphalen* Geste geschieht die *symbolische* Setzung des Ichs über den Weg des einheitlich-potent erscheinenden Gegenübers, das die eigene Unvollkommenheit im *Imaginären* zu übertünchen in der Lage ist, und das dadurch zum Phantasma, bzw. zum Realen wird:

---

[216] Ebd., S. 130-160.

[217] Anm.: Lacans Spiegelstadium wurde zuletzt (philosophisch) kritisiert von Peter Sloterdijk, der ihm eine glatte kulturanthropologische Fehlleistung sowie ein eigenes Phantasma aufgrund seines Ausgangs vom *psychotischen Säugling* vorwirft. Vgl. Sloterdijk, P.: *Sphären 1*, Frankfurt/M.: Suhrkamp, 1998, S. 543 ff.

[218] Kappelhoff, H.: a.a.O., S.137.

[219] Anm.zu *als ein Stadion*: Damit ist der besondere und doppeldeutige Charakter des französichen Stadions angezeigt: einerseits *Stadium* als Entwicklungsstufe, andererseits *Stadion* als Metapher für den gesellschaftlichen, *beobachtenden* Blick auf das im Zentrum/auf der Bühne etc. stehenden Subjekts – gemeint ist also der physische wie gesellschaftliche Spiegel.

[220] Vgl. Lacan, J.: *Das Spiegelstadium als Bildner der Ichfunktion. Wie sie uns in der psychoanalytsichen Erfahrung erscheint*, in: *Schriften 1, Das Seminar*, Buch 1, Olten und Freiburg: Walter 1978, S. 64 und ders.: *Subversion des Subjekts und Dialektik des Begehrens im Freudschen Unbewussten*, in: *Schriften 2*, a.a.O., S. 174.

Der bloße Anblick der vollständigen Form des menschlichen Körpers verschafft dem Subjekt eine imaginäre Beherrschung seines Körpers, die gegenüber der realen Beherrschung verfrüht ist.[221]

Das in den Spiegel schauende Kind antizipiert also eine somatische Einheit, mit welcher es sich identifiziert – obgleich seine körperliche Kompetenz noch sehr mangelhaft ist. Der Blick – und damit die der Motorik weit überlegene visuelle Wahrnehmung – perzipiert die Einheit eines Bildes, die realiter noch fehlt und setzt sie in Beziehung zum eigenen Körper.
Damit wird „(...) die Instanz eines Ich (moi) auf einer fiktiven Linie situiert."[222]

In einem seiner späteren Seminare beschreibt Lacan das Spiegelstadium folgendermaßen:

Das ist das ursprüngliche Abenteuer, in dem der Mensch zum erstenmal die Erfahrung macht, dass er sich sieht, sich reflektiert und sich als anders begreift, als er ist – die wesentliche Dimension des Menschlichen, die sein ganzes Phantasieleben strukturiert.[223]

Bei dieser Beschreibung systematisiert Lacan das psychoanalytische Gegenstandsfeld mit den drei Grundkategorien, auf welche man sich in Folge auch in der Filmwissenschaft bezieht: dies sind die Begriffe der Bereiche des *Imaginären*, des *Symbolischen* und des *Realen.*

Lacan bezeichnet das Stadium des *Imaginären* als den vorsprachlichen Zustand, in dem das Individuum sich seiner Grenzen – seines Mangels – noch nicht bewusst ist. Das sprachlose Kleinkind identifiziert sich mit der Gestalt des anderen – zumeist der Mutter –, die es deshalb auch gar nicht als verschieden wahrnimmt. Nun besteht laut Lacan die Faszination des Ichs für den anderen aber gerade in dessen ganzheitlicher körperlicher Geschlossenheit: Die eigene ganzheitliche Geschlossenheit, die als Gefühl von Unversehrtheit oder Allmacht erfahren wird, findet im anderen einerseits ihr Spiegelbild, wird von diesem andererseits aber auch in Frage gestellt. Das heißt in der Ganzheitlichkeit des anderen wird die eigene Unvollständigkeit sichtbar – eine Erfahrung, die auch der Erkenntnis der Geschlechterdifferenz eigen ist. Zu einem sexuellen Subjekt – zu einem Subjekt überhaupt – kann das Individuum, laut Lacan, deshalb erst werden, wenn es die eigene Endlichkeit (in jedem Sinne des Wortes) anzunehmen fähig ist – ein Prozeß, der niemals vollständig gelingt und der nur dank der Sprache ertragen werden kann. Lacan spricht deshalb vom Eintritt in die *symbolische* Ordnung.

---

[221] Lacan, J.: *Die Topik des Imaginären*, in: *Freuds technische Schriften*, in: *Das Seminar*, Buch 1, Olten und Freiburg: Walter 1978, hier S. 64.

[222] Lacan, J.: *Das Spiegelstadium als Bildner der Ichfunktion. Wie sie uns in der psychoanalytsichen Erfahrung erscheint*, in: a.a.O., S. 64.

[223] Lacan, J. (1953-54): *Das Seminar*, Buch 1. Freud technische Schriften (=Sem 1), Olten 1978, S. 105. Zur Entwicklung der menschlichen Phantasie vgl. Pagel, G.: *Narziß und Promotheus. Die Theorie der Phantasie bei Freud und Gehlen*, Würzburg: Königshausen und Neuemann, 1984, S. 107ff.

2.4.2. Das *Symbolische* – Das *Unbewusste* ist strukturiert, wie eine Sprache

Freud, der davon ausgeht, dass es keine sinnlose Rede gibt, eröffnet mit dem *Unbewussten* in seiner *Traumdeutung* eine analytische Lösung der Entschlüsselung des scheinbaren Un-Sinns der manifesten Rede. „Heißt dies aber nicht, so Pagel, das Unbewußte ins Bewußtsein zu heben bzw. das Es dem Ich zuzuführen?“[224] Lacans Deutung rückt das Verhältnis von Ich und Es in ein neues Licht, indem sie zunächst auf die sprachliche Natur beider abhebt. Das *wahre Subjekt*, von Lacan als *je* oder als *sujet de l'inconscient* bezeichnet, ist irreflexiv und behält eine exzentrische Position gegenüber dem *moi*, „welches in der von Eigenliebe beherrschten Intersubjektivität das *je* zu kaschieren sucht.“[225]

Das *je*, welches sich schon im Spiegelstadium niederschlägt – „gleich einer Spur, die aus dem (bewussten) Sein fällt“ – kann nicht sprachlich direkt, sondern nur in der unbewussten Anonymität eines *es spricht* ausgedrückt werden.

Als Subjekt des Unbewussten ist das *je* nie unmittelbar präsent. Es kann nur nachträglich – gleichsam bei seinem eigenen Verschwinden – zum Sein kommen.

> Das Unbewusste *ist* ein Begriff, entstanden auf der Spur jenes Tuns, das das Subjekt konstituiert.[226]

Daraus kann gefolgert werden, dass das Subjekt in einen niemals endenden zeitlichen Zirkel eingeschlossen ist, „da die Geschichte seines *Tuns* weder jemals abgeschlossen noch abzuschließen ist.“[227] Nicht die bestimmte Vergangenheit noch das Perfekt bestimmen also die Geschichtlichkeit des Subjekts, sondern das *futur antérieur*, die zweite Zukunft im Sinne dessen, was das Subjekt gewesen sein wird, für das, was es dabei ist, zu werden.

Mittels der strukturellen Linguistik ermöglicht Lacan nun dem niemals unmittelbar präsenten Unbewussten, das nur aus Spuren zu erschließen ist, das Sprechen. Ausgehend von der Saussurschen Sprachlogik[228], welche vor dem Hintergrund der *langage* –

---

224 Pagel, G.: *Lacan zur Einführung*, Hamburg: Junius Verlag 1989, S. 39.

225 Ebd., S. 40.

226 Lacan, J. (1960): *Die Stellung des Unbewussten*, in: *Seminar 2*, S. 207. Vgl dazu Weber: *Rückkehr zu Freud. J. Lacans Ent-stellung der Psychoanalyse*, Frankfurt/M.-Berlin-Wien 1978, S. 12: „Nennt also Lacan das Unbewusste emphatisch einen *Begriff* (...), so unterscheidet sich dieser grundsätzlich von der traditionellen Begrifflichkeit, etwa Hegels, da er nicht mehr qua bestimmter Negation die höchste Konkretisierung des Begriffenen sein kann, sondern etwas, was unaufhörlich *auf der Suche* ist.“

227 Pagel, G. (1989): a.a.O., S. 41.

228 Vgl. Pagel, G.: a.a.O., S. 42/43: Nach Saussures Sprachlogik ist die Sprache keine Substanz, sondern eine Form. Was sie als solche auszeichnet, sind ihre *Zeichen*, die in differentieller Beziehung zueinander stehen. Das einzelne Zeichen (signe) besteht aus dem *Signifikat* (Bezeichnetes) und dem *Signifikant* (Bezeichnendes). „Auf der Seite des Signifikats erkennt man den Begriff bzw. die Vorstellung dessen, was es bezeichnet; auf der Seite des Signifikanten das Lautbild.“ (ebd.) Das Zeichen ist in seiner formalen Struktur durch zwei Grundeigenschaften charakterisiert: Zum einen ist es *arbiträr*, d.h. die Assoziation von Signifikat und Signikant ist in sich beliebig, unmotiviert, da keine natürliche Zusammengehörigkeit zwischen beiden besteht; zum anderen zeichnet es sich aus durch *Linearität*, d.h. „dass das Signifikante als etwas Hörbares eine eindimensionale, zeitliche Ausdehnung besitzt, in der die akustischen Bezeichnungen nacheinander auftreten und so eine Li-

der allgemeinen Sprachfähigkeit – zwischen der parole (Sprechen) als der jeweiligen individuellen Sprachaktualisierung und der *langue* (Sprache) als kollektivem Relationssystem differenzierte, wird sich Lacan besonders auf die Untersuchung der letzteren konzentrieren:

> Der Mensch spricht also, aber er tut es, weil das Symbol ihn zum Menschen gemacht hat.[229]

Lacan betont damit die Verankerung des Menschen in einem *symbolischen Universum.* Mit seiner Neuinterpretation des Unbewussten, das sprachförmig strukturiert und als solches den Möglichkeiten linguistischer Analyse zugänglich ist, verleiht Lacan der Psychoanalyse eine linguistisch fundierte wissenschaftliche Form.[230]

2.5. Psychoanalytische und semiologische Filmtheorie

Die Filmwissenschaft übernimmt innerhalb der *Apparatus-Theorie*, die sich auf die Spiegelmetapher bezieht, den Begriff des Lacanschen *Imaginären.* Lacans Begriff des *Symbolischen* wird gleichsam in der Filmsemiologie angewendet.

Der gemeinsame Ansatz beider Theorien, so Kappelhoff, sei die Analyse affektiver, perzeptiver und imaginativer Bewusstseinsfunktionen. Psychoanalytische Konzepte würden also dazu herangezogen, bewusstseinsbildende Funktionen bestimmter Rezeptionsweisen zu betonen. Damit würde Kino als eine kulturelle Praxis beschrieben, die primär durch Phantasietätigkeit und Lustbefriedigung bestimmt sei. So ergebe sich „in wechselseitigen Verweisen dieser Ansätze (...) ein Feld von Überschneidungen.“[231]

---

nie bzw. Kette bilden.“(ebd.) Das einzelne Zeichen hat keinen positiven Charakter, da seine Beziehung zu anderen Zeichen durch negative Abgrenzung zu ihnen gekennzeichnet ist.
Damit lassen sich zwei wesentliche Kriterien der Sprache erkennen:
Die Zeichen bilden keine von vorneherein gegebenen Ideen oder Dinge ab, sondern stellen Werte dar, die sich bestimmen aus der Stellung im Gesamtsystem.
Die Sprache geht nicht von einer ihr vorgeordneten Wirklichkeit aus, sondern wird bestimmt durch das Prinzip der Differenz, das jede Möglichkeit der Präsenz und Identität – sei es des Sinnes, des Objekts oder des Subjekts – erst *nachträglich* entstehen lässt.
Der Phonolge R. Jakobsen (Vgl. Jakobson, R.: *Linguistik und Poetik*, in: ders: *Poetik*, Frankfurt/M.-Berlin: (Hg.) Holenstein/Schelbert, 1979, S. 94 ff.) nimmt die Polarität der Zeichenkette Saussures auf und betrachtet sie aus der Perspektive der Rhetorik bzw. Stilistik. Hier bekommt die Metapher eine neue Bedeutung: sie wird zum ausgezeichenten Moment der Beziehung zwischen bewusster und unbewusster Rede. *Ein-Wort-für-ein-anderes*: Das ist die Formel für die Metapher, deren Bedeutung daraus erwächst, dass sie einen Signifikanten durch einen anderen ersetzt. Diese Struktur der Überlagerung von Signifikanten wird mit Lacan, der die Freudsche Entdeckung (des Unbewussten) sprachanalogisch erfasst, als Mechanismus des Unbewussten aufgedeckt. Lacan verdrängt den ursprünglichen Signifikant auf die Stufe des Signifikats, wo er – sowohl im Bereich der Signifikate als auch durch seine bestimmte Abwesenheit – latent weiter operiert.

[229] Lacan, J.: *Funktion und Feld des Spechens und der Sprache in der Psychoanalyse*, Hg.: Haas, N. u. Metzger, J., in: *Seminar 1. Freuds technische Schriften*, (1953-154), Olten und Freiburg: Walter: 1978, S. 117.

[230] Anm.: Er tritt aber auch all jenen Theorien entgegen, die bis dato das Unbewusste als das Reich des Instinktiven, Animalischen, Irrationalen und Archetypischen definieren. Gleichzeitig sagt er mit seiner Analyse des erlebenden Bewusstseins der Symbolik des Unbewussten der zeitgenössischen existentiellen von Satre gegründeten Psychoanalyse den Kampf an.

[231] Kappelhoff, H.: a.a.O., S. 133.

Das zentralperspektivische Bild wird zum äußerlichen Indiz der Idee des Kinos als ideologieproduzierenden Apparat, nach der der Realismuseffekt des filmischen Bildes eine ideologische Täuschung darstellt. Ausgangspunkt dieser beschriebenen Denkfiguren ist der Begriff des *Dispositivs*[232], der in der poststrukturalistischen Theorie auf die Rezeptionsweise des Zuschauers übertragen wurde.

Parallel zum ästhetischen Konzept der *Politik der Form* , wie es seinerzeit Godard und andere Filmemacher propagierten, um das Wahrnehmungssystem des Kinos, die filmische Sprache selbst ästhetisch zu erforschen, stellte sich auf dem Feld der Filmtheorie eine geistesverwandte Frage:

> Lassen sich am Kino Strukturen beschreiben, die unabhängig von den Inhalten der Filme ideologisches Bewusstsein vermitteln und erzeugen?[233]

2.5.1. Apparatus-Theorie

Lacans *Konzept des Imaginären* übernehmend, begreift die *Theorie des Apparatus* die technologische Basis des Mediums Kino als eine *bewusstseinsstrukturierende Apparatur.*

Mit seinem Konzept des *kinematografischen Apparates* in Analogie zum psychischen Apparat Freuds gilt Jean-Louis Baudry als Gründer dieses Ansatzes. Das Kino, so Baudry, täuscht seiner technischen Struktur nach im Realitätseffekt über den gesellschaftlichen Charakter seiner Produkte hinweg. Es ist ihm zufolge ein ideologieproduzierender Apparat, der in der Struktur kinematografischer Wahrnehmung bürgerliche Ideologie wirksam verbreitet. Baudry geht es hierbei in erster Linie um den Zuschauer und sein Verhältnis zur Leinwand:

> Die Position, in die die Maschinerie des Kinos den Zuschauer bringt, ist der Bezugspunkt eines konstruierten, homogenen und zentrierten Bildraumes, der die Tatsache, daß er ein Konstrukt ist, unter dem Mantel wissenschaftlicher *Richtigkeit* und subjektiver Evidenz verbirgt.[234]

---

[232] Anm.: Dieser Begriff wurde zunächst von Michel Focault zur Analyse gesellschaftlicher Machtpraktiken eingeführt. Dispositive stellen demnach Vernetzungen dar; sie koordinieren gesellschaftliche Diskurse, deren Ziel die Beherrschung, d.h. die Kontrolle des Subjekts ist. Praktiken der Machtausübung müssen daraufhin als symbolische Strategien analysiert werden, die gerade nicht zur handgreiflichen Unterdrückung des einzelnen, seiner Wünsche, seiner Lüste auffordern, sondern über die fortwährende Thematisierung z.B. der Sexualität (bei Foucault das wichtigste Dispositiv) die Kanalisierung und für das Subjekt *unbewusste* Beherrschung seiner Sexualität anstreben. Vgl. Foucault, M.: *Der Wille zum Wissen. Sexualität und Wahrheit 1*, Frankfurt/M. 1991, sowie zur Definition des Begriffs Dispositiv Foucault, M.: *Dispositive der Macht*, Berlin 1978, bes. S. 119-125 und Deleuze, G.: *Was ist ein Dispositiv?,* in: Wahl, F./ Waldenfels, B. (Hg.): *Spiele der Wahrheit*, Frankfurt/M.: Suhrkamp, 1991.

[233] Kappelhoff, H.: a.a.O., S. 132.

[234] Baudry, J.-L.: *Ideological Effects of the Basic Cinematographic Apparatus*, in: *Film Quaterly*, Vol 27, Nr. 2, Winter 1974 / 75, S. 40: "Does the technical nature of optical instruments, directly attached to scientific practice, serve to conceal not only their use in ideological products but also the ideological effects which they may provoke themselves? Their scientific base assures them a sort of neutrality and avoids their being questiones."

Die Kontinuität des Bildraums und die scheinhafte Kontinuität der Bewegungen und der Abläufe in der Zeit – scheinhaft, weil die Apparatur materiell-tatsächlich nichts als distinkte Einzelbilder präsentiert – wirken darin zusammen, die Position des rezipierenden Subjekts zu definieren.

Nach Baudry repräsentiert die Zentralperspektive im Kino als künstliche Form der visuellen Wahrnehmung den Versuch, den Verlust der Totalität des metaphysischen Weltbildes zu kompensieren und damit im vereinheitlichenden Blick des Subjekts die Integrität seiner Beziehung zur Welt zu sichern. Die ganze Apparatur ist demnach darauf angelegt, daß der Zuschauer die Technik und die Vielzahl von Operationen, die die Abbildung überhaupt nur möglich machen – *„vergisst"*.[235]

Seinen Ausdruck dieser ideologischen, dem Subjekt eine Ganzheit vortäuschende Struktur, findet sich in den Subjekt-Objekt-Relationen wissenschaftlicher Darstellungssysteme, sowie im Blick der Kamera:

> Die scheinhafte Kontinuität des kinematographischen Bilds stehe zur faktischen Diskontinuität wie die totalisierende Subjekt-Objektrelation des wissenschaftlichen Denkens zum nicht fassbaren Realen.[236]

Mit Baudrys Vergleich der Leinwand als *Spiegel-Bildschirm* bzw *screen-mirror* wurde sie (die Leinwand) gleichzeitig zum integralen und grossartigen Selbstbild, das dem Zuschauer die narzissistische Lust kompensatorischer Größenphanatsien vermittelt.[237]

2.5.2. Theorie des *Suture*

Auf der anderen Seite steht die Theorie des *Suture* als Analyse der standardisierten Kodes filmischer Erzählweisen, der klassischen Narration des Hollywood-Kinos, nach der die Aktivität des Zuschauers im Kino durch die Struktur des filmischen Texts, des filmischen Darstellungsmodus und insbesondere durch den Kode des klassischen Hollywood-Kinos bestimmt werden soll.[238]

Die Verbindung des *Suture-Konzepts* mit der Psychoanalyse liegt in der Lacanschen Perspektive, nach der die kognitive Konstruktion eines homogenen Raums wiederum auf den imaginären Selbstbezug des Subjekts, auf die Illusion eines in sich ganzen, vollständigen und sich selbst präsent seienden Ichs verweise. Durch die Kette aufeinander verweisender Blickpositionen erfahre sich der Zuschauer als das letzthin gemeinte, als ein sich selbst präsentes, konsistentes Sein.[239] Der Hintergrund dieser Ana-

---

[235] Zitat Baudry, J. aus ebd. "Between *objective realtiy* and the camera, site of the inscription, and between the inscription and projection are situated ceratin operations, a work which has its results a finished product. (...) This product does not allow us to see the transformation which has taken place."

[236] Kappelhoff, H.: *Kino und Psychoanalyse*, in: a.a.O., S. 134.

[237] Ebd., S. 137.

[238] Vgl. Heath, S.: *Notes on Suture*, in: *Screen*, 1977/1978, Vol.18, No. 4, S. 48-79; Silverman, K.: *Suture*, in: Rosen, P. (Hg.): *Narrative, Apparatus, Ideology. A Film Theory Reader*, New York 1986: Columbia Press, S. 219-235; Paech, J.(Hg.): *Sreen - Theory. Zehn Jahre Filmtheorie in England. Von 1971 - 1981*, Osnabrück: Selbstverlag Universität Oldenburg, 1985.

[239] Anm.: Die Anlehnung an die Identifikationsstruktur des Suture-Konzepts begründet Kappelhoff (in: a.a.O., S. 140) wie folgt: „In der Codierung des klassischen Erzählkinos werde dem Zuschauer permanent der Ort des wahrnehmenden Bewusstseins zugewiesen; er denke sich gleichsam an die

logiebildung ist die beschriebene Vorstellung Lacans, dass die *imaginäre Ich-Bildung* die Voraussetzung der nachfolgenden Einschreibung in die *symbolische Ordnung* – die Sprache, die Gesetze, das Soziale – bilde.[240]

Metz, der im Gegensatz zu der Screen-Theorie die Spiegel-Leinwand-Analogie ablehnt, gründet mit seinem Aufsatz *Das Kino: Langue oder Langage?*[241] diese zweite Analogiebildung der lacanschen Lesart (des Funktionskreises von Primär- und Sekundärprozess[242]) und damit eine semiologische Auseinandersetzung mit dem Film. In seinem Aufsatz *Der imaginäre Signifikant*[243] korrigiert er Baudrys Vorstellung vom ideologischen Apparat. Hiernach repräsentiert die symbolische Struktur des filmischen Bildes zwar eine homogene diegetische Welt als „offener Prozess der Einschreibung gesellschaftlicher Ordnungs- und Regelsysteme"[244], dieser kann aber gleichzeitig vom Zuschauer nicht mehr wahrgenommen werden. Die symbolische Struktur ist sozusagen der eigenen Wahrnehmung eingeschrieben und damit nicht mehr zugänglich.[245]

Ausgehend von der Annahme, Filmschauen sei ein psychoanalytischer Akt, konzipiert Metz den Modus der identifikatorischen Wahrnehmung als einen durch die filmische Textur strukturierten Prozess.[246] Hierbei geht ihm zunächst um konkrete Filmtexte, deren jeweilige symbolische Funktion mittels der imaginativen Tätigkeit des Zuschauers vermittelt würde.

Stelle des je absenten Kamerauges, schließe die Lücke und füge Einstellung für Einstellung das fragmentierte Bild zu einem homogenen Raum zusammen; seine eigene Wahrnehmungsaktivität bildet die Nahtstelle, an der sich die fragmentierten Bilder zusammenfügen – daher der Begriff des Suture."

240 Vgl. Nasio, J.-D.: *7 Hauptbegriffe der Psychoanalyse*, Wien: Turia + Kant, 1999, S. 45: „Das Ich (*moi*) und die imaginäre Beziehnung sind notwendig, damit eine Einlagerung der symbolischen Realität (Sprache, Gesetz) in die Realität des Subjekts stattfinden kann."

241 Metz, C. (1964): *Das Kino: 'Langue' oder 'Langage'?*, in: *Semiologie des Films*, München: Fink Verlag, 1972, S. 51-129.

242 Vgl. Zitat Nasio, J-D.: a.a.O., S. 44: „Das Symbolische gelangt so zur Vorheerschaft über das Imaginäre, das Ich-Ideal (*Über-Ich*) über das Ich (*Ideal-Ich*). Das Symbolische überlagert das Imaginäre und organisiert es."

243 Metz, C.: *Der imaginäre Signifikant. Psychoanalyse und Kino*, Münster: Nodus Publikationen, 2000.

244 Kappelhoff, H.: a.a.O., S. 140.

245 Gegen Ende der sechziger Jahre entstehen erste Arbeiten von Metz, die mit dem von der Semiologie bereitgestellten Instrumenarium (Lacan, Pierce, Saussure) die Perspektive umkehren: Hierbei geht es besonders darum, wie die Kodes in singulären textuellen Systemen zusammenwirken und je spezifische Bedeutungseffekte entstehen lassen. Vgl. Zitat Metz: „In *Langage et cinéma* sagte ich, dass man entweder einen Film in allen seinen *Kodes* erforschen (Filmanaylse) oder einen *Kode* durch mehrere Filme hindurch verfolgen kann (Filmtheorie)." Zitiert aus Blüher, D./ Tröhler, M.: *Gespräch mit Christian Metz - "Ich habe nie gedacht, dass die Semiologie die Massen begeistern würde"*, in: *Filmbulletin* (1990) 32, 2 (Heft Nr. 170), S. 51-55; hier S. 52.

246 Vgl. hierzu Kappelhoff: a.a.O., S. 139: Der Film ist hiernach ein Objekt der Liebe des Zuschauers und das klassische Kino eine kulturelle Praxis affektiver Befriedigung. Ursache dieser Befriedigung ist nicht etwa die Identifikation mit der Kamera, „sondern ganz einfach das stets neue Eintauchen in die Phantasiewelt des je konkreten Films, die einem Traum vergleichbar wie eine äussere Realität erscheint."

Anstelle des Spiegel-Bildschirms entwickelt Metz das Dispositiv des Kinos als eines fiktionalen Raums, der für den Zuschauer mal um mal zum imaginären Kosmos der filmischen Erzählung wird.[247]

Gerade weil der Zuschauer nicht, wie im Spiegel, seinem Bild begegne, sei seinem Blick die fiktionale Welt des Films in ihrer Ganzheit zugänglich. Vielmehr identifiziere sich der Zuschauer in jeder Einstellung und Szene mit dem, was in jeder Einstellung fehle, „mit dem Blick, dem sich die Szene darstellt."[248]

Die Identifikation des Zuschauers mit dem Blick der nicht-sichtbaren Kamera bezeichne den Ort einer allumfassenden Wahrnehmung, der sich für ihn als homogener Raum in der mentalen Konstruktion des diegetischen Kosmos realisiere:

At the cinema, it is always the other who is on the screen; as for me, I am there to look at him. I take no part in the perceived; on the contrary, I am all-perceiving. All-perceiving as one says all-powerfull (this is the famous gift of ubiquity the film makes its spectator); *all-perceiving*, too, because I am entirely on the side of the perceiving instance: absent from the screen, but certainly present in the auditorium, a great eye and ear without which the perceived would have no one to perceive it, the instance, in other words, which constitutes the cinema signifier.[249]

Die Konstruktion des diegetischen Raums setzt demnach voraus, dass sich der Zuschauer gegenüber dem Bild gedanklich an den Ort begibt, von dem aus es sich als Blick erschließt.[250] So wie er hier durch das räumliche Vorstellungsvermögen zwei getrennte Einstellungen verbindet, indem er sie auf den je abwesenden Blickpunkt bezieht, fügt seine Wahrnehmung auch alle weiteren Einstellungen in der Vorstellung eines homogenen Raums zusammen.

Dies führt zu Metzs Hypothese einer primären Schaulust, nach der sich das das *affektiv besetzte* Bild im filmischen Prozess unbewusst an die eigenen Wünsche und Phantasmen angleicht.

Der Zuschauer ist, mit Metz gesprochen, durch seine libidinöse Bindung an das Objekt Film in einer Imagination gefangen, die der Theoretiker zerstören muss, um dessen symbolische Struktur erst zu entfalten.[251]

Im filmischen Prozess, so Kappelhoff, gleichen sich die kinematografischen Bilder dem Modus seiner Phantasmen und Wunschbilder an. Sie werden für ihn, den Zuschauer, zu Signifikanten des Imaginären: Er sieht den Film, wie man einen Traum ansehen mag, den man zwar nicht träumt, aber geträumt haben könnte.[252]

---

247 Ebd.

248 Ebd.

249 Metz, C. (1986): *The Imaginary Signifier* (Auszug), in: Rosen, P. (Hg.): 'Narrative, Apparatus, Ideology. A Film Theory Reader`, New York: Columbia University Press, S. 244-280; hier S. 252.

250 Dayan, D.: *The Tutor-code of Classical Cinema*, in: *Film Quaterly*, 28/1, 1974, S. 22-32.

251 Kappelhoff, H.:a.a.O., S. 142.

252 Damit kommt Kappelhoff zu der Überzeugung, Metzs Darstellung des Zuschauers im Kino entspräche weit mehr dem Modell des *Spiegel-Ichs*, als die ideologiekritische Lesart, gegen die Metz sich zunächst abgrenzte. (Ebd.)

Die Illusion der *All-wahrnehmung* weist auf eine Wahrnehmung, die sich dem *Blick des Kindes aus dem Kinderwagen* annähert, auf ein *Sehen und Hören vor der Sprache*, vor dem *voyeuristischen* Blick durch das Schlüsselloch.[253]

2.5.3. Fazit Freud und die psychoanalytische Filmwissenschaft

Mit Freud wird zeitgleich mit der Entstehung des Kinos die Geschichte der Psychoanalyse geboren. Lacan, der die Freudschen Theorien des Unbewussten für sein eigenes Modell des Spiegelstadiums nutzbar macht, löst eine Theoriewelle aus, die zu Übertragungen seines Gedankenkonzeptes auf die verschiedensten Bereiche der Wissenschaften führt. In der Filmtheorie werden besonders zwei seiner Theorien entscheidend:

Mit Baudrys Analogie der Lacanschen Spiegelmetapher wird in den 70er Jahren die Screen- oder Apparatustheorie gegründet. Sozusagen als kritische Reaktion hierauf macht sich Metz Lacans sprachanalogische Theorie des Unbewussten für den Film zu Nutzen. Die rasante Entwicklung der textuellen Filmanalyse[254] wird unterstützt durch die neue Möglichkeit, Filme am Sichtungstisch im Detail zu untersuchen und damit den Ablauf des Bildstreifens anzuhalten, umzukehren und wiederholen zu können. Die Filmanalyse wird zu einer tatsächlichen Sichtung (visionnement) des Materials.[255]

Seit Baudry und Metz ist die Psychoanalyse als Basismodell für die Erklärung von Identifikations- und Aneignungsmustern, welche den Zuschauer mit filmischen Inhalten und Formen kontextualisieren, aus der Filmtheorie nicht mehr wegzudenken. Unter Berufung auf Freud, Lacan und die marxistische Theorie Althussers bilden sich unterschiedliche, ihre Leser in Anhänger und Gegner spaltende Lager heraus.[256]

Angesichts ihrer mitunter apodiktisch vertretenen Positionen hat sich die psychoanalytische Filmtheorie mehr als jede andere Richtung entschiedende Kritik zugezogen.[257]

Freuds Konzept des Gedächtnisses hat nur noch entfernt etwas mit diesen Theorien zu tun. Sein Wunderblockmodell mit den Verschiebungen und Überlagerungen von Erinnerungen, sowie dem Diktum seiner Traumdeutung, dass Erinnerungen und Wahr-

[253] Koch, G.: *Was ich erbeute, sind Bilder. Zum Diskurs der Geschlechter im Film*, Frankfurt /M.-Basel: Stroemfeld/Roter Stern, 1989.

[254] Anm.: Die Textanalyse liegt aber teilweise auch in der allgemeinen theoretischen Entwicklung im Frankreich der sechziger Jahre begründet. Der Begriff des Texts (und in engem Zusammenhang hierzu auch die Begriffe des *discours* und *ecriture*) wird in verschiedenen geisteswissenschaftlichen Disziplinen Ausgangspunkt vielfältiger Debatten. Vgl. Bellour, R.: *Die Analyse in Flammen. Ist die Filmanalyse am Ende?*, in: *Montage/AV*, Januar 1999.

[255] Die Konsequenzen beschreibt Michel M.: „Sichten, das bedeutet bereits einen Eingriff; man steht nicht mehr außerhalb des filmischen Ablaufs, man kontrolliert ihn.“ (1988): *Film als Text*, in: *Montage* AV/ Jan. 1999, zitiert und übersetzt von Blüher/Kessler/Tröhler, S. 6.

[256] Anm.: Vgl die Bestandsaufnahmen bei Alain Dhote, August Ruhs / Bernhard Riff / Gottfried Schlemmer und Mechthild Zeul.

[257] Anm.: Vgl. hierzu Nöel Carrol, Thilo Rudolf Knorps, David Norman Rodowick, Berry Salt, Karl Sierek sowie Kristin Thompson. Bezüglich dem von der psychoanalytischen Filmtheorie ausgeblendeten dynamischen Körperaspekt vgl. David Bordwell und besonders Steven Shaviro. Eine philosophische Lesart der Psychoanalyse mit Fokus auf Lacan bietet Slavoj Zizek an.

nehmungen an anderen Schauplätzen stattfinden, wird – über Lacan – in der strukturanalytischen Filmsemiologie wiederaufgenommen. Sein topisches Modell aber, welches sich über die Heterogenität und Körperlichkeit auszeichnet und damit nach Klippel einem dem Kino verwandten Körpergedächtnis analog ist, hat zumindest im Hinblick zu der sich weiterentwickelnden Filmtheorie innerhalb der Psychoanalyse keinen Einfluss.

Kapitel 3: Bergson und die Gedächtniskonzeption der Philosophie

Aber kehren wir zurück zu den Anfängen des Kinos, der Geburt der Psychoanalyse und der Diskussion um das Gedächtnis zu Beginn des 20. Jahrhunderts.

Anders als in der Psychoanalyse, in der die Gedächtnismetapher der Schrift zum Erinnerungskode der Sprache wird, liegt das philosophische Verständnis der Erinnerung bei Bergson auf **rein bildtheoretischer Ebene**.

Grundsätzlich kann man der in kantischer Tradition befindlichen Philosophie eine *anti-visuelle* Konzeption vorwerfen: Das traditionelle Verständnis der philosophischen Erkenntnistheorie, nach welcher das Visuelle keine verlässliche, sondern eher eine Quelle der Täuschung bezüglich des Wahrheitsgehaltes des Gegenstandes ist, betrachtet den Film als modernes Analogon zur Projektion der Dinge an Platons Höhlenrückwand als bloße mimetische Abbilder von Abbildern. Nach letzterer zeigt sich von Plato bis Heidegger ein Misstrauen gegenüber der als trügerisch empfundenen visuellen Erfahrung. Statt der nicht fassbaren Komplexität und dem Chaos visueller Ordnung, vertraut der in dieser Tradition stehende Philosoph allein auf das Ewige gerichtete Allgemeine *als dem wahren Sehen*, welches – wie schon Leibniz betonte – für uns nicht wahrnehmbar ist:

> Zwar können wir solche Ordnung nicht sehen, weil wir nicht in dem rechten Gesichts-Punkt stehen. (…) Allein wir müssen uns mit den Augen des Verstandes dahin stellen, wo wir mit den Augen des Leibes nicht stehen, noch stehn können.[258]

Besonders aufgrund ihrer chaotischen Bewegungskontinuität gehören visuelle Eigenschaften nicht zu denen, die in der neuzeitlichen Philosophie einem existierenden Gegenstand zukommen.

> Die Orientierung der Logik, Ontologie und Erkenntnistheorie an ausgedehnten Substanzen als Inbegriff des Wirklichen führt dazu, dass für die meisten neuzeitlichen Philosophen die metaphysisch wirkliche Welt unsichtbar ist.[259]

3.1. Das peircesche Überblendungsmodell

Die Degradierung des Films zu einem flüchtigen uns das *wahre Wesen* der Dinge verschleiernden Scheinmedium, bricht als erstes – folgt man Pape[260]– Pierce mit seinem *Überblendungsmodell.* Hiernach steht der piercesche Interpretationsprozess der visuellen Erfahrung – die *Überblendung* – als Erfüllungsbedingung von Gedanken im Gegensatz zur philosophischen anti-visuellen Konzeption geistiger Prozesse.

In der Sprache der Peirceschen Semiotik sind Bilder Ikons, da im Unterschied zum Bild nur für das Ikon gilt, dass es das darstellen kann, was es unmittelbar präsentiert:

---

[258] Leibniz, G.W.: *Von dem Verhängnisse*, in: ders.: *Hauptschriften zur Grundlegung der Philosophie*, Band 2, Leibzig: Cassirer, E. (Hg.), 1924, S. 181.

[259] Pape, H.: *Der Gedanke als Überblendung*, in: *Deutsche Zeitschrift für Philosophie. Zweitmonatsschrift der Internationalen Philosophischen Forschung*, 43. Jahrgang, , Heft 3, Akademie Verlag, 1995, S. 483; zur fundierteren Begründung der allgemeinen These zur Ontologie visueller Eigenschaften vgl. Pape, H.: *Die Unsichtbarkeit der Welt - Eine visuelle Kritik neuzeitlicher Ontologie*, Frankfurt/M.: Suhrkamp Verlag, 1995.

[260] Pape, H.: *Der Gedanke als Überblendung in der Folge der Bilder. Peirces visuelles Modell geistiger Prozesse*, in: a.a.O., S. 479 - 496.

> Kein anderes Zeichen kann eine Wahrheit offensichtlich machen. Denn das *Offensichtliche* ist das, was in einem Bild dargestellt wird, wobei als einzige Aufgabe des Verstandes noch bleibt, das Bild in einem Symbol zu interpretieren.[261]

Pierce geht davon aus, dass qualitative, logische und elementare Vorstellungen, die den Gehalt unserer Erfahrung ausmachen, vorbegrifflich zu vollziehende Erkenntnisleistungen dafür bedingen, dass eine Aussage von uns als der Struktur der Erfahrung gemäß beurteilt werden kann und schließlich – semantisch – durch einen Index mit seinem individuellen Objekt verknüpft wird. Der in der Erfahrung ikonisch dargestellte Zusammenhang in der Abfolge der Wahrnehmungen und seine indexikalische Verknüpfung setzen voraus, dass eine Folgebeziehung und Zuordnung zwischen Qualitäten in unserer Erfahrung spezifizierbar ist.

Diesen Prozess der Spezifikation beschreibt das *Überblendungsmodell* analog als Herstellung einer Mischfotografie, die auf die gegenwärtige Erfahrung bezogen ist: „Die Struktur der Proposition wird somit in den geistigen Prozess der Überblendung einer gegenwärtigen Wahrnehmungsqualität durch vergangene oder vorgestellte Qualitäten umgesetzt."[262] Peirce bricht mit der Tradition neuzeitlicher Ontologie, wenn er den Vorschlag macht, dass geistige Prozesse gerade aufgrund ihrer dem Visuellen analogen Struktur in der Lage sind, wirkliche Gegenstände zu erfassen. Im Gegensatz zur Substanzontologie kann überhaupt erst der Prozesscharakter visueller Erfahrung den Zusammenhang von Erfahrung und Welt herstellen und so *„wirklichkeitsgetreue Erkenntnisprozesse"*[263] garantieren. Peirces Modell, nach dem Wirklichkeit nicht aus einem Aggregat von Einzeldingen oder singulären Sachverhalten besteht, sondern aus Prozessen, in denen Einzeldinge nur annähernd stabile Überlagerungspunkte sind, liegt eine Logik semiotischer Zeichenprozesse zugrunde.

> Dies hat eine radikale Konsequenz: Die seit Kant gebräuchliche analytische Trennung von Sinnlichkeit und Verstand, nach der durch die Sinne uns die Gegenstände gegeben und durch den Verstand gedacht werden, fällt in sich zusammen. Auf allen betroffenen Ebenen, nämlich sowohl in der Philosophie des Geistes, der Erkenntnistheorie und in der formalen Logik, muss es nach dem prozessidealistischen Ansatz möglich sein, allgemeine logische Eigenschaften als spezielle wahrnehmbare Strukturen und Prozesse nachzuweisen.[264]

Aus der Sicht des Geistes als visueller Prozess folgt, dass nicht etwa der Gedanke auch in der Folge von Bildern existiert. Vielmehr ergibt sich aus ihr, dass nur durch einen Prozess, der geistige Zeichen strukturell analog zur Folge von Bildern oder einzelnen Wahrnehmungen mit einem anderen Sinn verknüpft, ein Gedanke erfahren werden kann. Dieses Modell des Geistes als isomorph zur Wahrnehmung ablaufender Zeichenprozesse zwischen *Gedankenzeichen* stellt für Peirce ein Kontinuum sich überlagender Prozesse dar.

> Ein Bild ist eine visuelle Darstellung der Relationen zwischen den Teilen seines Objekts, eine lebendige und hochgradig informative Darstellung, deren genauere Untersuchung lohnend ist. Doch von der Natur der Sache her muss es unvollkommen bleiben, und das muss jede andere Darstellung ebenso. (...) Es zeigt dieses Objekt nur in einem bestimmten Licht und von einem

---

[261] Pierce 1993, S. 223, zitiert aus Pape: ebd., S. 479.
[262] Ebd., S. 489.
[263] Ebd., S. 483.
[264] Vgl. Pape, H.: ebd., S. 484.

einzigen Blickpunkt. (...) wenn man es.(...) mit seinem Objekt vergleicht, wird man feststellen, dass es Teile als einfach und homogen darstellt, die tatsächlich höchst komplex sind.[265]

Trotz des verschiedenen Ansatzes, gibt es sowohl in der dynamischen, prozessualen Struktur von Peirces Zeichenmodell als auch in der an Bildern, nicht an mathematischen Formeln, Chiffren oder sprachlichen Zeichen orientierten Semiologie von Peirce Überschneidungen zu Bergsons Bildmetaphysik, über die Deleuze bei beiden Theoretikern einen Bezug zu seiner Kinotheorie findet.[266]

So wie Peirce davon überzeugt war, dass in seinen Grafen Geist und Wirklichkeit im Medium des Sichtbaren koinzidieren, ist es bei Bergson das Bild, welches von dieser Dualität bestimmt ist. Auf metaphysischer Ebene wird dem Visuellen dadurch eine bahnbrechende neue Richtung in der Philosophie gegeben: Zwar irgendwo zwischen *Materie* und *Geist* sich befindend, wird das Bild dennoch zweifelsohne existent und für die natürliche Wahrnehmung lebensbestimmend. Die Frage nach der ontologischen Wahrheit des Bildes verschiebt sich allerdings – wie noch zu sehen sein wird – auf den Aspekt der Virtualität. Im Unterschied zu Peirce entspricht bei Bergson die Idee der Vorstellung des prozesshaften Bildes der *Erinnerung.*

3.1.1. Psycholoanalyse versus Philosophie bezüglich der Erinnerung

Trotz oder vielleicht gerade wegen ihrer genuinen Nähe ist das Verhältnis zwischen Psychoanalyse und Philosophie schon immer schwierig gewesen. Während die Psychoanalyse mit unhinterfragten Voraussetzungen beginnt, komme – so die Fabel – allein der Philosophie die Aufgabe zu, nicht nur eben diese zu befragen, sondern die einzige Kunst und Wissenschaft zugleich zu sein, die sich selbst so lange befragt, bis sie zu einem fraglosen, voraussetzungslosen Anfang (ihrer selbst) gelangt ist. Die Fraglosigkeit dieses Anfangs wird gemeinhin in der nachcartesischen Philosophie mit dem *reinen*, das heißt voraussetzungslosen *Vermögen zu denken*, dem *gesunden Menschenverstand* gemacht.

Gerade Freud, der zu den Begründern des neueren Diskurses, gezählt werden kann, nahm der Philosophie gegenüber eine skeptische Haltung ein. Wie Samuel Weber[267] herausstellt, betrachtete Freud die Philosophie als ein System, das er wahnhaft nannte, weil es den Anspruch der Lückenlosigkeit verfolgt. Von diesem *Narzissmus* sollte sich die Psychoanalyse radikal abheben:

Sie (die Philosophie) gebärdet sich wie eine Wissenschaft, arbeitet zum Teil mit den gleichen Methoden, entfernt sich aber von ihr, indem sie an der Illusion festhält, ein lückenloses und zusammenhängendes Weltbild liefern zu können, das doch bei jedem neuen Fortschritt unseres Wissens zusammenbrechen muss.[268]

---

265 Pierce 1993, S. 193: zitiert aus: Pape, ebd., S. 486.

266 Anm.: Auch Deleuze arbeitet mit der Annahme, dass das Kino in der Lage sei, Probleme des Denkens und der Philosophie (wie etwa den Zeitbegriff) zu entäußern und im Bild nicht nur mittelbar darzustellen (*représenter*), sondern unmittelbar zu präsentieren (*présenter*).

267 Weber, S.: *Zur Singularität des Namens in der Psychoanalyse. Lacan und Heidegger*, in Seifert, E.: *Perversion der Philosophie; Lacan und das unmögliche Erbe des Vaters*, Berlin: Verlag Klaus Bittermann, Edition Tiamat, 1992, S. 31-62.

268 Freud, S.: *Neue Folge der Vorlesungen zur Einführung in die Psychoanalyse*, Studienausgabe, Bd. 1, Frankfurt/M.: S. Fischer, 1971, S. 588, zitiert nach Weber in: a.a.O.

Demnach erhebt sich die Psychoanalyse über das systematisch-totalitäre Denken der Philosophie und versucht die Welt stück- oder streckenweise aufzuklären, indem sie die Lücke – das Unbewusste – als solche thematisiert bzw. zum Subjekt wie Objekt ihres Diskurses bestimmt. Dadurch würden laut Weber die Erkenntnisse der Psychoanalyse geprägt: sie (die Erkenntnisse der Psychoanalyse) „beanspruchen nie, lückenlos zu sein, vielmehr gehört eine gewisse Lückenhaftigkeit zu ihrer Form."[269] Durch diesen Blick auf die Eigenschaft ihres Gegenstandes dreht sich die Perspektive des Diskurses, der einmal der Seelenkunde der Philosophie angehörte.

Gegenüber stehen sich also grundsätzlich zu unterscheidende Zielsetzungen innerhalb der beiden Wissenschaftszweige: Das philosophische Bemühen um theoretische und praktische Erkenntnis einerseits und das (natur)wissenschaftliche Bemühen der Psychologie um empirische Tatsachenerkenntnis andererseits.

Die Frage nach dem Verhältnis zwischen Psychoanalyse und Philosophie kommt aber nicht von ungefähr, sondern ist umso naheliegender, als zwischen den beiden Gebieten von alters her eine enge Verwandtschaft besteht. Beide Diskurse, der philosophisch spekulative wie der psychologische gehörten – „bis zur unwiderruflichen Entdeckung Freuds"[270]– wie die theologischen Fragen zur Philosophie. Ihrer Herkunft nach geht die psychoanalytische Technik des Deutens in der philosophischen Tradition auf die Maieutik, die sokratische Hebammenkunst, zurück. Konsequent und bruchlos kann der philosophische Hintergrund der Psychoanalyse darum von einem Psychoanalysemodell reklamiert werden, dem hermeneutischen, das nahezu unumstritten seinen Platz im deutschsprachigen Raum behauptet.

Aufgrund der genuinen Nähe zwischen Psychoanalyse und Philosophie gingen aber die notwendigen Grenzziehungen, so der Vorwurf Seiferts[271], zu Lasten des neuen Diskurses, der Psychoanalyse.

Durch die verschiedenen wissenschaftlichen Intentionen der Philosophie und der Psycholoanalyse haben die Schlüsselwörter *Gedächtnis* und *Erinnerung* innerhalb ihrer Begriffswerdung eine andere Bedeutung erhalten.

Dennoch ist es schwer, klare Grenzen zu ziehen – besonders aus der Tatsache heraus, dass die Seelenlehre lange Zeit sowohl ein Fach der Naturwissenschaften als auch der Philosophie war. Bereits Aristoteles machte mit seiner Schrift *De memoria et reminiscentia*[272] den Versuch, den philosophischen mit dem psychologischen Diskurs zu verflechten. Die aristotelische Tradition, statistisch erhobene Daten von empirischen Untersuchungen in einen Kausalzusammenhang mit einem spezialisierten traditionellen Fragenkreis der Psychologie zu bringen, wird erst mit der Aufklärung aufgebrochen. Skeptiker wie Locke, Hobbes und Hume autonomisieren das Gedächtnis von seiner tradierten Komplementarität zur psychologischen Imagination und zerbrechen bei ihrer Befreiung der Vernunft aus der Vormundschaft die mnemotechnischen Strukturierungssysteme des Wissens.

---

[269] Ebd., S. 32.

[270] Seifert, E: a.a.O., S. 8.

[271] Ebd., s. Einleitung.

[272] Anm.: zugehörig zu der grösseren Schrift *Über die Seele*.

In *Über einige Motive bei Baudelaire*[273] diskutiert Benjamin die Figuren des geistigen Lebens Bergson, Proust, Freud und vereint deren Relevanz hinsichtlich der Konzepte *Geschichte*, *Gedächtnis* und *Erinnerung*. Bei den Texten der drei genannten Autoren, die gleich Benjamin im *Schwellenraum* vom 19. und 20. Jahrhundert zu situieren sind, steht ein Bruch mit der tradierten Geschichtsauffassung zur Disposition, der jeweils unterschiedlich artikuliert wird: Befasse sich Bergson philosophisch mit einem Konzept der Auflösung des mechanisch-linearen Zeitbegriffs, so stehe bei Proust die Relevanz jenes Bruchs für das Erzählen im Vordergrund. Freud hingegen formuliere den Bruch eines kontinuierlichen Zeitkonzepts im Kontext der Funktionalität des psychischen Apparates bzw. der Auswirkung auf die Begriffe *Bewusstsein* und *Gedächtnis*.[274]

Obwohl Bergson in seinem Werk nicht explizit auf die Psychoanalyse Bezug nimmt, überschneidet sich die Vorgeschichte der Bergsonschen Philosophie in vielem mit der der Psychoanalyse: So ist das Thema einer von Bergsons ersten Veröffentlichungen die Hypnose[275]. Auch die Motivation seiner Thesen – wie zum Beispiel die Kritik an der herkömmlichen Psychologie – ist ebenfalls mit der der Psychoanalyse vergleichbar: In all seinen Schriften betont er die Absurdität der fundamentalen Hypothese, durch die man die Zeit in den Raum entfaltet und die Sukzession mitten in die Simultanität verpflanzt.[276] Damit, so Klippel[277], formuliere Bergson seine vehemente Ablehnung des Assoziationismus, – die er mit der Psychoanalyse teile – dessen Begriff des Ichs als einer Zusammensetzung diskreter Elemente, die aneinander anknüpfen, für ihn eine fehlgeleitete Konzeption sei. Ebenso verwirft er die Thesen des mit dem Assoziationismus eng verknüpften psychophysischen Parallelismus: Jede Ordnung oder Gesetzmässigkeit, die in den psychischen Vorgängen zu liegen scheint, kann danach immer nur im *Nachhinein* entstanden sein.

> Eine aufmerksame Psychologie findet immer wieder Wirkungen, die ihren Ursachen vorangehen, und Phänomene psychischer Anziehung, die sich den bekannten Gesetzen der Vorstellungsassoziation entziehen.[278]

Bergsons philosophische Version des Erinnerns verlässt sich also noch auf psychologische und biologische Voraussetzungen. Der Erinnerungsakt entspricht bei Bergson einem mentalen Bildermagazin, dessen Inhalte mit relativer Genauigkeit wiederkehren können und von der Idee her dem mnemotechnischen Verfahren der griechischen Rhetorik ähneln. Die sensomotorisch gespeicherten *Bilder* vergangener Erfahrungen machen es erst möglich, die jetzt, in der aktuellen Gegenwart, getätigten Wahrnehmungen

[273] Benjamin, W.: *Über einige Motive bei Baudelaire*, in: *Gesammelte Schriften*, Bd. 1-6, Frankfurt/.M.: Suhrkamp Verlag, 1972-1985.

[274] Vgl. Kaufmann, S.: ebd., S. 92.

[275] Anm.: Bergson setzt sich am Anfang seiner Publikumstätigkeit mit der empirischen Forschung in der Psychologie auseinander und arbeitet auch zu einzelnen Themen der empirischen Forschung.Vgl. Bergson, H.: *De la simulation inconsciente dans l'hypnotisme*, in: Ribots Zeitschrift *Revue philosophique*, römisch 12, 1886. Während seiner Zeit als Lehrer in Clermont-Ferrand war Bergson regelmäßiger Zuschauer bei hypnotischen Experimenten. Vgl. Scharfstein, Ben-Ami: *Roots of Bergson's Philosophy*, New York: Columbia University Press, 1943, S. 59.

[276] Bergson, H.: *Zeit und Freiheit*, a.a.O., S. 105.

[277] Vgl. Klippel, H.: a.a.O., Kapitel *Freud* und *Bergson.*

[278] Bergson, H.: ebd., S. 105.

mit früheren gleichsam zu addieren. Mit dieser Beobachtung weist Bergson Harth[279] zufolge dem Gedächtnis eine entscheidende Rolle im Prozess des Verallgemeinerns zu: Denn erst die Möglichkeit, unterschiedlichen Erfahrungen etwas Gemeinsames, ein formatives Schema, überzuordnen, macht es dem menschlichen Bewusstsein überhaupt erst möglich, zu verallgemeinern, zu abstrahieren, zu kategorisieren – kurz zu *denken*. Was herkömmlicherweise als *Erinnern* bezeichnet wird, ist demnach bei Bergson das *Bild* und bei der genetischen Erkenntnistheorie die *„Aufrechterhaltung einer Struktur.*"[280] Diese meist unwillkürlich vollzogene Bewahrung einer relativ konstanten Struktur scheint das Ich überhaupt erst zu befähigen, zunächst Objekte und dann schließlich sich selbst als etwas Selbiges, das heißt als etwas Identisches, wahrzunehmen.

Da sich Bergsons Begrifflichkeit schwer oder gar nicht in einzelnen Definitionen fassen lässt, soll seine Vorstellung vom Gedächtnis und den sich daraus ergebenden Bildbegriff – „(...) denn die Erinnerung ist die Vorstellung eines abwesenden Bildes."[281] – innerhalb seiner Gedankenbewegung dargestellt werden.

3. 2. Bergsons Gedächtniskonzeption

3.2.1. Bergsons Zeitphilosophie: Zeit versus Dauer

Ausgehend von den Strömungen des Positivismus und Empirismus kritisiert Bergsons Philosophie eine naturwissenschaftliche Fundierung von Subjektivität und Zeitlichkeit und wird damit Ausdruck für die damalige Krise des Raum- und Zeitbewußtseins.

Der erste Schnitt gegenüber traditionellen philosophischen Auffassungen, den Bergson mit seinem Denken setzt, betrifft Elisabeth Büttner[282] zufolge die absolute Identität von Materie, Bild und Bewegung. Als weitere grundlegende Neuerung entdeckt Bergson Büttner zufolge die Eigenständigkeit der Zeit, die ihre Bestimmung nicht direkt über die Bewegung ableitet. Bewegung wird nicht mehr als Dauer verstanden, vielmehr besteht die Zeit in der Koexistenz aller Ebenen der Dauer.[283] Worin seine ursprüngliche Intention besteht, hat Bergson aber selber in aller Deutlichkeit in einem Brief an Harald Höffding geschrieben:

> Meiner Meinung nach wird jede Zusammenfassung meiner Ansichten sie in ihrer Gesamtheit verformen und sie dadurch einer Menge Einwände aussetzen, wenn sie nicht das an den Anfang stellt und ständig auf das zurückgreift, was ich als das eigentliche Zentrum meiner Lehre begreife: Die Intuition der *Dauer*.[284]

Der zentrale Begriff der Philosophie Bergsons ist also der Begriff der Dauer (*la durée*), welcher sich durch alle seine vier Hauptwerke hindurchzieht. In Opposition zum

[279] Harth, D.: a.a.O., S. 39.

[280] Ebd., S.39/40.

[281] Bergson, H.: *Materie und Gedächtnis: Eine Abhandlung über die Beziehung zwischen Körper und Geist*, Hamburg: Meiner, 1991, S. 235; im Folgenden abgekürzt als *MG*.

[282] Büttner, E.: *Projektion. Montage. Politik - Die Praxis der Ideen von Jean-Luc Godard und Gilles Deleuze*, Wien 1999, SYNEMA - Gesellschaft für Film und Medien; hier S. 19 f.

[283] Büttner: ebd., S. 19.

[284] Bergson, H.: *Melanges: L'idée du lieu chez aristote duree et simultanéité correspondance pièces diverses documents*, 1.ed., Paris: Presses Univ. de France, 1972.

Raum (*espace*) unterscheidet er die Dauer gleichzeitig von der Zeit (*temps*). Dauer und Raum bilden demnach entgegengesetzte Pole, und die Zeit ist eine unreine Mengform beider.[285] In *Zeit und Freiheit*[286] identifiziert Bergson den Gegensatz von Dauer und Raum mit dem Gegensatz zwischen der Welt in mir und außer mir: „Außerhalb unser reziproke Exteriorität ohne Sukzession: innerhalb Sukzession ohne reziproke Exteriorität."[287] Dieser Gegensatz wird später – besonders in *Schöpferische Entwicklung* [288]– durch die These abgeschwächt, dass die Dauer nicht ausschließlich eine vom Ich selbst erfahrene Eigenschaft (erlebte Zeit) ist, sondern auch eine Eigenschaft der Welt.[289]

Obwohl Bergson manchmal schreibt, die Dauer sei die wahre Zeit, hat der Ausdruck Zeit im Gegensatz zur Dauer, wie Erik Oger anmerkt, eher eine *pejorative Bedeutung.*[290]Wohingegen die Dauer hier die Bedeutung des Bewahrens von Vergangenheit, ihrer Beständigkeit und Haltbarkeit in sich trägt, ist die Bergsonsche Zeit eher behaftet mit der Vorstellung einer befristeten Periode, eines räumlich messbaren Abstandes.

Den Begriff der Dauer knüpft Bergson eng an die menschliche (später auch kosmische) Psyche, bzw. das Bewusstsein: Eine unverfälschte und reine Dauer kann demnach nur erreicht werden durch eine Rückkehr zum wahren Ich – ein schwieriger Weg, der voraussetzt, den Glauben einer homogenen Zeit zu überwinden. Die Erkenntnis, die man letztendlich mit der Erfahrung der reinen Dauer des Ichs gewinne, so Bergson in *Zeit und Freiheit*, sei die, dass die Zeit dauert.

Da Bergson dem menschlichen Verstand als seine wichtigste Eigenschaft den Zwang zur Diskontinuität zuschreibt – „Wir drücken uns notwendig durch Worte aus, und denken fast immer räumlich."[291]– gehört die Ordnung des Verworrenen (als Vermischung von innen und außen) zur Normalität wie zur Bedingung des sozialen Lebens. Das System der Wahrnehmung orientiert sich hierbei am Bild des Körpers, ändere sich an diesem etwas, so folgten alle anderen Bilder dieser Änderung, „gleich einem Kaleidoskop."[292] Richte man die Aufmerksamkeit aber länger auf die inneren Zustände, könne das wahre Ich jederzeit zurückgewonnen werden. Dieses wahre Ich, auf welches

---

285 Anm.: Der Gegensatz von Dauer und Raum kann nicht ohne weiteres mit der klassischen philosophischen Gegenüberstellung von Einheit und Vielheit identifiziert werden. Beide Begriffe Bergsons sind Formen der Vielheit (*multiplicité*), können jedoch dennoch nach bestimmten Aspekten unterschieden werden (Aufeinanderfolgen - Gleichzeitigkeit; Heterogenität - Homogenität; Kontinuum - Diskontinuum). Vgl. Oger, E.: *Einleitung zu Bergson*, in: Bergson, H.: MG, S. 12.

286 Bergson, H.: *Zeit und Freiheit*, 2. Aufl., Hamburg: Europäische Verlagsanstalt, 1999.

287 Ebd., S. 188.

288 Bergson, H.: *Schöpferische Entwicklung*, Jena: Eugen Diederichs, 1912.

289 Anm.: Der Gegensatz von Dauer und Zeit nun wird erst mit dem Abwenden von den damalig anerkannten, mechanistischen Theorien Spencers (>*First Principles)* in Bergsons Denken eklatant. Dies geht aus einem Brief an William James am 9.Mai 1908 hervor: „Mir wurde zu meiner grossen Überraschung deutlich, dass die wissenschaftliche Zeit nicht dauert (Que le temps scientifique ne dure pas), dass sich nichts an unserer wissenschaftlichen Erkenntnis ändern würde, wenn sich die gesamte Wirklichkeit plötzlich in nur einem Augenblick entfalten würde und dass die positive Wissenschaft wesentlich darin besteht, dass sie die Dauer ausschliesst." (vgl. Bergson (1972), 765-66).

290 Oger: a.a.O., S. 14.

291 Bergson, H. (1889): *Zeit und Freiheit*, 2. Aufl., Hamburg: Europ. Verlags-Anst., 1999, S. 7.

292 Klippel, H.: a.a.O., S. 71.

Bergson sich beruft, erklärt sich über seine Vorstellung von einer wahren Identität, welche in der Dauer der Bewegung aufzufinden ist.

Das Verhältnis zwischen wirklichem und symbolischem Ich erinnert laut Klippel[293] an die von Freud konzipierte Beziehung zwischen Primär- und Sekundärvorgang oder auch an Lacans Nachträglichkeit der Ursachen[294]– mit dem Unterschied allerdings, dass Bergson an der Identität festhalte, die in der Dauer der Bewegung aufzufinden sei. Diese Wahrheit als das Ununterschiedene in der Tiefe des Bewusstseins sei zwar ebenso sprachlos wie Freuds Unbewusstes, aber alles andere als dunkel, irrational oder regressiv, „sondern im emphatischen Sinne das *wirkliche, konkrete Ich.“* [295] Während das Unbewusste bei Bergson also nicht nur rettende Kraft ist, sondern auch das Pathogene in sich beherbergt, vergleicht Klippel zu recht die Bergsonsche Dauer mit dem Platonischen Reich des Ursprünglichen, des Unabgeleiteten, der inneren Freiheit. Das totalitäre Ich der Dauer stellt dabei den Kern der Wahrheit dar, welches sich jeglicher Darstellung (visuell wie verbal) entzieht:

> Je tiefer man unter diese Oberfläche gräbt, je mehr das Ich wieder es selbst wird, desto mehr hören auch seine Bewußtseinszustände auf, sich nebeneinanderzuordnen, um sich dafür gegenseitig zu durchdringen und ineinander zu verschmelzen, wobei die einzelnen die Färbung aller übrigen annehmen.[296]

Als Zeitphilosophie des Werdens und der Veränderung ist die Wirklichkeit für Bergson im eigentlichen Sinne (die beständige Bewegung des Lebens) gekennzeichnet durch eine unendliche Ausdifferenzierung, in der Daseiendes in immer wieder anderes Seiendes übergeht. Einzelne Teile einer Abfolge herauszulösen bedeutet für ihn daher immer eine künstliche Abstraktion – insofern spricht er nicht vom Seienden, sondern vom Werdenden.

Leere und Negatives gehören nicht zu dieser lebendigen Wirklichkeit, in der es keine Destruktion, sondern immer nur Veränderung gibt. Wie Max Horkheimer aufzeigt, wird Bergson damit nicht nur der Subjektivität, sondern auch der Objektivität nicht gerecht:

> Die Betätigung der Zeit an jedem Sein bedeutet, dass es altert und vergeht – nicht bloß, dass es wechselt. ...die Zeit, welche dem Beschauer als bloßer Wechsel erscheint, (hat) für den erlebenden Menschen ein Ende. (...) Der Metaphysiker Bergson unterschlägt den Tod.[297]

3.2.1.1. Dauer als Gedächtnis

In seinem zweiten und bedeutendsten Werk, *Matière et Mémoire* (*Materie und Gedächtnis*)[298], versucht Bergson ein altes philosophisches Problem – ein metaphysisches

---

293 Ebd., S. 75.

294 Hierzu vgl. Zizek, S.: „Das Symptom ist wortwörtlich die Wirkung von etwas, das sich erst später, nachträglich, durch seine Symbolisierung konstituiert, es ist die Spur einer zukünftigen Wahrheit.“; in: ders.: *Liebe Dein Symptom wie Dich selbst! Jaques Lacans Psychoanalyse und die Medien*, in: Berlin: Merve Verlag, 1991, S. 10.

295 Klippel, H.: ebd., S. 73.

296 Bergson, H.: *Zeit und Freiheit*, a.a.O., S. 123/124.

297 Horkheimer, M.: *Zu Bergsons Philosophie der Zeit*, in: *Zeitschrift für Sozialforschung*, Jg. 3, Paris 1934, S. 321-342; hier: S. 331/332.

Hauptproblem[299] – bezüglich der dialektisch-dualen Beziehung von Geist und Materie am Beispiel des Gedächtnisses zu lösen: „Das Gedächtnis stellt (...) den Schnittpunkt zwischen Geist und Materie dar.“[300] Die darin damals verbreitete Theorie der Lokalisation von Erinnerungen in Gehirnzellen verwerfend, verteidigt Bergson einen spiritualistischen Standpunkt gegenüber psycho-physischem Parallelismus, Epiphänomenalismus und Materialismus. In einer einzigen These fasst Erik Oger zusammen, was in diesem Buch behauptet wird:

> (...), dass die Vergangenheit nicht ohne weiteres aufgehört hat zu bestehen, für den Fall, dass wir es mit der Dauer zu tun haben.[301]

Damit ist die Dauer wesentlich Gedächtnis. Das Gedächtnis ist demzufolge bei Bergson kein anonymes Archiv, sondern eine sich dauernd verändernde, eminent lebendige, individuelle und geistige Realität. Das Gedächtnis dauert und die Dauer memorisiert. Die Dauer als Gedächtnis ist hierbei beides: bewahrend und kulminierend. Die Vergangenheit sowohl als Erinnerungsspur, als auch als ontologisch gedachte Vergangenheit bewahrend, verweise sie (die Dauer) – im Gegensatz zur Zeitlichkeit – auf eine Immunität gegen Verschleiß und Zerstörung. In ihrem Verändern selbst ist die Dauer aber auch Wachsen, Zunehmen, Anschwellen. Die Last des Vergangenen, die ich hinter mir herschleppe, wird immer größer.[302]

> Unablässig, während seines Vorrückens in der Zeit, schwillt mein Seelenzustand um die Dauer an, die er aufrafft; aus sich selbst sozusagen, rollt er einen Schneeball.[303]

Neben der Dauer, die dem Gedächtnis eigen ist, behauptet Bergson auch, dass der Materie Dauer zukommt:

> Wir ahnen in der Natur Aufeinanderfolgen, welche viel schneller sind, als die unserer inneren Zustände.[304]

Neben dem Ich erhält damit auch die Außenwelt eine eigene und rhythmisch individuelle Dauer. Bei der dabei auftretenden Vielzahl von Dauern spricht Bergson von einem größeren oder kleineren Grad der Spannung (*degré de tension*), von mehr oder weniger Intensität, ungleicher Elastizität, stärkerer oder schwächerer Kondensation oder Verdünnung. Die Dauer der Materie ist Bergson zufolge aber durch einen viel schnelleren Rhythmus geprägt als die der Psyche.

---

298 Bergson, H.: *MG.*
299 Ebd., S. 8.
300 Ebd., S. 4f.
301 Oger, E.: a.a.O., S. 9.
302 Vgl. Bergson, H.: *Einführung in die Metaphysik*, in: *Denken und schöpferisches Werden*, a.a.O., S. 201.
303 Bergson, H.: *Schöpferische Entwicklung*, a.a.O., S. 9.
304 Bergson, H.: *MG*, S. 205.

3.2.2. Materie und Gedächtnis

Unterteilt in Gehirn- und Bewußtseinszustand repräsentiert das Gedächtnis Bergsons die Summe aller miteinander verwobener geistiger Tätigkeit, Wahrnehmung, Erinnerung und Erkenntnis. Der Frage nachgehend, welchen Stellenwert das Gedächtnis als *Vergeistigung des Materiellen* bzw. als *materielle Geistigkeit* besitzt, unterscheidet Bergson vorerst die beiden Systeme Materie und Geist, um sie später wieder zusammenzuführen.[305]

Obwohl die zwei Elemente des Bergsonschen Gedächtnisses Wahrnehmung (=Körper) und bewusste Erinnerung (=Geist) miteinander interagieren können, stellen sie in der Theorie grundsätzlich zu unterscheidende Funktionsbereiche dar, die jeweils für sich existieren:

> Das (...) durch Arbeit erworbene (Gedächtnis) bleibt in Abhängigkeit von unserem Willen; das zweite, ganz unwillkürliche, ist im Behalten treu, aber im Reproduzieren launenhaft.[306]

Diesen klar abgegrenzten Dualismus schwächt Bergson später mit der Aussage ab, die aktuelle Wahrnehmung sei allein aus lebenspraktischen Gründen notwendigerweise von unseren Erinnerungen mitbestimmt.

3.2.2.1. Wahrnehmungen und Erinnerungen

Innerhalb des Systems der Gesamtheit unserer Wahrnehmungen (*=images-perceptions*) – neben dem System der Dinge – unterscheidet Bergson noch zwischen den Bewusstseinszuständen der Affektionen (*=images-affections*) und der Erinnerungen (*=images-souvenirs*). Wohingegen die Wahrnehmungen auf die Bilder des Außen verweisen, beziehen sich die Affektionen auf diejenigen des Innen. Die Unterscheidung zwischen Wahrnehmungen und Erinnerungen ist jedoch sowohl für die Problematik des Buches *Materie und Gedächtnis* als auch für das Verständnis des Bergsonschen Gedächtnisses ungleich wichtiger. Ich werde sie anhand von vier Gegensätzen verdeutlichen:

1) Während Wahrnehmungen eine diskontinuierliche Folge von *augenblickhaften* Jetzt-Momenten meint, sind Erinnerungen immer Bilder des Vergangenen, die eine wirkliche Dauer besitzen.

2) Die kontemplative Erkenntnis der reinen Erinnerungen übersteigt die lebenspraktische Bedeutung der Wahrnehmungen, die lediglich dem Handeln dienen.

3) Wahrnehmungen sind Bilder, die *objektiv* und *unpersönlich* sind, während Erinnerungen demgegenüber *subjektiv* und *persönlich* sind. Demnach ist eine reine Wahrnehmung eine *unmittelbare* Erkenntnis der Dinge, die in den Dingen selbst geschieht.

4) Wahrnehmung ist materiell und Erinnerung ist geistig. Verantwortlich für diese beiden Formen der Wiedererkennung sind das körperliche Gedächtnis und die reinen Erinnerungen. Die Beschreibung der Wahrnehmung als unmittelbarer Erkenntnis der

---

[305] Vgl ebd., S. 224: „Indem wir diese Hyphothese nach ihren verschiedenen Gesichtspunkten entwickelten und den Dualismus auf die Spitze trieben, gruben wir scheinbar zwischen Körper und Geist einen unüberbrückbaren Abgrund. In Wirklichkeit aber zeigten wir das einzig mögliche Mittel zu ihrer Annäherung und Vereinigung.“

[306] Bergson, H.: *MG*, S. 78.

Dinge, als eines Bewusstseins, das völlig im Jetzt-Moment eingeschlossen ist, stellt aber einen Grenzfall dar, der in der Wirklichkeit nie anzutreffen ist.

3.2.2.1.1. Das Körpergedächtnis *mémoire-habitude*

Das *motorische* Gedächtnis als ein Gedächtnis, das wiederholt, steht im Dienst der Wahrnehmung und ist damit dem körperlichen Wiedererkennen als zweckorientierte Reaktion analog. Das auf das Handeln ausgerichtete System besteht aus einem durch Wiederholung erworbenen Mechanismus automatischer Bewegungen. Es kann durch einen Anstoß eines Objektes in Gang gebracht werden und dauert immer ungefähr gleich lang. Von diesem Gedächtnis macht man für praktische Zwecke Gebrauch. Bergson spricht hier von der „Nutzbarmachung vergangener Erfahrung für das gegenwärtige Tun.“[307] Hierdurch entsteht ein Netz von Gewohnheiten, dass das Handeln in feste Schemata einbindet und die verschiedenen Momente der Zeitdauer in *einem* Augenblick zusammenzieht (*contracter*).[308] Durch die Gewohnheit erstarrt der geschmeidige, veränderliche Ablauf des psychischen Lebens zu festen Muskeln. Da sich gewohnte Bewegungsmechanismen ständig wiederholen, sind die Unterschiede zwischen Wahrnehmung und Erinnerung hier minimal/ kaum erkennbar.[309] Dennoch *spielt* dieses Körpergedächtnis „unsere vergangene Erfahrung, ruft aber nicht ihr Bild hervor.“[310]

3.2.2.1.2. Die bewusste Erinnerung *mémoire souvenir*

Demgegenüber steht die *reine* Erinnerung, welche für das bewusste Wiedererkennen, das Sich-Erinnern, verantwortlich ist. Im Unterschied zum motorischen Körpergedächtnis fokussiert sie den Gegenstand an sich und führt wieder zu diesem zurück. Als das eigentliche Gedächtnis weist diese keine Merkmale von Gewohnheit auf. Sie ist datiert und ihre Dauer entspricht den jeweiligen subjektiven Gegebenheiten. Die reine Erinnerung ist mit Bergson formuliert

> eine Vorstellung; sie wird von mir in einer Anschauung, die beliebig lang oder kurz sein kann, intuitiv erfaßt; ich verfüge von mir aus über ihre Dauer[311], **sie ist Ausdruck einer virtuellen Handlung.**[312]

Diesen virtuellen Charakter des Gedächtnisses erklärt Bergson über seine Vorstellung der Koexistenz der Zeiten: demnach bestehe die Erinnerung nicht etwa in dem Zurückschreiten der Gegenwart zur Vergangenheit, „sondern im Gegenteil in einem Fortschreiten der Vergangenheit zur Gegenwart.“[313] Der Rückkehr zum *wahren Ich* entspricht demnach ein Hineinversetzen in die eigene, in meine Vergangenheit.[314] Dieser

---

[307] Bergson, H.: *MG*, S. 66.
[308] Ebd., S. 218.
[309] Anm.: Deleuze wird dieses Konzept später als Basis für sein *Bewegungs-Bild* benutzen. Der Bezug von Deleuze zu Bergson wird in Kapitel 4 wideraufgenommen.
[310] Bergson, H.: *MG*, a.a.O., S. 146.
[311] Ebd., S. 69.
[312] Ebd., S. 44, Hervorhebung des Autors.
[313] Ebd., S. 239.
[314] Ebd., S. 134.

Zustand, der von allen Nützlichkeitsüberlegungen Abstand nimmt, ist bei Bergson der Traum (*réve*) oder Träumerei (*réverie*).[315] In ihrer reinen Form ist die Erinnerung *machtlos*:

> Die Erinnerung dagegen, machtlos solange sie unnützlich bleibt, bleibt frei von jeder Vermengung mit der Empfindung, ohne Zusammenhang mit der Gegenwart und folglich unausgedehnt.[316]

Nach Oliver Fahle[317] besteht die Pointe Bergsons darin, Erinnerungen und Gedächtnis nicht als bloße Zulieferer der Wahrnehmung zu betrachten, sondern sie als eigenständige Welten zu begreifen, die diesseits aller aktuellen Handlungsanforderungen eine eigenständige Sphäre ausbilden. „Philosophisch gesprochen heißt dies, dass Bergson das Gedächtnis ontologisiert, ihm einen eigenen Seinsstatus zukommen lässt."[318] Das Bergsonsche Gedächtnis sei hiernach Fahle zufolge vorstellbar als ein Ort der Organisation von Bildern der Vergangenheit, in dem man sich gewissermaßen einrichten könne.

3.2.2.2. Bergsons Bildbegriff (*image*)

Sein Verständnis von Zeit und Dauer versucht Bergson anhand des Verhältnisses vom menschlichen Bewusstsein und Bildern zu verdeutlichen. Wie schon zuvor das Gedächtnis, soll auch der Begriff des Bildes hierbei die beiden Bereiche Geist und Materie (innen und außen, den Gegenstand und die Vorstellung) zusammenbringen. Der Ausdruck *Bild* ist hierbei, wie Bergson selbst sagt, in einem sehr weiten und unbestimmten[319] Sinn. Seine Definition ist im Wesentlichen negativ:

> (...) unter *Bild* verstehen wir eine Art der Existenz, die mehr ist als was der Idealist *Vorstellung* nennt, aber weniger als was der Realist *Ding* nennt – eine Existenz, die halbwegs zwischen dem *Ding* und der *Vorstellung* liegt.[320]

Einerseits ist demzufolge ein Bild mehr als eine *Vorstellung*, da im Idealismus[321] eine Vorstellung nur insoweit ein Bild ist, als sie *perzipiert* oder zumindest doch bewusst ist. Ein Bild ist demnach also etwas, „das an sich existiert"[322]. Andererseits ist das *Bild* weniger als ein *Ding*, denn im Realismus (so wie Bergson ihn versteht[323]) ist ein Ding von gänzlich anderer Art, als die Weise, wie wir es wahrnehmen. Nach Bergson sind die Dinge jedoch so, wie sie uns erscheinen:

„Der Gegenstand (ist) an sich farbig, wie wir ihn wahrnehmen."[324]

---

[315] Ebd., S. 98 u. S. 150.
[316] Ebd., S. 135.
[317] Fahle, O.: *Zeitspaltungen- Gedächtnis und Erinnerung bei Gilles Deleuze*, in: *Monatge / AV - Erinnern, Vergessen,* Zeitschrift für Theorie und Geschichte audiovisueller Kommunikation, Schüren Verlag, 11/01/2002.
[318] Fahle, O.: ebd. S. 101, Vgl außerdem: Oger, E.: a.a.O.
[319] Bergson, H.: *MG*, a.a.O., S. 1.
[320] Ebd., Hervorhebung des Autors.
[321] Oger, E.: a.a.O., S. 29.
[322] Bergson, H.: *MG*, S. 2.
[323] Anm.: Die Erläuterungen des Realismusverständnisses von Bergson entstammen von Oger; auf den problematischen Charakter eines solchen naiven Realismus kann hier nicht eingegangen werden.
[324] Bergson, H.: *MG*, S. 2.

Diese Bilder können in zwei verschiedenen Systemen funktionieren: im System der Dinge und im System der Wahrnehmungen, welches bereits am Beispiel des Gedächtnisses erläutert wurde. Im System der Dinge verhalten sich die Bilder a-zentrisch zueinander, d.h. es gibt kein Bild, auf das alle anderen Bilder stets verweisen. Da sie festen Naturgesetzen folgen, kann mit Genauigkeit ihre zukünftige Konstellation erstellt werden: „So muss die Zukunft der Bilder in ihrer Gegenwart enthalten sein und ihr nichts mehr hinzuzufügen haben."[325] Das System der Wahrnehmungen nun als das System, in dem wir uns bewegen, ist im Unterschied nicht vorhersehbar:

> In der Welt der Bilder, die ich das Universum nenne, geht alles so vor sich, als ob etwas wirklich Neues nur durch die Vermittlung gewisser eigentümlicher Bilder entstehen könne, deren Typus mir in meinem Leibe gegeben ist.[326]

Der eigene Körper (Leib) bildet damit das zentrale Bild dieses Systems, nach dem sich alle anderen Bilder in ihrer Bewegung richten, von dem sie abhängig sind. Einem Dominoeffekt vergleichbar, verändert damit unser ansich der Welt der a-zentralen Bilder angehörender Körper das natürliche Gleichgewicht, welches wir niemals als ein solches wahrnehmen können. Umgekehrt können die anderen Bilder aber auch Einfluss auf meinen Körper nehmen, wobei letzterer die Möglichkeit hat, auf bestimmte Stimuli, die er empfängt, nicht zu reagieren – er kann zum Beispiel warten, wählen, hemmen etc. Damit ist der menschliche *Leib* im Gegensatz zu den den Gesetzmäßigkeiten von Aktion und Reaktion folgenden Bildern des ersten Systems ein Ort der Indetermination.

Die drei Bildsorten des zweiten Systems – *Wahrnehmung*, *Affektion* und *Erinnerung* – wurden bereits erläutert. Der menschliche Körper ist das einzige Bild, welches die Bilder der Wahrnehmungen und der der Affektionen vereint:

> Jedoch ist eines (ein Bild) unter ihnen, das sich von allen anderen dadurch abhebt, dass ich es nicht nur von aussen durch Wahrnehmungen, sondern auch von innen durch Affektionen kenne: mein Leib.[327]

Die Bilder, die sich nur auf sich selbst beziehen und den Mechanismen von Ursache und Wirkung unterworfen sind, können demnach von zwei unterschiedlichen Perspektiven betrachtet werden – innen und außen – ohne sich dabei zu verändern.

3.2.2.3. Wechselwirkung / Symbiose von Wahrnehmung und Erinnerungsbildern

Die alltägliche Wahrnehmung ist aber durchtränkt von Erinnerungen,

> sie ist immer von Erinnerungsbildern durchsetzt, welche sie vervollständigen. (…) Das Erinnerungsbild wiederum partizipiert an der *reinen* Erinnerung, welche es zu materialisieren beginnt, und an der Wahrnehmung, in welche es sich inkarnieren will.[328]

Das Vergangene wird notwendigerweise in die Zukunft eingebracht, da das Gebot des Handelns die Vielheit der Momente der Dauer kontrahiert. So kommt es dazu, dass wir

---

[325] Ebd., S. 1.
[326] Ebd., S. 2.
[327] Ebd., S. 1.
[328] Ebd., S. 127.

die Dinge außerhalb unseres Bewusstseins weniger in diesen Dingen selbst wahrnehmen, als in uns.[329] Die Wahrnehmung ist darum nicht ohne weiteres objektiv und unpersönlich, sondern sie erhält einen gewissen subjektiven und persönlichen Charakter. Obwohl das Gedächtnis grundsätzlich ganz anderer Natur ist, infiltriert es die Wahrnehmung. Dadurch entsteht der illusorische Eindruck, Wahrnehmung und Gedächtnis seien eine Einheit. Die Vermischung dieser beiden Elemente ist jedoch, wie Bergson zugeben muss, eine Notwendigkeit für das Leben oder, wie Oger es ausdrückt, „die Symbiose von Wahrnehmung und Gedächtnis ist unvermeidlich und von vitaler Bedeutung."[330]

Das Zusammenwirken von Wahrnehmung und Erinnerung macht Bergson an dem Vergleich eines **Stromkreises** deutlich, der immer weitere Kreise vom äußeren Gegenstand zu den Erinnerungen zieht. Diese Kreise kehren immer wieder zum Gegenstand zurück, indem sie wieder neue, mit Erinnerungen angereicherte Bilder auf ihn projizieren. Je enger der Kreis, umso unpersönlicher und näher am Gegenstand sind die Gedächtniselemente, und umso mehr zielt sie auf Aktivität. Wenn diese Entfernung gleich Null wird, d.h. „wenn der wahrzunehmende Körper unser eigener ist, dann bezeichnet die Wahrnehmung eine reale Wirkung und nicht mehr eine virtuelle."[331] Je weiter der Kreis, desto individueller sind diese (gleichen) Elemente ausgestaltet und desto tiefer ist die Erkenntnis des Gegenstandes – gleichzeitig nähert sich dieser Zustand aber auch mehr und mehr der Träumerei.

> Immer wenn es sich darum handelt, eine Erinnerung wiederzufinden, eine Periode unserer Geschichte wachzurufen, haben wir das Bewusstsein von einem Vorgang sui generis, durch welchen wir uns von der Gegenwart loslösen, um uns erst einmal ganz allgemein in die Vergangenheit, dann in eine bestimmte Region der Vergangenheit zurückzuversetzen: ein probierendes Herumtasten ähnlich wie beim Einstellen eines photographischen Apparates. Unsere Erinnerung bleibt aber dabei noch virtuell; wir machen uns lediglich geschickt, sie zu empfangen, indem wir die geeignete Haltung einnehmen. Nach und nach erscheint sie wie ein dichter werdender Nebel; vom virtuellen geht sie in den aktuellen Zustand über; und je schärfer ihre Umrisse, je fertiger ihre Oberflächen werden, um so mehr neigt sie, die Wahrnehmung nachzuahmen. Aber sie bleibt der Vergangenheit durch ihre Wurzeln in der Tiefe verhaftet, und wenn sie einmal realisiert, nicht das Gepräge ihrer ursprünglichen Virtualität behielte, wenn sie nicht, obgleich ein gegenwärtiger Zustand, etwas wäre, was grell gegen die Gegenwart absticht, würden wir sie niemals als eine Erinnerung erkennen.[332]

Da das System der Wahrnehmung sowohl am Bild des Körpers als auch an unseren Interessen orientiert ist, ist unser Bewusstsein vorstellbar wie eine Art *subjektive Fotografie*: Von der Vorstellung ausgehend, dass jedes Bild Strahlen in alle Richtungen aussendet, selektieren wir das Bild unserer derzeitig notwendigen *aktuellen und reellen* Welt, während alle anderen *virtuellen* Bilder nicht pertizipiert werden, sozusagen durch uns hindurch gehen. Das Beispiel schlechthin für die Funktionsweise dieser alltäglichen Erkenntnis ist für Bergson die *Metapher des Kinematografen*:

[329] Ebd., S. 61.
[330] Oger, E.: a.a.O., S. 35.
[331] Bergson, H.: *MG*, S. 233.
[332] Ebd., S. 127.

> Statt uns dem innern Wesen der Dinge hinzugeben, stellen wir uns außerhalb ihrer, um dies Werden künstlich zu rekonstruieren. (...) Der Mechanismus unseres gewöhnlichen Denkens ist kinematographischen Wesens.[333]

Die künstliche Rekonstruktion von Bewegung aus notwendigerweise erfassten starren Bildern bildet die gemeinsame Grundlage dieser Metapher. Beide reihen demnach Momentbilder entsprechend einem bestimmten Rhythmus zu einer nachgeahmten und simplifizierten Bewegung aneinander. Die Bilder des Kinematografen bewegen sich hierbei niemals selber – dies ist immer nur der die Bilder projizierende Apparat.

3.2.2.4. Erinnerungsbild und *Virtualität*

Obwohl der Begriff der *Virtualität* keinen zentralen Platz innerhalb der Philosophie Bergsons erhält, kann man aus dem Gesamtzusammenhang seines Werkes doch eine eigene Theorie der *Virtualität* erkennen. Diese Theorie offenbart sich sozusagen bei dem Erkennen der Differenz zwischen der *reinen* Wahrnehmung und den Erinnerungsbildern:

Zunächst von einer *aktuellen* Wahrnehmung ausgehend, entfaltet sich nach Bergson eine Eigendynamik von Erinnerungsbildern, die sich von der momentanen Wahrnehmung ablöst. Wohingegen das *aktuelle* Bild noch in einer Beziehung zu einem Erinnerungsbild steht, lässt sich das Erinnerungsbild umgekehrt aber nicht wieder auf die *aktuelle* Situation beziehen.[334]

Die Bergsonschen Erinnerungsbilder sind nach Fahle *Scharniere*, denn einerseits können sie aktualisiert werden, um eine gegenwärtige Wahrnehmungssituation zu unterstützen, andererseits sind sie eigentlich *virtualisiert*, nämlich in den Tiefen des Gedächtnisses abgespeichert.[335]

Ausgehend von seiner Unterscheidung des *Möglichen* und des *Wirklichen* wird deutlich, dass Bergson dem *Wirklichen* eine dynamische Einheit von Form und Materie einräumt, die nicht von ihrer möglichen Form und ihrer materiellen Verwendung getrennt werden kann:

> Man sieht nicht ein, dass gerade im Gegenteil das Mögliche die entsprechende Wirklichkeit in sich einschließt und außerdem ein gewisses Etwas, das sich hinzugesellt, da das Mögliche die kombinierte Wirkung der einmal erschienenen Wirklichkeit ist und seiner Rückwärtsspiegelung. (...) Aber in Wahrheit liegt in dem Virtuellen mehr als im Reellen, im Bild des Menschen ist es erst möglich, wenn man sich zuerst den Menschen selbst gibt und dann noch einen Spiegel.[336]

> Das Wirkliche schafft das Mögliche, und nicht das Mögliche das Wirkliche.[337]

Mit der Vorstellung des *Wirklichen* als eines aus einem schöpferischen Prozess entstandenem Ganzen drückt Bergson sein bereits beschriebenes Zeitverständnis aus, welches eine aufeinanderfolgende Zeit (als Realisierung einer präformierten Wirklich-

---

[333] Bergson, H.: *Schöpferische Entwicklung*, a.a.O., S. 309.
[334] Anm.: Dies ist vergleichbar mit der filmischen Rückblende.
[335] Fahle, O.: a.a.O., S. 101/102.
[336] Bergson, H.: *Die beiden Quellen der Moral und der Religion*, 1980, in: *Denken und schöpferisches Werden - Aufsätze und Vorträge*, Hamburg: Europäische Verlagsgesellschaft, 1993, S. 121.
[337] Bergson, H.: *Das Mögliche und das Wirkliche*, in: *Denken und Schöpferisches Werden*, a.a.O., S. 110-125; hier S. 124.

keit) als „ein verfehltes Nebeneinander“[338] betrachtet. Bergson sucht mittels dieses neuen Möglichkeitsverständnisses die Wirklichkeit der Zeit bzw. das Schöpferische der Wirklichkeit zu begreifen.

Die Kernidee seines *Virtualitätskonzeptes* ist aber nicht etwa die Realisierung von Möglichkeiten, sondern die *Aktualisierung des Virtuellen.* Dieses lässt sich durch eine Gegenüberstellung von *Virtualität* und *Möglichkeit* – diese Begriffe jeweils in ihrer systematischen Rekonstruktion verstanden – charakterisieren. Der Begriff des *Möglichen* bezieht sich auf etwas, das zwar nicht real, aber bereits in sich ausgeformt ist. In der Begrifflichkeit von *Virtualität* und *Aktualisierung* bedeutet diese Ausformung, dass sich ein virtueller Impuls zu seiner vollen Form – und, wie man hinzufügen müsste, zu seiner konkreten Existenz – entwickelt hat. Das *Mögliche* ist in diesem Sinne *aktuell,* aber nicht real – und damit für Bergson, für den ja die Aktualisierung gerade die Realisierung impliziert, im Grunde undenkbar. Das *Virtuelle* dagegen ist *real,* aber nicht aktuell. Real ist es als ein aktuell Gewesenes und ein auch im Gegenwärtigen noch Wirkendes.

Bezogen auf die Wahrnehmung und Erinnerung bedeutet dies: Das *Virtuelle* ist eine ehemals aktuelle Wahrnehmung, die jetzt im Horizont bzw. im Verweisungsgefüge unserer kontinuierlich gewordenen Vorstellungen eingefügt bleibt. Bei entsprechender Gelegenheit, d.h. in Verbindung mit einer neuen aktuellen Wahrnehmung, kann sie wieder mit-aktualisiert werden und dabei selbst als ein Impuls im Gesamtprozess dieser Aktualisierung wirken. Solange eine Erinnerung *virtuell* bleibt, wirkt sie nicht, ist sie nicht *aktuell.* Indem sich aber die *virtuellen* Erinnerungen zu Erinnerungsbildern entwickeln, wirken sie und werden *aktuell.*

> Die Erinnerung ist für die Wahrnehmung dasselbe, was das im Spiegel gesehene Bild für den davor befindlichen Gegenstand ist. Den Gegenstand kann man ebensogut berühren, wie man ihn sieht; er wird auf uns reagieren, wie wir auf ihn; er ist von möglichen Akten trächtig; er ist *aktuell.* Das Bild aber ist *virtuell,* und obwohl es dem Gegenstand gleicht, unfähig, irgendetwas von dem zu tun, was dieser tut. Unsere aktuelle Existenz, je mehr sie sich allmählich in der Zeit abrollt, wird solcherart durch eine virtuelle Existenz, durch ein Spiegelbild verdoppelt. Jeder Augenblick unseres Lebens bietet also zwei Aspekte, er ist *aktuell* und *virtuell,* einerseits Wahnehmung, andererseits Erinnerung. Er spaltet sich zur selben Zeit, wo er eintritt.[339]

In diesem Sinn versteht auch Deleuze – wie noch zu zeigen ist – den Begriff der *Virtualität.* Allerdings wird er seine Konzeption stärker auf die Unterscheidung des Möglichen und des Wirklichen beziehen, um diese Idee auf sein *Zeit-Bild* zu übertragen.

Mit seinem Konzept der *Virtualität* schreibt Bergson seine Zeittheorie insbesondere für den Prozess der Wahrnehmung aus. Er versucht damit die Frage nach der Zeitform bzw. genauer, nach den Zeitformen der Wahrnehmung, zu beantworten. **Wahrnehmung und Gegenwart sind** hierbei – wie bereits beschrieben – ***aktuell* und die Erinnerungen bzw. die Vergangenheit sind *virtuell*.**

---

338 Bergson, H.: *Einleitung* , in: *Denken und schöpferisches Werden*, a.a.O., S. 29 f.

339 Bergson, H.: *Die geistige Anstrengung*, in: *Die seelische Energie. Aufsätze und Vorträge*, Jena: Eugen Diederichs, 1928; S. 137-170; hier S. 121, Hervorhebung des Autors.

3.2.3. Fazit des Bergsonschen Gedächtnismodells

Das Gedächtnis Bergsons ist also weder ein anonymes Archiv, das dauernd ergänzt wird, noch ein Ordner, der die Ereignisse sortiert und festhält. Es ist im Gegenteil eine sich dauernd verändernde, eminent lebendige individuelle und geistige Realität, die die Dauer memorisiert. Dadurch, dass jedes Bild in seiner Präsenz von Vergangenheit durchdrungen ist, wird jeder gegenwärtige Augenblick unserer Wahrnehmung gleichzeitig zu einer Erinnerung und damit zur Vergangenheit.

Eben dies beschreibt Bergson als die **Koexistenz** der Gegenwart und Vergangenheit, der Wahrnehmung und Erinnerung, des *Virtuellen* und des *Aktuellen.* Den Prozess des Entstehens der Vergangenheit in der Gegenwart der Wahrnehmungen nennt Bergson die *Spaltung der Zeit* im Prozess der Wahrnehmung. Diesem Aspekt der *Teilung* steht der Aspekt der *Totalisierung* gegenüber, den Bergson den *virtuellen* Erinnerungen zuspricht: So behauptet er, dass in unseren reinen Erinnerungen alles Erlebte mit allen Einzelheiten und Nuancen, mit seinen zeitlichen Daten und jeweiligen Umständen notiert ist.

Genau an dieser Stelle macht sich ein **Paradox** bemerkbar, welches dem Konzept Bergsons innewohnt: Der Sinn des Schöpferischen, der Aktualisierung von Neuem wird fraglich, angesichts der Erinnerungsbilder, die lediglich die *ontologische Ebene* des Gedächtnisses bzw. die *Virtualität* zur Darstellung kommen lassen. Das ontologische Gedächtnis als ungeteiltes Ganzes steht also einer möglichen reinen Wahrnehmung ohne Erinnerung im Weg.

Aus diesem Paradox heraus – welches in Zusammenhang mit der Unterscheidung zu Deleuzes Kinotheorie noch diskutiert werden soll – ist grundsätzlich eine Privilegierung Bergsons der Vergangenheit zu lesen. Gegen diese kann eingewendet werden, dass die Zukunft nicht nur eine aus der Vergangenheit abgeleitete Zeitform, sondern – z.B. als Zeitform der Erwartung, des Entwurfs – eine eigenständige Form ist.

In diesem Sinne stellt Cassirer der Gedächtnistheorie Bergsons die Konzeption eines **symbolischen** Gedächtnisses entgegen, das vergangene Erfahrungen „nicht nur wiederholt, sondern auch rekonstruiert.“[340] Zwar sieht auch Bergson in jeder Wiederholung eine schöpferische Leistung, und dies selbst dann, wenn es in sich die Spuren und Strukturen des schon Erlebten trägt. Aber das Schöpferische definiert sich nicht alleine aus seinem Verhältnis zur Vergangenheit und entwickelt sich nicht aus einem eigenen Sinn des Zukünftigen, der sich nur aus der Zukünftigkeit des Zukünftigen und nicht aus einer als zukünftig gedachten Vergangenheit ergibt. Cassirer hat daher auch zu Recht darauf hingewiesen, dass Bergson die Dimension der Zukunft vernachlässigt habe.

Das für viele Philosophen (u.a. Deleuze, Merleau-Ponty) aber Bedeutende ist die **neue Konzeption des *Bildbegriffs*:** Bergsons Erinnerungsbilder besitzen eine Existenzform, die sie mit keiner anderen Darstellungsform teilen. Sie *besitzen eine Existenz an sich,* das heißt, sie existieren weder als eine zur *Sichtbarkeit* gebrachten Ordnung von Gegenständen, noch als deren geistige Rekonstruktion. Sie entstehen aus einer Auseinan-

[340] Cassirer, E.: *Versuch über den Menschen. Einführung in eine Philosophie der Kultur*, Hamburg: Felix Meiner, 1996, S. 88.

dersetzung des Bewusstseins mit den Strukturen der Welt bzw. der *Materie*, die durch die Wahrnehmung in sie eingegangen ist.

Nur durch individuelle Anstrengung und Konzentration können Bilder das Körpergeschehen zur geistigen Wirklichkeit machen. Ihre Faszination besteht also in der Betonung des zugleich prozesshaften und konkret-darstellenden Charakters. Der Existenz dieser Bilder ist das Begriffssystem der Sprache in ihrer ideellen Bedeutung unterlegen: Mit einem geistig-räumlichen Stehenbleiben am selben Ort fallen wir Bergson zufolge aus der Welt der Bilder heraus und können uns nur über die Begriffsbilder der Sprache retten. Diese lebendigen Bilder sind von uns damit nur *sichtbar*, wenn wir eintauchen in diese geistige Welt des Geschehens. Das Bild ist also die Wirklichkeit, in der sich Körper und Geist in einem dynamischen Umwandlungsverhältnis miteinander verbinden. Daher der Untertitel von *Materie und Gedächtnis*: *Eine Abhandlung über die Beziehung zwischen Körper und Geist.*

Eines der Grundprobleme in der Philosophie Bergsons ergibt sich aus dem zuletzt Beschriebenen: der überwiegend bewusstseinsimmanenten Rekonstruktion unserer geistigen Leistungen. Die komplexen Verhältnisse zwischen dem Erfassen von Wirkungen und dem Erzeugen von Formen im Bild der reinen Wahrmnehmung, zwischen der Weite unserer *virtuellen* Erinnerungen und der Enge der Erinnerungsbilder und zwischen den verschiedenen Vergangenheitsschichten im Prozess der *Aktualisierung* unserer *virtuellen* Erinnerungen und zwischen all den verschiedenen Formen der selektiven Fixierung und integrativen Durchdringung in unserem Bewusstseinsleben überhaupt. Alle diese Verhältnisse werden als Verhältnisse des Bewusstseins dargestellt. Dieses Bewusstsein ist immer nur der *Ort* unseres eigenen Erlebens, ist unser individuelles Bewusstsein in seinem Durchlebtwerden und in diesem Sinne eine nur uns selbst zugängliche Vollzugswirklichkeit. Würde Bergson nicht auf die außerbewussten Faktoren unserer körperlichen Leistungen im Zusammenhang mit den praktischen Zusammenhängen unseres alltäglichen Lebens zurückgreifen, könnte man ihm einen *Solipsismus* vorwerfen. Die Selektions- und Verknüpfungsleistungen, die Bergson dem Körper zuspricht, sind jedoch auf das Nützliche des Alltags beschränkt. In dieser verengten Perspektive des Materiellen und Körperlichen unterschlägt er die Dimension des *Symbolischen* als der Verweisungsdinge, mit denen Sinn gestiftet und öffentlich festgehalten werden kann, in denen wir uns artikulieren und durch die wir wahrnehmen. Genau hier liegt der Unterschied, den Bergsons Philosophie zu dem Zugang der psychoanalytischen Weise über die Erinnerung zu denken, ausmacht:

Bergsons Betonung der Individualisierung der Bilder des Bewusstseins steht die Betonung der symbolischen Formen, in denen eine solche Individualisierung stattfindet, gegenüber. Dennoch gibt es Gemeinsamkeiten der beiden Denkweisen, die besonders Heike Klippel[341] betont hat. Sie liegen – gerade in dem Vergleich von Freud und Bergson – in der Heterogenität und Komplexität eines individuellen Gedächtniskonzeptes sowie in dem Versuch, das Modell mittels technischer Metaphern – wie etwa der Metapher des Kinematografen – zu vergleichen.

[341] Klippel, H.: *Gedächtnis und Kino*, a.a.O.

3.2.4. Vergleich Bergson - Freud

Das Dilemma der Psychoanalyse zwischen Wissenschaft und Philosophie, so Taureck, bedroht den Bestand der Psychoanalyse, weil es sie entweder unwissenschaftlich oder unphilosophisch erscheinen lässt. Demgegenüber sollte nicht verkannt werden, dass sich die Freud-Psychoanalyse und die Philosophie in jenem Gebiet ergänzen, das das ursprüngliche Forschungsfeld Freuds gewesen war:
Die Traumdeutung.[342]

Neben der Verwandtschaft der technischen Metaphorik, weist Freuds topisches Gedächtnismodell außerdem grundsätzliche Parallelen zu dem Konzept Bergsons auf: Bei beiden Vorstellungen (Bergson und Freud) von Vergangenheit verbinden sich in einem unmerklichen Ineinandergreifen körperlich dominierte Wiederholung mit erinnernder Rückbesinnung. Sowohl bei Freud als auch bei Bergson wird ein solches Wiedererleben der Vergangenheit ausgelöst durch die Psyche und spiegelt sich in motorischen Körperaktionen wider. Während bei Bergson die Vergangenheit das nicht mehr Wirkende, *Seiende*, war, hat dieselbe bei Freud eine scheinbar gegensätzliche Bedeutung: In einem Vergleich seines eigenen Begriffs des Unbewussten mit dem Freudschen Begriff behauptet Bergson, dass Unbewusste habe für ihn keine psychologische Bedeutung. Nur der Vollzug, die *Aktualisierung* der Erinnerungen zu Erinnerungsbildern. Die reinen und dadurch unbewussten Erinnerungen seien eine *Vergangenheit im Allgemeinen*, eine zu jeder Zeit unbewusst präsente Vergangenheit, die unsere Gegenwart bedingen, wenn auch nicht notwendigerweise bestimmen würden.

> Unser vergangenes Seelenleben bedingt ganz und gar unseren gegenwärtigen Zustand, ohne ihn in einer notwendigen Weise zu bestimmen; ganz und gar offenbart es sich auch in unserem Charakter, obgleich keiner der vergangenen Zustände sich explizit im Charakter manifestiert. Vereingt sichern diese beiden Bedingungen jedem der seelischen Zustände eine reale, wenngleich unbewusste Existenz.[343]

Hier wird nochmals deutlich, dass Bergson der Vergangenheit und damit der *Virtualität* im Gegensatz zu Freud eine viel gegenwartsbezogenere Bedeutung zuspricht. Letzterer behauptet ja mit seiner Theorie, dass Erinnerungen und Wahrnehmungen an einem anderen Ort stattfinden, genau umgekehrt, dass Vergangenes nicht immer zugänglich gemacht werden kann. Dennoch ist die Bergsonsche Vergangenheit in ihrer reinen Form, als *Virtualität*, genauso wenig zu erreichen wie das Freudsche Unbewusste. Zuletzt ist sie, so auch Klippel, eine ebenso unhinterschreitbare Kraft, „die mit sämtlichen Elementen des Vorher und Nachher koexistiert."[344]

Das Unbeschreibliche der Dauer und die Idealität der Zeit jenseits der Kategorien des Räumlichen bestimmen somit Freuds Gedächtnis ebenso wie das Bergsons. Die Betonung der Zeitlichkeit, sowie die Präferenz der Vergangenheit werden bei beiden Modellen mit der Idee von *virtuellen* Erinnerungsbildern verbunden, wobei die *Virtualität* bei Bergson eine stärkere Betonung erhält. Gleichsam sind der Fluss und die Differenz bei beiden Gedächtniskonstrukten zentrale Momente. „Heterogenität, Stockungen, Übersprünge, Verlangsamungen, Unhaltbares, Durchbrüche, Sich-Verlieren, brei-

---

[342] Taureck, B. (Hg.): *Psychoanalyse und Philosophie. Lacan in der Diskussion*, Fischer Taschenbuch Verlag GmbH, Frankfurt/M 1992, S. 9, Hervorhebung Taureck.

[343] Bergson: *MG*, S. 134.

[344] Ebd., S. 119/120.

tes Strömen und feines Zerrinnen"[345] stehen einem System der Linearität bzw. ungebrochener Kontinuität gegenüber.

> Gedächtnis heisst hier nicht Retention, Bildung von ominösen *Eingrabungen* im Zellmaterial, sondern dauernd veränderte spezifische Durchlässigkeit des Systems.[346]

Bei Freud begegnet man allerdings schon einer komplexeren Vorstellung von Gedächtnis als ein Geflecht von Bahnungen, von der ausgehend er sich vor allem auf dynamische Vorgänge konzentriert, wie Verschiebungen und Verdrängungen, wohingegen bei Bergson die dynamische Auffassung des Gedächtnisses implizit in seinem Begriff der wahren Dauer aufgehoben ist.

> Bei ihm (Freud) verbinden sich Elemente der Gedächntispsychologie mit der Dynamik Bergsons, aber er überwindet sowohl das selektiv Reduktionistische, wie auch die metaphysische Blindheit gegenüber dem konkret Menschlichen.[347]

So unterschiedlich die Auffassungen von Bergson und Freud auch sind, so sehr kulminieren sie in der Ablehnung einer statisch passiven Auffassung von Gedächtnis, als einer Art von Archiv, das einer Bibliothek ähnelt. Genau diese dynamischen Vorstellungen der Arbeitsweise von *Mémoire* sind nun nach Heike Klippel analog zu der des Kinos. Dem Kino komme an dieser Stelle als Medium zur Überwindung dieser Grenze zwischen materialer Bedingtheit (körperlich wie technisch) und der Phantasie eine besondere Rolle zu.

Denn bergsonianisch formuliert sei Kino ein „Ort des Austausches: zwischen Sinnlichkeit und Rationalität, Erfahrung und Abstraktion, innen und außen."[348] Damit sieht Klippel sowohl in der Dynamik und Heterogenität, als auch in der Unmöglichkeit einer rationalen Faktizität und Fassbarkeit die Parallele zwischen den Gedächtnismodellen Freuds und Bergsons und dem Kino.[349]

Gegenüber Freuds Modell lässt Bergson jedoch keine Symbolisierung zu, die das sein Modell bestimmende Paradox auflösen könnte.

Im Folgenden werden besonders zwei Aspekte des Bergsonschen Gedankenkonstrukts weiterverfolgt: Dies ist erstens das Paradox der Bergsonschen Theorie: *Totalität* versus *Teilung*, welches gleichsam das Deleuzsche *Bewegungs-Bild* bestimmt und in seinem *Zeit-Bild* aufgelöst wird. Zweitens ist dies die Konzeption des *Virtuellen*, die nochmals besonders bei der Diskussion der Deleuzschen *Kristall-Bild*-Konzeption hervorgehoben werden soll.

---

345 Ebd., S. 137.

346 Ebd.

347 Klippel, H.: a.a.O., S. 107.

348 Ebd., S. 144.

349 Anm.: Dieses Argument, welches Klippels Hauptanliegen ist – wird in ihrer Kritik des Freudschen/Bergsonschen Gedächtnisses als *prozesshaft* und *inhaltsleer* zu einem ihrem Buch immanenten Paradox. Indem sie den Bezug zum Kino genau in der Heterogenität, der Flexibilität sehen möchte, aber gleichzeitig eine solche als nicht der Realität zugewandt bezeichnet, pervertiert sie mit dem Gedächtnismodell Freuds/Bergsons gleichzeitig die Analogie des Kinos mit dem Gedächtnis. Festgehalten werden soll dennoch, dass Freuds und Bergsons Gedächtnismodelle sich in ihrer dynamischen Grundstruktur sehr ähnlich sind.

3.2.5. Bergson und das Kino

Der Vergleich der alltäglichen Wahrnehmung mit dem kinematografischen Automat verdeutlicht hierbei für Bergson die Hegemonie des Räumlichen über die Zeit, von der wir ihm zufolge bestimmt seien. Erst mit der Befreiung aus diesem von der Natur aus uns auferlegten Raster, erst mit dem Verzicht auf die kinematografischen Gewohnheiten unseres Denkens also kann nach Bergson das Wesen der Bewegung erfasst werden. Um den Film geht es ihm dabei nicht; er benutzt ihn nur als Metapher für eine unzulängliche, aus der Praxis geborene Eigenart der Verstandestätigkeit.

Zur Veranschaulichung des Gegensatzes zwischen abstrakter und lebendiger Bewegung argumentiert er in seinem Spätwerk *Denken und schöpferisches Werden*[350]:

> Zweifellos sagen wir wohl noch, daß sie (die isolierten Zustände) aufeinanderfolgen, aber dieses Folgen den abrollenden Bildern eines Films gleicht: der Film könnte zehnmal, hundertmal, tausendmal schneller ablaufen, ohne daß irgendetwas an dem, was abläuft, geändert würde. Wenn er unendlich schnell abliefe, wenn der Ablauf (diesmal außerhalb des Apparates) so beschleunigt würde, daß er sich für uns in einem Moment zusammendrängte, so wären es immer noch die gleichen Bilder. Die so verstandene Aufeinanderfolge fügt ihnen also nichts Neues hinzu: sie würde ihnen eher etwas nehmen, sie würde ein Defizit, eine Unzulänglichkeit unserer Wahrnehmung ausdrücken, die verurteilt wäre, den Film Bild für Bild zu zerlegen, statt ihn als Ganzes auf einmal zu erfassen.[351]

Mit dieser Behauptung Bergsons, so Klippel, zeige sich seine eingeschränkte Sichtweise auf den Film als ein rein räumliches, quantitatives Gebilde. Die alleinige Betonung auf den mechanischen Aspekt reduziere den Film zu einem Apparat der Zerlegung, der Kaltstellung des Lebendigen.

> Diese Perspektive betont das photographische Moment des Films, das Einfrieren eines Bewegungselements, wodurch es dem Zeitablauf entrissen und handhabbar gemacht wird.[352]

Da der Film aber doch im Gegenteil die fotografischen Segmente wieder zusammensetzt, wird die Analogie des kinematografischen Mechanismus mit dem Denken keinem von beidem (weder dem Denken, noch dem Film) gerecht.

Hierin einen desillusionistischen Gestus zu sehen sei nach Klippel nicht unbedingt gerechtfertigt, da für Bergson die filmische Illusion gar nicht zu existieren scheine: Indem er lediglich von *künstlicher Bewegung* spreche, gestehe er auch dem Zuschauer keinen Raum innerhalb des Filmgeschehens ein. Mit der damit einhergehenden Verweigerung der subjektiven Seite des Kinos verschließe sich Bergson auch den möglichen Qualitäten, die, wenn auch als Illusion, einer solchen apparativ erzeugten Bewegung zugeschrieben werden könnten.

Dieser Interpretation zufolge lässt die Tatsache, dass Bergson auch noch in seinem Spätwerk eine solche reduktionistische Meinung gegenüber dem Film vertritt, ihn selbst hinter den Anspruch seines Werkes als die Überwindung von *Geist und Materie* zurückfallen als „eines der Hauptanliegen seines philosophischen Werks."[353] Trotz der dezidierten Ausgrenzung technischer Medien reflektiert Bergsons Gedächtniskonzep-

---

[350] Bergson, H.: *Denken und schöperisches Werden.- Aufsätze und Vorträge*, a.a.O.
[351] Ebd., S. 29.
[352] Klippel, H.: a.a.O., S. 80.
[353] Ebd, S. 81.

tion jedoch eine Dynamik, die von technischer Bewegtheit und ihrer sinnlichen Erfahrung viel stärker geprägt ist als vom organischen Leben.

Heike Klippel macht nun genau auf diese fehlende Beziehung der subjektiven Seite des Kinos und der Theorie Bergsons aufmerksam. Für sie ist das Modell des Bergsonschen Bildbegriffs eine für die Definition von Film sehr fruchtbare Technikmetapher, dessen Verbindung er selber nicht gesehen habe. Um ihn fürs Kino neu lesbar zu machen, ohne – so der Vorwurf an Deleuze – auf Leerstellen seiner Theorie aufzubauen, stellt Klippel Bergson auf den Kopf:

Nicht der Mechanismus unseres Denkens werde durch den Kinematografen reproduziert, sondern andersherum: Der Mechanismus unseres Denkens werde vom Film umgekehrt. Der Kinematograf reduziere demnach nicht das Ganzheitliche, sondern im Gegenteil: er transzendiere das Zerstückelte, Fragmentierte zum Unteilbaren.[354] Bergsons Vorstellung des Gedächtnisses anhand eines mentalen Bildermagazins kann hiernach als eine Art *Vorstufe* eines Filmes mit bewegten Bildern betrachtet werden.

Chris Markers Foto-Roman *La Jetée* soll im Folgenden das Bergsonsche Gedächtnismodell veranschaulichen.[355] Dieser Foto-Film bietet sich deswegen hierfür so gut an, weil er aus einer Aneinanderreihung von fragmentierten Einzelbildern besteht, die einen normalen Filmfluss nicht zulassen. Filmische Bewegung kann hier nur über die Vorstellungskraft des Zuschauers geschehen, der die vom Kinematografen ausgesendeten, starren Fotos wieder so, wie Bergson es generell für das Kino behauptet hat, zu einem unteilbaren Ganzen zusammenfügen muss. Die Analogie dieses Foto-Romans zu dem Gedächtnismodell von Bergson soll dessen bewusstseinstheoretischen Fokus bzw. dessen problematischen Praxisbezug verdeutlichen. Er schlägt sich nieder in dem von Deleuze definierten *Bewegungs-Paradox*, das noch sein erstes Kinobuch (*Das Bewegungs-Bild*) bestimmt, aber später im modernen Kino seines zweiten Buches (*Das Zeit-Bidl)* durch die Zeit aufgelöst wird. Hiervon ausgehend soll das Verhältnis von Deleuze und Bergson erklärt werden.

Die besondere Art der Vermengung der Medien Foto und Film hat *La Jetée* zu einem Ort von Theorieauseinandersetzungen gemacht. Er soll hier nicht nur dazu dienen, das Modell Bergsons zu verdeutlichen, sondern außerdem auf die Konzeption des Deleuzschen *Zeit-Bildes* verweisen, welches im Anschluss diskutiert wird. Die im letzten Teil der Arbeit zu besprechende Verwandtschaft des Films mit dem indirekten *Zeit-Bild* (als Bild vor dem Ausbruch der Zeit im Reinzustand), sowie Deleuzes Interpretation der Bergsonschen *Virtualität* soll außerdem eine Verbindung zu Freud und der Hysterie herstellen.[356]

---

[354] Ebd., S. 102 f.

[355] Anm.: André Bazin hat als Musterbeispiel für einen *bergsonischen Film* Clouzot`s *Le Mystère Picasso* (1956) dargstellt, weil dort Schichten eines sich im Malen verändernden Bildes in der *mémoire* des Films nicht mehr bloß Zeitpunkte, sondern materielle Dauer bedeuten. Vgl. Bazin, A.: *Filmkritiken als Filmgeschichte*, München: Hanser, 1981, S. 68-75.

[356] Anm.: Die Reihenfolge dieser Argumentation (das Vorziehen des direkten dem indirekten *Zeit-Bild*) liegt darin begründet, dass dem Konstrukt des Deleuzschen *Kristall-Bildes* eine implizite Auseinandersetzung mit der psychoanalytischen Filmsemiologie zugrunde liegt, die erst zum Schluss besprochen werden soll.

3. 3. EXKURS: Chris Markers *La Jetée* als Veranschaulichung für Bergsons Gedächtnisdispositiv

> Das Bild war stumm, die Stimme blind, das Kino entstand in den Köpfen. Das war vielleicht gut so.[357]

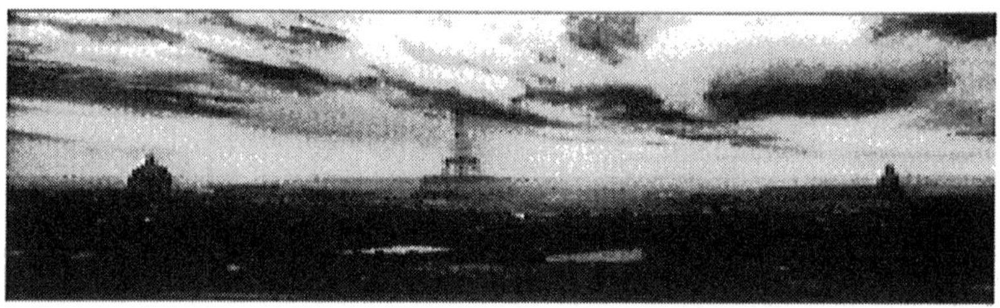

Abb. 2

Die *Mémoire* ist das zentrale Thema im Werk von Chris Marker, welches er über das Verhältnis von Raum und Zeit veranschaulicht. *La Jetée*, *Sans Soleil* und *Level Five* sind in dieser Hinsicht Eckpfeiler innerhalb der medialen Entwicklung Markers, die diese Raum-Zeit-Frage grundsätzlich immer wieder neu aufarbeiten. Gemeinsam ist ihnen die Nähe, das

> Ineinandergleiten der Zeiten – dessen man sich im Prozess des Erinnerns ansatzweise bewusst wird – die Marker durch einen Taumel im Raum auszudrücken versucht.[358]

La Jetée heißt soviel wie *Mole* – ein vom Ufer vorspringender Hafendamm. Der Begriff bezieht sich hier in erster Linie auf die Besucherterrasse des Flughafens Orly, von wo aus die Geschichte des Helden immer wieder beginnt und endet. Die *Mole* ist nach Kämper ein Schwellenort, „der metaphorisch am Übergang von Traum und Realität angesiedelt ist.“[359] Gleichzeitig kann eine Verbindung zu dem französischen Begriff *jeter* gezogen werden, der mit dem deutschen Verb *werfen* übersetzt werden kann. *Projeter* heißt demnach vorauswerfen, mit Licht projizieren. Die kinematografische Projektion der Film-Bilder ist thematisch mit der mentalen Projektion der Erinnerungsbilder verbunden, die übrigens durch Injektionen, die Umkehrung (der Richtung) von Projektionen, zustande kommen. Es ist ein wissenschaftliches Projekt, das darin besteht, das Bewusstsein in seine eigene Erinnerung zurückzuwerfen (*rejeter*).[360] Unter der Vielzahl von Bedeutungsmöglichkeiten findet sich auch *jeter un pont*: eine Brücke spannen.

---

[357] Filmzitat Marker, C.: *Le Train En Marche* (1971).

[358] Kämper, B.: *Sans Soleil - ein Film erinnert sich selbst*, in: Kämper, B. / Tode, T.(Hg.): *Chris Marker - Filmessayist*, CICIM München 1997, S. 290.

[359] Ebd., S. 236 (vgl. Randbemerkung Kämper).

[360] Anm.: Diese Verbindung wollte Thierry Kuntzel in einem Video mit dem Titel *Re-Jetée* wieder aufnehmen, das auf Markers *La Jetée* antworten sollte, aber niemals realisiert wurde. Das Erinnerungsbild, das dem Jungen auf dem Rollfeld im Gedächtnis geblieben ist, war zunächst der Entwurf einer zukünftigen Vergangenheit, ein Denkbild, das erst in den Narben der Erinnerung zum Markierungsbild geworden ist.

Überbrückt wird in diesem Film so einiges: Zeiten und Orte, Erinnerungen und Zukunftsvisionen, Realität und Traum, Leben und Tod.[361]

Chris Markers *roman-photo La Jetée* entstand zur Zeit der Kuba-Krise, als der Kalte Krieg in den atomaren Weltbrand umzuschlagen drohte. Es ist ein politischer Gegenwartsfilm, gleichsam die Fortsetzung des aktuellen Berichts, den Marker zuvor in Havanna gedreht hatte (Cuba Si!). *La Jetée* zeigt die Ereignisse aus der westlichen Perspektive, zeigt das zerstörte Paris nach der nuklearen Katastrophe, die Überlebenden in den Katakomben. Hauptsächlich bestehend aus einer Montage von starren, aneinander gereihten Schwarzweiß-Fotografien, zeigt dieses düstere Szenario eines science-fiction Märchens, dass Bewegung keine notwendige Voraussetzung des narrativen Films ist, „denn die diskontinuierliche Montage ist sehr wohl Bestandteil der Diegese des Films.[362]

Das Kino wäre also nicht über die Bewegung zu definieren, sondern über die Zeit.“[363] Innerhalb einer zirkulären Struktur wird die Geschichte eines Mannes, der durch ein Bild aus seiner Kindheit geprägt wurde, erzählt.

3.3.1. Inhaltsbeschreibung

Die Geschichte beginnt auf der Besucherterrasse eines Flughafens, wo ein Junge das Gesicht einer Frau und den stürzenden Körper eines Mannes in dem Moment sieht, als der Dritte Weltkrieg ausbricht und das Leben auf der Erdoberfläche unmöglich macht. Die wenigen Überlebenden vegetieren in Katakomben unter der Stadt (Paris). Wissenschaftler versuchen hier, über Erinnerungsbilder von Gefangenen mit der Zukunft Kontakt aufzunehmen, um sich lebensnotwendige Ressourcen zu beschaffen. Von herrschenden Mächten dieser post-atomaren Zukunft wird ein Mann für Experimente ausgewählt, der geprägt ist von einem Bild aus seiner Kindheit – *ein wirkliches Bild*, wie es im Film heißt. Im Laufe der Versuche erscheinen dem Protagonisten Bilder aus einer inzwischen zerstörten, verlorenen Welt: *wirkliche Kinder, wirkliche Vögel, wirkliche Katzen.*

Der Mann, der als Junge die Ereignisse auf der Besucherterrasse (*jetèe*) des Flughafens erlebt hatte, kehrt nun mit dem Bild der Frau, die er dort gesehen hat, in die Vergangenheit zurück. Er findet sie dort, und durch den Zustand des Verliebt-Seins der beiden geraten Vergangenheit, Gegenwart und Zukunft in einen Zeiten-Taumel, oder besser einen Zeitstillstand. Die verwirrende (Wieder-) Begegnung mit dieser Frau besteht, weil aus der Zukunft betrachtet, aus nicht einzuordnenden Vergangenheitsschichten. Ihre Frage bezüglich seiner Halskette, „der Kette des Kämpfers, die er zu Beginn dieses Krieges trug, der eines Tages ausbrechen wird“ (Filmzitat) verdeutlicht bereits das den Film bestimmende **Paradox des zeitlichen Zirkels**.[364] Von seiner Erinnerung schließlich in eine Zwischenzeit jenseits von Erinnerung und Vorhaben – in

---

[361] Ebd.

[362] Kämper, B.: *Kommentierte Filmographie*, in: ebd., S. 240.

[363] Blümlinger, C.: >*La Jetèe*<*: Nachhall eines Symptom-Films*, in: ebd., S. 69.

[364] Anm.: Die Verwendung des Konditionals hätte die sinnsukzessive Logik des Möglichen, einer bereits vergangenen Zukunft, eingebracht. Der Indikativ des Futurums erscheint hier jedoch, wie das Imperfekt, als Affirmation des Wirklichen.

einer quasi schwebenden Zeit, die Vergangenheit und Zukunft miteinander verschweißt – durchläuft der Held mehrere Stadien, um zum Ausgangsbild und gleichzeitig zum Ende des Films zu gelangen. Vorweggenommen wird der mortifizierende Augenblick einer zukünftigen Vergangenheit durch die Repräsentationsformen des Gewesenen: Im Museum wird das Liebespaar mit dem Betrachten von toten, mumifizierten Tieren konfrontiert.

Als der namenlose Protagonist schließlich nach Erfüllung seiner Mission in der Zukunft gegen den Willen der Wissenschaftler in die Vergangenheit zurückkehrt, um bei seiner Liebe zu sein, wird er verfolgt und vor den Augen eines Jungen und dieser Frau liquidiert. In dem Moment begreift er, dass er selbst der kleine Junge in der Vergangenheit ist, dessen Schicksal es sein wird, von diesem Erinnerungsbild in der Zukunft verfolgt zu werden, und immer wieder diesen einen Tod zu sterben.:

> Er begriff, dass man der Zeit nicht entfliehen konnte, und dass jener Augenblick, den er als Kind hatte erleben dürfen und der ihn beständig verfolgt hatte, der seines eigenen Todes war. (Filmzitat)

Am Ende fällt mit dem Erinnerungsbild das von dem Kind damals in die Zukunft projizierte Bild des in die Vergangenheit reisenden Helden zusammen. Mit dem Augenblick seines Todes stirbt damit nicht nur der von ihm erinnerte Mann, sondern der Erinnernde selbst.

3.3.2. Analyse des Films in Bezug zu Bergsons Gedächtnismodell

Was der Film letztlich vermittelt, ist nach Christa Blümlinger nicht so sehr das Wiederherstellen einer Kindheitserinnerung, sondern vielmehr die Nachwirkungen einer „Fixierung auf ein Bild der Vergangenheit."[365] Allein durch eine Solche wird es dem Protagonisten möglich, sich aus der *Hegemonie der Zeit* – von der wir ja Bergson zufolge bestimmt sind – zu befreien und eine Zeitreise anzutreten. Mit größter Anstrengung – dies vermitteln die Fotos eines konzentrierten, qualvoll angestrengten Gesichtes – erreicht dieser Mann schließlich (nach einer Reihe von fehlgeschlagenen Versuchen) genau diesen von Bergson benannten Zustand der reinen Dauer, welcher ihn bzw. sein *wirkliches Ich* auf fantastische Weise in eine andere Zeit, an einen anderen Ort zu seiner Geliebten katapultiert.

Die Bergsonsche Spannung zwischen der reinen, virtuellen, und als solche nicht wahrnehmbare Erinnerung (*souvenir pur*), und dem Bild als Wahrnehmung (*image-souvenir*) wird innerhalb der zirkulären Zeitstruktur des Foto-Romans *La Jetée* geradezu eklatant. Durch die Verbindung von Bildern verschiedenen Ursprungs (Film - Fotografie) gelingt es Chris Marker, die Paradoxie des filmischen Gedächtnisdispositives visuell zu veranschaulichen: In der – durch die aneinandergereihten Fotografien entstehende – Verdopplung der filmischen Gegenwart kristallisiert sich der von Bergson behauptete, nicht fassbare Übergang der Wahrnehmung in Erinnerung – als aktuelle und als bereits erinnerte Zeit. Wenn die Dimension der Selbst-Repräsentation der aktuellen Gegenwart gleichzeitig die Re-Präsentation der früheren Gegenwart erlaubt, so sind der Repräsentation zwei einander bedingende Aspekte eigen, die Deleuze „ak-

[365] Blümlinger, C.: ebd., S. 71.

tive Synthese des Gedächtnisses"[366] nennt: *Reproduktion und Reflexion, Sich-Erinnern und Erkennen, Gedächtnis und Verstand.* Das Problem der Vergegenwärtigung des Erinnerungsbildes führt auf symptomatische Weise einerseits zu einer Auseinandersetzung mit verschiedenen (alten und neuen) Bild-Dispositiven hin, andererseits zu einer Zeitform, die es ermöglicht, mehrere Zeitebenen gleichzeitig zu denken. Der Explizierung einer Mehrdimensionalität der Erzählung entspricht eine *Verräumlichung* der Erinnerungsbilder über den visuellen Entzug einer narrativen Linearität. Es heißt in *La Jetée*, die Bilder des Helden befänden sich in einem Museum, das vielleicht dasjenige seines Gedächtnisses sei. Diese Idee knüpft an die alte Gedächtniskunst der Griechen an: eine räumliche Zuweisung von in Bildern übersetzten Worten.

Nach den ersten vereinzelten Tagen „aus glücklichen Tagen" (Filmzitat), erscheinen die Bilder der Vergangenheit im Kontrast zur expressionistisch ausgeleuchteten Szenerie der Katakomben freundlich und hell. Die Präsenz der Bewegung in einem Bewegungsbild wird in der Abfolge identischer fotografischer Bilder auf die bloße *Einbildung*, auf ein Erinnerungsbild der Bewegung, zurückgeführt, die im Bildraum jeder Einstellung selbst abwesend ist. Dem Erinnerungsbild Bergsons entsprechend, fällt das *lebende Bild* durch die Fotografie wieder in den ontologischen Status des „Es muss etwas dagewesen sein" (Barthes) zurück. Offensichtlich spielt *La Jetée* damit nicht in einer Vergangenheit oder Zukunft, die lediglich imaginär ist, sondern das *Imaginäre* hat hier das Ganze erfasst, und utopisch ist die Gegenwart selbst geworden.

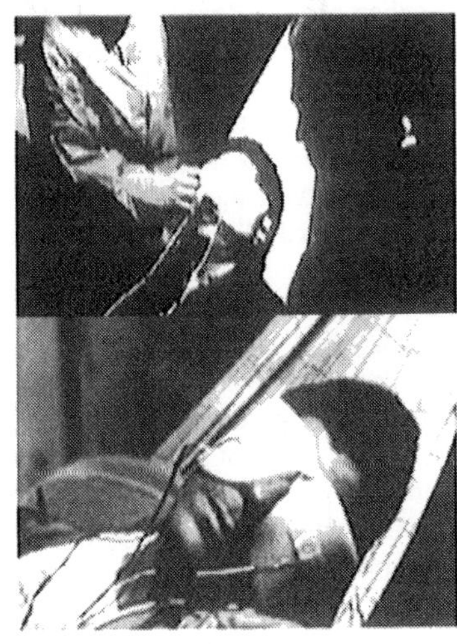

Abb. 3

Das Gedächtnis stellt bei Bergson den Schnittpunkt zwischen Geist und Materie dar. Da daraus folgt, dass in dem Falle, dass wir es mit der Dauer zu tun haben, die Vergangenheit nicht aufgehört hat zu bestehen, ist die Dauer wesentlich Gedächtnis. Sowohl als bewahrende Erinnerungsspur als auch als ontologisch gedachte Vergangenheit, verweist die Dauer damit – im Gegensatz zur Zeitlichkeit – auf eine gewisse Immunität. Die Memorisierung der Dauer bildet somit die Voraussetzung für die Koexistenz der Zeiten, die zwar immer besteht, aber nur mittels des *virtuellen* Charakters des Gedächtnisses im *bewussten Erinnern* – dem Hineinversetzen in die eigene, *meine* Vergangenheit[367] – erfahrbar werden kann.

Wenn also der Held von *La Jetée* sich mittels diesen einen Bildes aus seiner Vergangenheit mit seinem ganzen Ich wieder dorthin zurückversetzen kann, dann nur, weil – wie Bergson behauptet – die Zeit ungleich der Dauer ist und letztere – als Gedächtnis – die Vergangenheit in ihrer tatsächlichen Dauer gegenwärtig bewahrt. Kreisartig scheinen sich plötzlich Vergangenheit und Zukunft zu berühren, so dass sich alles, was bisher möglicherweise als durchgängige, linear kohärente und dominant ge-

---

[366] Deleuze, G. (1968): *Differenz und Wiederholung*, München: Fink 1992, S. 113.

[367] Vgl. Bergson, H.: MG, a.a.O., S. 134.

setzte Zeitstruktur gegolten haben mag, in einen Zeitstrudel gerät. „Temporal gesetzte Orientierungspunkte in Raum und Zeit verlieren sich für den Betrachter in Unordnung."[368] Dieser *Taumel im Raum* bedeutet also in Wirklichkeit – und dies ist wieder ein Charakterium Markers – einen *Taumel in der Zeit.* [369]

Durch den gestörten Bewegungsfluss innerhalb der Narration wird also offensichtlich die Zeit problematisiert. Weil der durch die unbewegten Fotografien dargestellte Raum verschlossen ist, werden von den Überlebenden alle Hoffnungen in die Suche nach einem *Zeit-Loch* gesetzt. In *La Jetée* sucht die Menschheit einen Ausweg aus ihrem eingeengten Raum durch ein solches Loch in der Zeit. Der Held reist in die Vergangenheit und verliebt sich in eine Frau, die er als Kind gesehen hat und deren Bild ihn noch als Erwachsenen verfolgt.

Die Darstellung dieses Themas erhalte ihre Plastizität nach Jan-Christopher Horak erst durch den Einsatz unbewegter Bilder, durch welchen sie zu „Relikten einer anderen Zeit, für alle Ewigkeit von der Zeit losgelöst"[370] werden. Die Fotografie greift nämlich einen Moment aus der Zeit heraus und transportiert ihn ins Zeitlose, womit das Bild als festes Zeichen von der Zeit unverändert bleibt. Die Fotos können daher als Momente einer Erinnerung gedeutet werden: Momente aber, die bereits vergangen sind und nie das Leben selbst wieder hervorrufen können. Wie die Statuen und die ausgestopften Tiere der Museums-Szene sind auch die Bilder Relikte aus einer anderen Zeit, für alle Ewigkeit losgelöst von der Zeit.[371]

Allein die Vorstellung, – und dies kann wieder mit Bergson übersetzt werden – bringt Bilder zum Leben, lässt die Erinnerung lebendig werden. Denn unser System der Wahrnehmung ist Bergson zufolge subjektiv und dadurch beschränkt: Die Veränderung unserer äußeren Umwelt wird gelenkt und ist abhängig von unserem inneren Zustand, bzw. von der Konzentration auf unser inneres Ich. Erreicht man seine wahre Identität, sein wirkliches Ich, befindet man sich inmitten der Dauer der Bewegung. Alle anderen Bilder unserer Wahrnehmung folgen nun diesem einen Bild – es entsteht eine *kaleidoskopische* Bewegung, die allein von der Kraft der inneren Vorstellung erzeugt wurde.

---

368 Kappest, K-P. u. Schallenberger, P.: *Auf der Suche nach Zeit-Isotopien*, in: Binczek, N. / Rass, M. (Hg.): a.a.O, S. 59; Kappest und Schallenberger reden hier von der ungewöhnlichen Zeit der *consecutio temporum.*

369 Anm.: Dies ist auch Scotties Vertigo (Schwindel) im gleichnamigen Film von Hitchcock, Markers Fetisch-Film, der „als einziger Film die Unmöglichkeit und den Wahnsinn des Gedächtnisses auszudrücken vermocht hat." (Sans Soleil; Filmzitat). Hitchcocks Spirale, als Zeichen für die Höhenangst Scotties und gleichzeitig als Symbol für die Struktur des Films, wird bei Marker zu einem Bild für die Zeit. Diese *Spirale der Zeit* findet sich da in *La Jetée* eingeschrieben, wo der namenlose Protagonist die Frau aus seiner Kindheit wiederzuerkennen glaubt, oder auch in der Sequenz, die vom Spaziergang des Helden mit eben dieser Unbekannten im Jardin des Plantes erzählt. Die beiden verharren vor der natürlichen Zeittafel eines Mammutbaums, wie Scottie und Madeleine/Judy in Vertigo. Madeleine/Judy zeichnet in die Jahresringe ihre Geburt und ihren Tod ein, bevor sie zwischen den Bäumen verschwindet. Der Held aus *La Jetée* verortet in ähnlich verwirrender Weise sein Dasein nicht innerhalb, sondern jenseits des Querschnitts, denn er kommt aus der Zukunft.

370 Horak, J-C.: *Die Jagd nach den Bildern: Fotofilme von Chris Marker*, in: Kämper/Tode (Hg.): *Chris Marker; Filmessayist*, a.a.O., S. 77.

371 Anm.: Die Museumsszene kann mit der Zeitstruktur des *futurum antérieur* (vgl. hierzu Lacan), welche *La Jetée* bestimmt, als vorweggenommener, mortifizierender Augenblick einer zukünftigen Vergangenheit durch die Repräsentationsform des Gewesenen gedeutet werden.

Dies ist der einzige Augenblick, in dem in *La Jetée* eine richtige Bewegung entsteht: Nur einmal, in einem Moment höchster Intimität und Subjektivität – als die Frau aufwacht und die Augen aufschlägt – wird das Bild bewegt, wird die Fotografie für eine Sekunde zum Film. In diesem Augenblick überbrückt der Held durch seine Vorstellungskraft und durch seine Liebe nicht nur die Zeit, sondern auch den Raum.

Jürgen Ebert beschreibt diese Szene folgendermaßen:

> Es ist wieder die Großaufnahme einer schlafenden Frau, das Gesicht einer möglichen Geliebten, die dem Mann für einige Atemzüge unvermittelt ganz nah erscheint. Vogelgezwitscher ist zu hören, weich fällt das Gesicht auf ihre Gesichtszüge, gleich wird der Augenblick ihres Erwachens gekommen sein, ihre Augen werden sich öffnen und den Blick des Mannes auffangen, der sie aus seiner Zeitenferne betrachtet. Ein Augenblick nahe dem Wahnsinn, das Zwitschern verstärkt sich zu einem schrillen Alarm, die Bewegungen des Schlafens und des Emportauchens verwischen in einer Folge von Überblendungen zu einem undeutlichen, irrealen Bewegungseindruck.[372]

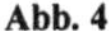

Abb. 4

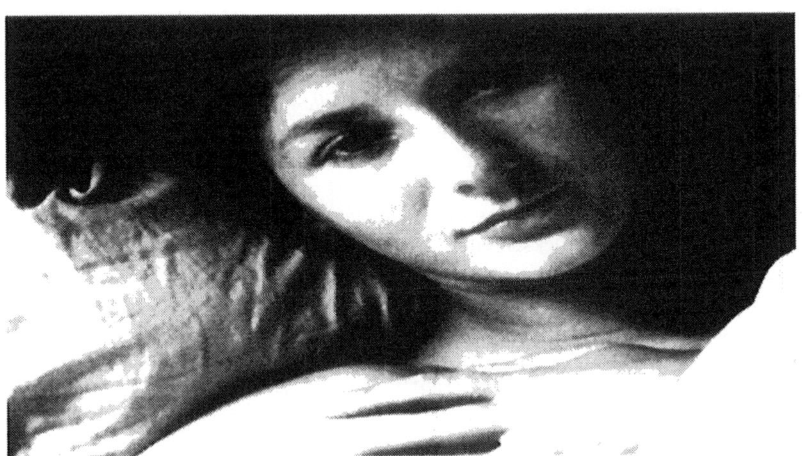

„Und wenn die Liebe tatsächlich der einzige mögliche Sieg über die Zeit ist, ist es dann nicht die Liebesszene schlechthin?“[373] Dies schreibt Marker über Vertigo, wo, wie in seinem Remake *La Jetée*, ein Mann heimgesucht wird von dem Bild einer geliebten Frau und der ebenso wie in *La Jetée* mit Hilfe einer besonders starken Phantasie Raum und Zeit zu überwinden sucht, um sie wiederzufinden. Scottie, der Held des Films, unterliegt einem Wiederholungszwang, ausgelöst durch einen Schuldkomplex. Das ist sein unfreiwilliges Movens, die zufällig-absichtlich wiedergetroffene Judy in die Madeleine zurückzuverwandeln, die er einmal geliebt hat und deren angeblichen Tod er nicht verwinden kann. „Und so beginnt Vertigo nach der „Halbzeit“ noch ein-

---

[372] Ebert, J.: *Der Film von Morgen*, in: Binczek, N. / Rass, M. (Hg.): *sie wollen eben Bilder sein, was sie sind, nämlich Bilder(...) Anschlüsse an Chris Marker*, a.a.O., S. 115.

[373] Marker, C.: *A free replay (notes sur Vertigo)*, in: Positif 400 (Juni 1994), S. 84., Die Bezeichnung als *Remake*: ibid. S. 83., Deutsch in diesem Band.

mal von vorn, um mit demselben Bild zu enden, mit dem schon der erste Teil endete: dem eines leblos ausgestreckten Körpers.“[374]

Der zweimalige Durchlauf von Vertigo ist also von Marker in *La Jetée* in eine Kreisbewegung übersetzt worden: Der in Raum und Zeit noch taumelnde, zu Tode stürzende Körper des Helden markiert Anfang und Ende des Films. Dazwischen der vergebliche Versuch eines Mannes, etwas zu halten, was er schon verloren hat – was aber gleichzeitig, dadurch, dass es nur durch das Loslösen von Zeit und Raum gewonnen werden konnte – der Augenaufschlag der liebenden-geliebten Frau angesichts des liebenden-geliebten Zeitreisenden – zu einem zeitlosen, ewigen Moment *erstarrt*. Dieser wird sich bei dem Helden *einbrennen*, er wird ihn nie wieder vergessen, er wird immer wieder sein ewiges Schicksal bestimmen.

Die Feststellung Wollens, dass diese Filmeinstellung der sich öffnenden Augen, die als einzige eine Bewegung des Bildes zeigt, gleichzeitig paradoxerweise eine Bewegungsfolge stehender Kader unterbricht und damit sozusagen einfriert[375], bestätigt sozusagen die These der Zeitlosigkeit dieser Szene. „Geht es doch darum, einen in der Vergangenheit versunkenen Augenblick wiederzufinden, ihn wieder zum Leben zu erwecken, um ihn erneut loszuwerden.“[376]

Dieser Moment der *bewegten Zeitlosigkeit* scheint umso mehr Beweis für den (Bergsonschen) Glauben Markers an einen *virtuellen* Charakter des Gedächtnisses zu sein: Die *reine* Erinnerung, so schreibt Bergson, ist eine Vorstellung; „sie wird von mir in einer Anschauung, die beliebig lang oder kurz sein kann, intuitiv erfasst; ich verfüge von mir aus über ihre Dauer[377], sie ist Ausdruck meiner virtuellen Handlung.“[378] Ausgehend von der Koexistenz der Zeiten ist die Erinnerung Bergson zufolge nicht so sehr in dem Zurückschreiten der Gegenwart zur Vergangenheit, „sondern im Gegenteil in einem Fortschreiten der Vergangenheit zur Gegenwart“[379] und am besten in dem *Traumzustand*[380] zu finden.

Genau dies finden wir in *La Jetée* vor: Mittels der subjektiven Vorstellungskraft gelingt es dem namenlosen Helden über die Dauer seines Traumes von seiner Geliebten zu verfügen und die an sich starre Realität zu verändern. Der kurze Augenblick eines bewegten und filmischen Moments wird Ausdruck seiner *virtuellen* Handlung und führt uns mit dem *Fortschreiten der Vergangenheit zur Gegenwart* die Koexistenz der Zeiten vor Augen. Das von Bergson ontologisierte Gedächtnis – in seiner reinen *Virtualität* – findet an dieser Stelle seinen Ausdruck.

3.3.3. Heterogenität der Zeit über den Raum mittels der Fotografie

> Stehende Bilder, Diskontinuität. Mir bleibt von *La Jetée* das unendlich unangenehme Gefühl einer Animierungs-Reanimierung: eine Szene konstituiert – rekonstituiert – sich durch Fragmente,

---

[374] Kämper, B.: *La Jetée*, 1962, in: a.a.O., S. 238.
[375] Wollen, P.: a.a.O., S.17-21.
[376] Marker, C.: *A free play (notes sur Vertigo)*, ibid.
[377] Bergson, H.: *MG*, S. 84.
[378] Ebd., S. 44.
[379] Ebd., S. 239.
[380] Ebd., S. 98 u. S. 150.

fixe, diskontinuierliche Bilder. (...) *La Jetée* baut auf der enttäuschten Suche nach der Bewegung auf, nach dem Wunsch, dass (das Verlorene) zurückkomme, wiederkehre.[381]

Im Unterschied zu Barthes[382] versucht Wollen am Beispiel des *Capa*-Zitates in *La Jetée* – gemeint ist das Bild des mit ausgestreckten Armen zu Tode stürzenden Helden, welches offensichtlich Robert Capas bekannte Fotografie eines fallenden Soldaten im spanischen Bürgerkrieg *rekontextualisiert*[383]– eine Dimension der Zeit der Semantik zu entwerfen, die dem unbewegten und dem bewegten Bild gemein ist. Demnach ist der Tod des Helden der *virtuelle* Zeitpunkt, der den Anfang und das Ende der Geschichte markiert. Der berühmten Fotografie Capas kommt daher innerhalb von *La Jetée* die Funktion des *punctums* bzw. des Ursprungs-Bildes zu:

Denn das Ausgangs-Erinnerungsbild aus der Kindheit ist gleichzeitig auch das in die Zukunft projizierte Bild vom Tod des sich erinnernden Helden. Dies trifft wieder genau den Gedanken Barthes: Dort, wo die Fotografie die vollendete Vergangenheit einer Pose darbietet, setzt sie den Tod in die Zukunft.

Blümlinger[384] weist darauf hin, dass nicht nur der seinen eigenen Tod beobachtende Held gespalten wird, sondern auch dem Zuschauer gleichzeitig ein Platz innerhalb und außerhalb der Geschichte zukommt. Um eben diesen Effekt der Spaltung zu fassen, kommt auch Bellour auf die zeitliche Dimension des Fotografischen (innerhalb von Filmen) zu sprechen:

(Das Foto) verdoppelt nicht die Zeit, wie der Film dies macht; es hebt sie auf, bricht sie, friert sie ein und *dokumentiert* sie insofern.[385]

Die klassischen Filmtheorien eines André Bazin oder Siegfried Kracauer gehen von der inhärenten strukturellen Verbindung zwischen den Medien Fotografie und Film aus. Beide Theoretiker fassen die Fotografie als ein chemisches Verfahren auf, das die Realität festhält, während der Film lediglich als eine sich bewegende Fotografie perzipiert wird. Infolgedessen besitzt die Fotografie die Eigenschaft, einen Moment aus einer nicht strukturierten Realität herauszugreifen, einen Zeitpunkt ins Endlose zu dehnen und den Raum dadurch visuell nachzuempfinden.

Ausgehend von einem *vor-filmischen* Moment, setzen Bazin und Kracauer die Rezeption des Abbildes mit der Erkenntnis gleich.[386] Fotografie und Film werden hier also als Reproduktion der Wirklichkeit verstanden, wobei eine Differenzierung zwischen der Rezeption der äußeren Welt durch die menschlichen Sinne und deren tatsächlicher Wahrnehmung unbeachtet bleibt.

---

[381] Kuntzel, T.: *Notes sur La Jetée*, in: ders.: (Katalog), *Editions du Jeude Paume*, Paris: 1993, S. 36.

[382] Vgl. Barthes, R.: *Rhétorique de l'image*, in: *Communications 4* (1964), S. 40-51, hier S. 47; Barthes schreibt hier – lange vor seiner Abhandlung über die Fotografie –, dass die Realität des Dagewesen-Seins der Fotografie die projektive, *magische* Macht des Bildes vermindere, von der das Kino abhängt.

[383] Vgl. Wollen, P.: *Feu et glace*, in: *Photographies 4* (März 1984), S. 17-21.

[384] Blümlinger, C.: *La Jetée. Nachhall eines Symptom-Films*, a.a.O., S. 69.

[385] Bellour, R.: *L'Entre-Images: Cinéma, Photo, Vidéo*, Paris: La Différence, 1990, S. 147.

[386] Vgl. Bazin, A.: *Was ist Kino? Bausteine zur Theorie des Films*, Köln 1975, S. 25: „Nur die Leidenschaftslosigkeit des Objektivs, das das Objekt von Gewohnheiten und Vorurteilen entkleidet, von dem spiritualistischen Dunst, in den meine Beobachtung es eingehüllt hat, kann es für meine Augen wieder jungfräulich erscheinen lassen und meiner Liebe zuführen."

Markers *La Jetée* setzt aber – im Sinne Bergsons – eine sich ständig verändernde Realität voraus, die den Moment ihrer Dokumentation subjektiviert. Das filmische Foto bekommt hier eine neue Bedeutung: Sich von dem Streben nach Reproduktion der Wirklichkeit ablösend, wird die *reine* Objektivität des Fotos durch die Vermischung mit dem Medium Film verzeitlicht. Die Verschachtelung von Vergangenheit und Zukunft – so Blümlinger – „formiert sich im modernen Kino insbesondere dort, wo Bilder verschiedenen Ursprungs (Film, Forografie, Video) aneinandergeraten."[387] Dieses radikalisierte Verhältnis von Fotografie und Film in *La Jetée*, welches gerade über die pointierten visuellen Auslassungen und Verschleierungen der fotografischen Zeitschnitte seine Wirkung erhält, hat den Effekt jenes für Marker charakteristischen Taumels im Raum. Die fragmentartigen Fotos – die wie und als Erinnerungen funktionieren – führen den Rezipienten in eine Welt des Imaginären, die dennoch eine Beziehung zum *Real-Existierenden* hat.

Gerade also durch das Fragmentarische des *Foto-Films* radikalisiert Marker die Verzeitlichung und bewirkt die Faszination für das einzelne Bild bzw. es schlägt sich nach Raymond Bellour *ein eklatanter Sinn für den Augenblick* nieder. Gleichzeitig zeigt Marker – wie etwa Wollen feststellt – „dass die Bewegung keine Notwendigkeit des Kinos ist und auch durch eine Folge unbewegter Bilder hergestellt werden kann."[388]

Horak[389] wendet allerdings ein, dass die Bildgestaltung einzelner Fotos von *La Jetée* nicht nur nach fotografischen Prinzipien erfolgt, gemäß derer sie als Einzelbilder aufgefasst werden, sondern auch nach filmischen Konventionen: Diese setzen das syntagmatische Verhältnis der Bilder zueinander voraus. Das Syntagma muss nicht nur im Rahmen der Erzählung stimmig sein (wie im Foto-Roman), sondern auch strukturell, um die Illusion einer dritten Dimension des Raumes aufrecht zu erhalten. Auch die zeitliche Dauer einzelner Einstellungen ist nach filmtechnischen Gesichtspunkten bemessen. Darüberhinaus verwende Marker viele spezifisch filmische Stilmittel wie etwa Zooms, Überblendungen, Schwenks, Auf- und Abblenden und *Matte*-Aufnahmen, um einen Fluss der Fotos von Einstellung zu Einstellung zu erreichen.[390]

Zu fragen wäre also mit Horak, inwieweit das Foto noch als Foto rezipiert wird, wenn es im Film verwendet wird? Eine Antwort bietet hier zum Beipiel Martin Rass[391], der die Fotos in *La Jetée* als eine Art ***Zwischenstadium*** bestimmt: Die 24 Bilder pro Sekunde zerfallen in einzelne Fotos. Bedeutsam ist jedoch,

> dass die abgefilmten Fotos weder zum Fotostatus zurück, noch in die Filmbewegung hinein können. Daran ändern auch die zahlreichen Überblendungen nichts.[392]

Die Montage stellt also Lücken her, welche die Synchronozität des Geschehens verschiebt. Die dennoch teilweise entstehende Narration werde übrigens dann abgebrochen – so Rass – wenn die Versuchsperson in die Versuchsstellung zurückfällt, wenn

---

[387] Blümlinger, C.: *Vorzukunft*, in: Synema (Hg.): *Zeit*, Wien, 1999; S. 16-31, hier S. 18.
[388] Wollen, P.: *Feu et glace*, in: *Photographies 4* (März 1984) , S.21.
[389] Vgl. Horak, C.: *Die Jagd nach den Bildern. Fotofilme von Chris Marker*, in: Kämper/Tode (Hg.): *Chris Marker. Filmessayist*, a.a.O., S. 73.
[390] Ebd., S. 79.
[391] Vgl. Rass, M.: *Schielen und Stottern, >Chris Marker< am Horizont*, , a.a.O., S. 9-26.
[392] Ebd., S. 22.

z.B. Statuenkopf, Frauengesicht und Gesicht der Versuchsperson sich in Überblendungen überlagern.

> Dort entstehen dann auch die Zeitturbulenzen, die Versuche, La Jetée eine einheitliche Zeitachse mit festen Referenzen zu unterlegen, verunmöglichen.[393]

Dieses *Zwischenstadium* der Fotos – eben zwischen Foto und Film – verhindert die Entstehung des Filmes. Der Film wird als solcher nicht sichtbar – gerade auch deshalb, „weil dort bis auf eine kaum unterscheidbare *Bewegungssequenz* die Bewegungsillusion als solche erkennbar wird."[394]

Die Fotogramme in *La Jetée*, die – halb starr, halb im Fluss – nur mittels der Vorstellungskraft des Rezipienten wieder zusammengesetzt werden, können damit als Repräsentation unserer fragmentierten Wahrnehmung, die Bergson mit dem Mechanismus des Kinematografen vergleicht, gelesen werden.

Auf die erwähnte blockierte Bewegung, sowie die Zeitlichkeit des Films soll in Zusammenhang mit Gilles Deleuze im Folgenden näher eingegangen werden.
Das Medium des Zwischenstadiums der Fotos wird im letzten Teil der Arbeit bei der *Kristall-Bild* - Diskussion wieder aufgegriffen.

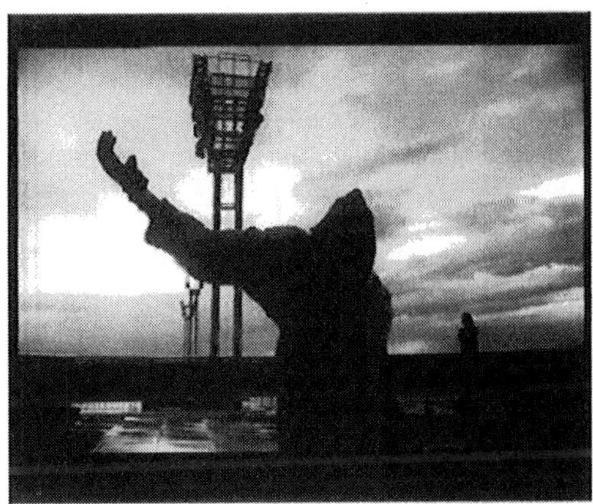

Abb. 5 Capa-Zitat in *La Jetée*

[393] Ebd.

[394] Ebd. und Anm. aus Ebd.: Die von Kittler festgestellte *Zerhackung oder (der) Schnitt im Realen*, die gewöhnlich zu *Verschmelzung und Fluss im Imaginären* in der Wahrnehmung führen und damit *unsichtbar* werden, werden hier anscheinend rekonstituiert und bezeichnet.

Kapitel 4: Gilles Deleuzes Zeitphilosophie des Films und sein Bezug zu Bergson anhand des *Bewegungs-Paradoxes*

4.1. Das Bewegungs-Bild und das Zeit-Bild

Einführend ist zu sagen, dass Deleuze zwei Kinobücher schreibt, welche Bellour zufolge den großen Gegensatz zwischen dem klassischen und dem modernen Kino widerspiegeln: das *Bewegungs-Bild* und das *Zeit-Bild.*

Ersterem ist demzufolge das Kino als eine einheitliche Welt zuzuordnen, die aus *rationalen Schnitten* zwischen den Einstellungen hergestellt wird und nach den jeweiligen Montagearten ein indirektes Bild der Zeit ergeben. Dieses auf sensomotorische Schemata gegründete, indirekte *Zeit-Bild*, stiftet aufgrund einer Kontinuität zwischen Aktion und Reaktion eine organische Beziehung zwischen den einzelnen Teilen und dem *Ganzen.* Das moderne Kino hingegen basiert auf Brüchen, auf *irrationalen Schnitten*, die einen neuen, nicht fassbaren Zwischenraum zwischen den Einstellungen deutlich machen. Die Handlungen sind hier nicht mehr von einem Reiz-Reaktions-System bestimmt, sondern unterliegen einem allgemeinen Phänomen der Unbeweglichkeit und des Sehens, das einen direkten Zugang zur Zeit erlaubt, mithin ein direktes Bild der Zeit ermöglicht. Losgelöst von ihren sensomotorischen, *affektiven, aktiven* und *triebhaften* Zusammenhängen treten die aktuellen Bilder auf einmal mit der *Virtualität* zusammen, denn die Welten des *Zeit-Bildes* sind nicht mehr tatsächlich vorhanden, sondern *virtuell.* Der Übergang vom *Bewegungs-* zum *Zeit-Bild* ist durchaus historisch begründet. Somit gibt es auch einen entwicklungsgeschichtlichen Verlauf, der aber auch immer Momente des Vorgriffs und des Rückgriffs einschließt.[395] Die *realgeschichtliche* Aufteilung der beiden Kinobücher begründet die Erfahrung der beiden Weltkriege, welche die Wahrnehmung und das Selbstbild des Menschen erschüttert hat.

> Alles hat mit dem Zweiten Weltkrieg aufgehört. Plötzlich glauben die Leute nicht mehr so recht daran, dass es eine Möglichkeit gibt, auf diese Situation zu reagieren. Die Nachkriegszeit wächst ihnen über den Kopf. Und das ergibt dann den italienischen Neorealismus: Hier sind die Leute in Situationen gestellt, die nicht mehr in Reaktionen, in Aktionen weitergehen können.[396]

Der italienische Neorealismus – mit Ausnahme von Ozu und Welles, die diese Entwicklung vorbereiteten – läutet nach Deleuze die Zeit des modernen Kinos ein, welches mit dem Verlust des Glaubens an eine einheitliche Welt entsteht. Das *Sehend-Werden* der Figuren, die wie Traumatisierte – in einer alltäglichen oder außergewöhnlichen Situation[397] – *daneben* stehen und einfach nur *sehen*, was geschieht, eröffnet auch dem Filmzuschauer einen unverstellten Blick auf die Geschehnisse. Dieses neue, nicht mehr auf Handlungen basierende Wirklichkeitsverständnis führt Deleuze zufolge zu einem neuen Verständnis von Zeit: Während das klassische Kino die *„indirekte Repräsentation* der Zeit war (*présentation indirecte*), die sich aus der Bewegung ablei-

---

395 Vgl. Bellour, R.: ibid., S. 43; Anm.: „Das deutlichste Beispiel in diesem Zusammenhang ist Ozu, der als *Erfinder des Optozeichens und des Sonozeichens* bezeichnet wird und als einziger Regisseur der Epoche des Bewegungs-Bildes schon reine Zeit-Bilder gefilmt hat."

396 Deleuze, G.: *Unterhandlungen 1972-1990*, Frankfurt/M.: Suhrkamp Verlag, 1993, S. 178.

397 Ebd., S. 77.

tete“[398], hat sich Zeit in der *direkten Präsentation* (*présentation directe*) des *Zeit-Bildes* im modernen Kino von der sichtbaren Bewegung im Bild emanzipiert. Damit stellt das *Bewegungs-Bild* die Klassifikation der aktuellen Dimension des lebendigen Bildes und das *Zeit-Bild* eine Klassifikation von Aspekten und Formen des *Virtuellen*, d.h. der kristallinen Welten, die Zeichen einer dechronologisierten Zeit sind, dar.

Die Tatsache, dass es sich um zwei Kinobücher handelt, wirft Bellour zufolge zugleich die Frage nach der Differenz auf, welche diese Zweiteilung begründet. Wohingegen Bellour den Umbruch zwischen den beiden Büchern im Vergleich zu den vielen vorhergehenden Kritikern (u.a. Andreas Kilb[399]) damit als subtilerer Natur ausweist – die realgeschichtliche Begründung scheint hier vordergründig angesichts ihres ideengeschichtlichen Vor- und Nachspiels – insistiert Schaub auf der Annahme, dass das Entscheidende „zwischen“ [400] den beiden Kinobüchern stattfindet.

Anders als Bellour geht Schaub auf das „besondere philosophische Problem“[401] ein, welches der epochalen Einteilung in ein modernes Kino und eine klassische Philosophie und ein klassisches Kino und eine moderne Philosophie zugrunde liegt: „(...) das Autochton-Werden einer Zeit, die nicht Differential einer sichtbaren Bewegung ist.“ [402] Ihre sich daraus ergebende These, dass Deleuze sein eigenes philosophisches Projekt mit der Rehabilitierung des Zeitproblems durch Kant in Angriff nehme[403], lässt sich folgendermaßen erklären: Das Schema der Wirklichkeit bestehend aus verschiedenen zeitlichen Ordnungen (z.B. das Sichtbare und das Hörbare versus das Sagbare und das Denkbare) ist nach Deleuze stets bestimmt durch das „Dasein in einer bestimmten Zeit.“ [404] Da das Kino seiner Ansicht nach als die „Operation des Realen“ [405] der wirklichkeitsnaheste Kunstausdruck unseres derzeitigen Wirklichkeitsverständnisses darstellt, begründet Schaub zufolge eine Zeit, die aus den Fugen gerät,

---

[398] Vgl. Deleuze, G.: *ZB*, S. 207.

[399] Kilb, A. u.a. hinterfragen diese Zäsur zwischen klassischem und modernem Kino angesichts vieler Überschneidungsfälle (Deleuze nennt z.B. Hitchock, Bunuel und auch Dreyer), Vgl. Kilb, A.: *Was von den Bildern blieb: Ausgewählte Filmkriterien und Aufsätze*, Verlag für Berlin-Brandenburg, 1997.

[400] Schaub, M.: *Gilles Deleuze im Wunderland: Das Sichtbare und das Sagbare*, Wilhelm Fink Verlag, München 2003, S. 78: „In ihnen selbst bleibt *unausgesprochen*, was man als *Bild des Denkens* (*l`image de la pensée*) bezeichnen könnte, das Deleuze *en passant* von seiner eigenen Philosophie entwirft: *klassisch und transklassisch zugleich*, *loose* und *wide thinking*, wie es Bateson eingefordert hat.“

[401] Schaub, M.: ebd., S. 81.

[402] Ebd.

[403] Ebd., S. 82, These 2.

[404] Deleuze, G. (1966): *Bergson zur Einführung*, Hamburg: Junius Verlag, 1989 , S. 184; vgl. auch Deleuze, G.: *Das Zeit-Bild; Kino 2*, Frankfurt/M: suhrkamp taschenbuch wissenschaft, 1991; im Folgenden abgekürzt als *ZB*, S. 35: „Wir verfügen über Schemata, die uns die Abwendung von etwas allzu Unangenehmen erlauben, die uns vor etwas Furchtbarem resignieren und uns schwelgen lassen, wenn etwas zu schön ist. In diesem Zusammenhang sei angemerkt, dass selbst die Metapher ein sensomotorisches Ausweichverhalten ist, das darin besteht, uns zum Aussprechen von Dingen anzuregen, wenn unser Handeln davor versagt: es handelt sich hier um besondere Schemata affektiver Natur. Genau das ist aber ein Klischee: ein sensomotorisches Bild von der Sache.“

[405] Deleuze, G.: *ZB*, S. 44.

(...) genau in dem Moment, da sie als Schema des inneren Sinns in ihrem konkreten Vollzug in den Blick kommt, bereits innerhalb des kantischen Werkes jenen von Deleuze intendierten Zusammenschluss aus klassischer und moderner Philosophie, der auch für das Kino gelten soll.[406]

Diese neue Perspektive der Philosophie liegt bereits bei Pierce[407] und Bergson in dem Glauben an das Bild – also im Prinzip mit dem Bruch eines antivisuellen Konzeptes, welches bis dahin das philosophische Denken bestimmte – begründet.

4.1.1. Deleuzes Bezug zu Bergson anhand des *Bewegungs-Paradoxes*

Obwohl Bergson die beiden Vorbedingungen – die Identität von Bild und Bewegung, die ihren Grund in der Identität von Materie und Licht findet, sowie die Relation von Bewegung und Dauer, die eine radikale Neubewertung erfährt – des Deleuzschen *Bewegungs-* und *Zeit-Bildes* geschafft hat, nimmt er selber „das Kongeniale seiner Ideen zum Kino nicht wahr und weist Filme als die Neuauflage einer uralten Tradition zurück."[408] Deleuze dagegen findet hier eine Zeitauffassung, die er nicht nur viel stärker hervorhebt, sondern besonders auf seine Theorie zum Kino überträgt: Das Gedächtnis, wie bereits ausgeführt, stellt bei Bergson einen Ort der Organisation von Bildern der Vergangenheit dar. Bei Deleuze nun ist der Film, so Fahle, das Medium zur ästhetischen Erforschung dieses Bereichs.[409]

In seinem ersten Kinobuch entwickelt Deleuze verschiedene Typen von *Bewegungs-Bildern*, die den Begriffen Bergsons entstammen: Diese sind *das Wahrnehmungsbild, das Aktionsbild, das Affektbild*, zu denen sich als Zwischenstufen *das Triebbild, das Reflexions- und das Relationsbild* gesellen. Diese Bilder entwickeln sich vom *Bewegungs-Bild* zum *Zeit-Bild* und bekommen ab dem Moment, ab dem die Zeit als solche direkt sichtbar wird, durch Pierces Kategorien und auch jenseits von diesen andere Namen und Formen. Die sichtbar gewordene Zeit begründet viele neue Konstruktionsmodi und Denkmuster, vor allem in Bezug auf das Verhältnis von Gegenwart und Vergangenheit, Fälschung und Wahrheit: all das, was sich in den zahlreichen Äquivozitäten des *Kristall-Bildes* einnistet und dort zirkuliert.

Die Idee des *Zeit-Bildes* basiert letztlich auf der Bergsonschen Konzeption der Dauer: Die Vergangenheit, so Deleuze[410], ist bei Bergson die Welt des Seins, während die Gegenwart das Vergehende, das von der Zukunft zur Vergangenheit Werdende ist. Die auf dem Grund der Erinnerung liegende *reine Erinnerung* ist kein psychologischer

406 Schaub, M.: a.a.O., S. 82.

407 Anm.: Deleuze entwickelt in Anlehnung an das prozessuale Zeichenmodell von Peirce (1839-1914) noch eine Art Feinunterscheidung des Bewegungsbildes, das Triebbild (vgl. Stroheim oder Bunuel). Deleuze befindet sich an dieser Stelle bereits an den Fluchtpunkten des Bewegungs-Bildes, die auf jenes *Außerhalb* verweisen, welches noch als ungeformtes *off* im zweiten Kinobuch interessiert. Mit Pierce versucht Deleuze noch eine andere Entwicklungslogik innerhalb der Bewegungsbilder aufzumachen, auf die hier aus Platzgründen nicht weiter eingegangen werden kann. Zur Applikation des peirceschen Begriffs auf das Kino vgl.: Pape, H.: *Der Gedanke als Überblendung in der Folge der Bilder. Peirces visuelles Modell geistiger Prozesse*, in: a.a.O., S. 479-496.

408 Büttner, E.: a.a.O., S. 17.

409 Fahle, O.: *Zeitspaltungen- Gedächtnis und Erinnerung bei Gilles Deleuze*, a.a.O., S. 101 f.

410 Vgl. Deleuze, G.: *Bergson zur Einführung*, a.a.O.

Akt, sondern bezeichnet den „Sprung in die Ontologie“[411], durch den man sich mit einem Schlag in die Vergangenheit allgemein versetzt.

> Es geht darum, die Psychologie hinter sich zu lassen; im Spiel ist ein nicht-erinnerbares, ontologisches Gedächtnis. Erst danach, wenn dieser Sprung vollzogen ist, gewinnt die Erinnerung nach und nach eine psychologische Existenz (...), geben wir ihr Fleisch und Gestalt.[412]

Neben Bergsons Ontologisierung der Vergangenheit (als Kontraktion unserer gesamten Vergangenheit) betont Deleuze die Bestimmung des Gedächtnisses durch die Koexistenz der uns bekannten Zeiten[413], das von einer „Ubiquität der Vergangenheit“[414] bestimmt sei. Dies ist gleichsam das Grundverhältnis der Zeit und das größte Paradox des Gedächtnisses: Die Vergangenheit ist eine Zeitgenossin der Gegenwart, die *gewesen ist*. Die Vergangenheit würde sich niemals konstituieren, wenn sie nicht schon mit der Gegenwart koexistierte, deren Vergangenheit sie ist. Vergangenheit und Gegenwart bezeichnen demnach nicht zwei aufeinanderfolgende Momente, sondern zwei *koexistierende Sphären*: die eine, die Gegenwart, die ständig vergeht; die andere, die Vergangenheit, die zu sein aufhört, durch die aber jede Gegenwart hindurchgeht.[415] Die Gegenwart existiert damit nicht nur gleichzeitig mit ihrer Vergangenheit, zu der sie beständig wird, sondern mit der Vergangenheit im Allgemeinen. Alle Vergangenheiten also, bis hin zur Gegenwart, sind koexistent: Die Vergangenheit war weder in einer früheren Gegenwart, noch ist sie in der jetzigen, noch war sie *zwischen* beiden Gegenwarten. Sie existiert an sich – gleichzeitig zu jeder denkbaren Gegenwart und allen Vergangenheiten.

Diese von Deleuze als „Zuspitzung der Bergsonschen Paradoxien“[416] benannte Akzentuierung verdeutlicht laut Heike Klippel die Distanz der Philosophie Bergsons zu dem seiner Zeit gängigen Assoziationismus: Das Abschreiten von Vorstellungsketten zwecks einer Vergegenwärtigung werde hier ersetzt durch das Modell von Kreisen zwischen verschiedenen Formationen der Vergangenheit mit einem mehr oder weniger starken Handlungsbezug.

Deleuze sieht damit – im Gegensatz zu Kritikern des Bergsonismus wie etwa Cassirer[417] oder Benjamin – im **Begriff der Differenz** einen zukunftsweisenden Ansatz. Indem Deleuze diesen Begriff auf das Kino übertrage, verweise er Klippel zufolge auf die Bruchstelle in Bergsons Theorie und setze sich gleichzeitig darüber hinweg „zugunsten einer Entfaltung des kinematografischen Potentials als des *zukunftsträchtigeren* Elements in Bergsons Denken.“ [418]

---

[411] Ebd., S. 76.

[412] Ebd.

[413] Vgl hier Bergson, H.: *MG*, S. 145: „Die Gegenwart ist nicht das, was ist, sie ist einfach nur das, was geschieht.“

[414] Deleuze, G.: *Differenz und Wiederholung*, München: Fink 1992 (1968), hier: *Die Wiederholung für sich selbst*.

[415] Ebd., S. 78/79.

[416] Ebd.

[417] Vgl. Cassirer, E.: *Henri Bergsons Ethik und Religionswissenschaft*, in: *Der Morgen*, 9. Jahrgang, 1933.

[418] Klippel, H.: a.a.O., S. 99 f.

Nur durch die Benennung von Leerstellen verwirklicht Deleuze somit dieser Auffassung nach das Konzept Bergsons in der Illusion des Filmischen – etwas, was Bergson selber niemals intendierte. Die genaue Bedeutung dieses Differenzbegriffes liegt in dem sogenannten ***Bewegungs-Paradox*** begründet, welches Deleuze allerdings in seinem zweiten Buch durch die Zeit auflöst.

In seinem *Zeit-Bild* beweist Deleuze schließlich seinen geistigen Wandel vom Differenz- zum Immanenzphilosophen.

4.1.2. Das Paradox des *Bewegungs-Bildes*

Bergsons Behauptung, dass Bewegung stets eine kontinuierliche und damit unteilbare Verlaufsform bildet und deshalb nicht auf einzelne Punkte des durchmessenen Raumes zurückgeführt werden kann, interpretiert Deleuze als philosophischen Grundgedanken des Films, „denn Film ist aus diesem Grund das Medium der Dauer (wie Bergson diese kontinuierliche Form der Bewegung nennt) bzw. der unteilbaren Bewegung.“[419]

Fahle zufolge stützt dieser Gedanke bereits die theoretische Konzeption des Deleuzschen *Bewegungs-Bildes*: Die Idee der Montage bzw. die Zusammensetzung vom Film aus Einzelbildern sei hier für Deleuze kein Argument dagegen, weil die Bilder bereits in Hinblick auf Bewegung aufgenommen worden und für das Auge des Betrachters auch nur als solche vorhanden seien. Montage sei im Film daher kein starrer, sondern ein beweglicher Schnitt.[420]

Deleuzes *Bewegungs-Bild* basiert damit auf der Vorstellung der Identität des Bildes und der Bewegung in der *kinematografischen Rekonstitution* der Realität. Dennoch ist das, was Deleuze das *Bewegungs-Bild* nennt, nicht die kinematografische Reproduktion des Objektes in Bewegung, sondern vielmehr – worin sein Paradox besteht – die Rekonstitution eines *Material-Bildes,* dessen Körper besondere Bilder bilden. Dies liegt darin begründet, dass Bergsons *Reduzierung* von Materie und Gedächtnis – die wiederum die *ontologische Indifferenz* zwischen Körper und Bild bestätigt – voraussetzt, dass die Realität nur „*Bild*“[421] ist. In seiner Bestätigung der Identität zwischen den Körpern und den Bildern nun überschreitet Deleuze Grande[422] zufolge den Dualismus zwischen dem Realen und dem *Bewegungs-Bild* weit über Bergson hinaus, der die Bewegung des Kinos als falsch bezeichnet hat.[423]

Der Unterschied zwischen Bergson und Deleuze liegt somit genau darin, dass für Deleuze das Kino die *Modulation des Realen* ist. Das bei Bergson noch bewusst-

[419] Fahle, O.: ebd., S.100.

[420] Vgl. Deleuze, G.: *Das Bewegungs-Bild; Kino 1*, Frankfurt/M.: suhrkamp taschenbuch wissenschaft, 1997, im Folgenden abgekürzt als *BB*, hier S. 16: „Doch enthält *Matière et mémoire* auch jene These von den beweglichen Schnitten, den Zeiteinstellungen, die wie eine Prophezeiung die Zukunft oder das Wesen des Films vorwegnahm.“

[421] Vgl. Zitat Bergson, H.: *MG*, S. 71: „(...) unter *Bild* verstehen wir eine Art der Existenz, die mehr ist als was der Idealist *Vorstellung* nennt, aber weniger als was der Realist *Ding* nennt – eine Existenz, die halbwegs zwischen dem *Ding* und der *Vorstellung* liegt.“

[422] Vgl. Grande, M.: *Die nicht-derivaten Bilder*, S. 303-322 aus: Fahle, O./ Engell, L. (Hg.): *Der Film bei Deleuze/ Le cinéma selon Deleuze*, Verlag der Bauhaus-Universität Weimar/ Presses de la Sorbonne Nouvelle, 1998/99.

[423] Anm.: Deleuze und Bergson treffen sich allerdings in ihrem grundsätzlichen Verständnis von dem Kino wieder, da für Deleuze das Kino die Inkarnation des Fälschens ist.

seinstheoretisch verankerte Konzept macht Deleuze zu *objektiven Eigenschaften* bestimmter Filmbilder.

Im Grunde kann die Bergsonsche Bewegung als *dialektische Dualität* begriffen werden. Sie betrifft die gleichzeitige Hervorhebung zweier Aspekte: die der *Totalisierung*, welche Bergson den *virtuellen* Erinnerungen zuspricht, und die der *Teilung*, die sich auf den Prozess des Entstehens der Vergangenheit in der Gegenwart der Wahrnehmungen bezieht. Hierbei zielt nun der Aspekt der Spaltung auf die Einstellung als beweglicher Schnitt, welchen wir als Bewegung wahrnehmen – aufgrund des ersten Aspektes, der *Totalisierung*. So rührt das *Ganze* von der Zeit her, während die Bewegung auf das Teil zurückgeht.

Bergsons Thesen der Rückführung der *Künstlichkeit* der Bewegung im Bild auf *unbewegliche Schnitte* weist Deleuze allerdings bereits zu Beginn seines ersten Kinobuches zurück:

> Doch in dieser These (nach welcher die Bewegung mit dem Raum, den sie durchläuft, keine Verbindung eingeht) steckt, vor ihrer Entfaltung, noch eine andere Aussage: Die Bewegung lässt sich nicht mit Punkten in Raum oder Zeit, d.h. mit unbeweglichen *Schnitten* rekonstruieren.(...) Von hier aus lassen sich zwei nicht weiter rückführbare Formeln gegenüberstellen: *reale* Bewegung *konkrete Dauer* und unbewegliche Schnitte plus abstrakte Zeit.[424]

Interessanterweise nimmt Deleuze später in der Konzeption seines *Zeit-Bildes* wieder Bezug zu dieser Reduzierung der Bewegung auf unbewegliche Schnitte.
Dies macht er, wenn er über das Bild reflektiert, das nicht länger ein *Klischee* sein soll, sondern seine eigene *Genese* zu thematisieren vermag. Deleuze übernimmt hierbei die Argumentation Bergsons in *Materie und Gedächtnis*, nach der der Aspekt der *Teilung* ebenso Teil an der *Totalisierung* durch Zeitlichkeit habe, und folglich imstande sei, sich vom Ganzen aufnehmen zu lassen.

Folgen wir Ropars-Wuilleumier, so enthält das vom *Affektbild* des ersten Buches bereits vorbereitete *Zeit-Bild* nicht etwa die nackte Wahrheit des *Bewegungs-Bildes* (etwa als *Zeitbedingtheit des Bildes*), sondern andersherum zeige es besonders die „Bildbedingtheit der Bewegung" und fernerhin die ihr zugrunde liegende „Zeitbedingtheit des Bildes."[425] Das dem *Bewegungs-Bild* innewohnende Paradox formuliert Ropars-Wuilleumier folgendermaßen:

> Wenn das Bild Bewegung ist, weil es Substanz ist, also Wahrnehmung und in diesem Sinn Erinnerung, wie Bergson es gedacht hat, dann fordert es die Sichtbarkeit heraus; Bewegung zu sehen, heiße, sie anzuhalten und das Prinzip der Beweglichkeit durch Unbeweglichkeit zu ersetzen.[426]

Bergsons starre Gedächtniskonzeption repräsentiert genau dieses der Konstruktion des *Bewegungs-Bildes* innewohnendem Paradox.

Für das Deleuzsche Verständnis ergibt dies in der Theorie folgendes:

---

424 Deleuze, G.: *BB*, S. 13.

425 Ropars-Wuilleumier, M-C.: *Das Ganze gegen das Teil, ein Riß, der zu schließen ist*, in: Fahle, O. / Engell, L. (Hg.): *Der Film bei Deleuze. Le cinéma selon Deleuze*, a.a.O. , S. 242-267, hier: S. 259.

426 Ebd.: S. 260 f.

Die Logik der Bewegung ist folglich die der Auslöschung; indem sie über *Riß*, Streichung, Gabelung, Richtigstellung und Ersetzung funktioniert, wird sie auch zur Logik der Zerstückelung.[427]

Nur *künstliche* Bewegungen, Bildbewegungen, lassen sich demnach abbrechen oder eben fälschen, nicht aber Bewegungen als solche. Erst die Autonomisierung der Zeit im *Zeit-Bild* kann die Sukzession der Montage, die noch das *Bewegungs-Bild* bestimmt, unterbrechen. Die Sichtbarkeit der Bewegung ist im Film an sich also nicht möglich, da es hieße, die Bilder anzuhalten bzw. mit dem Prinzip der Unbeweglichkeit zu ersetzen. Bewegung ist damit in seinem Kern für uns nicht wahrnehmbar, außer sie wird durch Zerstückelung ersetzt.

Der Versuch Bergsons, sowie Deleuzes in seinem *Bewegungs-Bild*, das Bild innerhalb seines Prozesses/ seines Werdens (beim Film, wo Bilder Bilder ablösen) wahrzunehmen, kann nach Ropars-Wuilleumier nur zu einer „*Antilogik einer Unsichtbarkeit*"[428] führen, die letztlich für jedes Bild konstitutiv ist. Hiernach ist letzteres im Gedächtnis der Bewegung wahrzunehmen, die es gleichsam in Abrede stellt. Bergsons rein technische Auffassung des kinematografischen Apparates wird jedoch von Deleuze in der Anerkennung des *Bewegungs-Bildes* weitergedacht und kehrt schließlich beim *Zeit-Bild* zurück zum Stillstand des Bildes.

Nach Bergson nehmen wir die Sache oder das Bild nie vollständig wahr, wir nehmen immer weniger wahr, nämlich nur das, was wir – aus wirtschaftlichen Interessen, ideologischen Glaubenshaltungen und psychologischen Bedürfnissen – wahrzunehmen bereit sind. Wir nehmen also normalerweise nur *Klischees* wahr. Wenn unsere sensomotorischen Schemata blockiert sind oder zerbrechen, kann jedoch ein anderer Bildtypus auftauchen: [429]

Wenn die Bewegungen blockiert sind, dann folgt das Eintauchen in die Zeit, denn dort, genauer in den Regionen der Vergangenheit, haben diskontinuierliche Bildverbindungen ihren Platz.[430]

Bergsons Aspekt der *Teilung* gestattet es also, die Bewegung zu spalten und sie auf die Aktion zu reduzieren, während der Aspekt der *Totalisierung* es erlaubt, zur Beweglichkeit auf der Umlaufbahn einer Dauer zurückzukehren, die (zwar flüchtig, nichtsdestoweniger) die *kristalline Koaleszenz* der verschiedenen Aspekte der Zeit hervorruft. In seiner Konstruktion des *Zeit-Bildes* macht sich Deleuze diese doppelte Zugehörigkeit der Bewegung sowohl zur Diskontinuität wie auch zur Dauer zu Nutzen:

Die Spaltung stellt die Totalisierung sicher; indem sie die Kontinuität der Abläufe, auch der heterogenen, wiederherstellt, wendet die differentielle Wiederaufnahme die gefährliche Diskontinuität (kontinuierlich diskontinuierlich, würde Blanchot sagen) eines unendlich weiter beschneidbaren Schnitts ab, einer fraktalen, statt zerlegbaren Beweglichkeit, eines Seh-Intervalls, das nicht im Begriff der Sichtbarkeit gefasst werden kann.[431]

---

[427] Ebd.

[428] Ropars-Wuilleumier, M-C.: a.a.O., 259f.

[429] Deleuze, G.: ZB, S. 35.

[430] Fahle, O.: *Zeitspaltungen- Gedächtnis und Erinnerung bei Gilles Deleuze*, in: *Monatge / AV - Erinnern, Vergessen,* Zeitschrift für Theorie und Geschichte audiovisueller Kommunikation, Schüren Verlag , 11/01/2002, S. 100.

[431] Ropars-Wuilleumier, M-C.: ebd., S. 262.

Bewegung wird im zweiten Kinobuch ihrerseits als *abhängige Größe* aufgefasst, abhängig von einer multiplen Zeitlichkeit, die jede *natürliche* Bewegung – der Wahrnehmung wie des Denkens – *fälscht*. Durch die Entdeckung der Möglichkeit *des Fälschens* mittels der Temporalisierung des Filmbildes entsteht ein wenig Zeit im Reinzustand (*un peu de temps à lètat pur*) und nicht allein Bewegung.[432]

Im *Zeit-Bild* geht also nicht länger darum, zu zeigen, so Schaub, *was* in der Zeit abläuft, sondern darum, *wie* die Zeit selbst abläuft, wie sie sich erneuert, wie sie sich als je anderes Schema der Wirklichkeit aufteilt und sich innerhalb des Vorgangs ihrer differentiellen Verdopplung oder Wiederholung spaltet.

> Spaltung meint die Aufteilung der zeitlichen Vollzüge in verschiedene Wirklichkeitsordnungen (Sichtbares und Sagbares). Keine Spaltung, der nicht eine differentielle Wiederholung, asymmetrische Verdopplung voranginge.[433]

Bei der Rede von der *Spaltung der Zeit* handelt es sich um die Koexistenz des Sich-Bewahrens (als reine Vergangenheit) und des Vorübergehens (als aktuelle Gegenwart) „ein und derselben Zeit".[434] Das *Zeit-Bild* setzt die Suche nach „Formen der Koexistenz, der Serialisierung, der Transformation (...)"[435] fort und entdeckt eine Zeitlichkeit, welche die Bestimmungen des Raums (etwa *Koexistenz*, *Simultaneität*, *Parallelität*) übernimmt, ohne den Umweg über sichtbare Bewegungen im Raum zu gehen. Die Zeit des Nachkriegskinos bricht nicht nur mit der Raumordnung, sondern auch mit der Fraglosigkeit einer kohärenten Bewegung in ihr:

> Im *Zeit-Bild* verliert die aristotelische Vorstellung von der Differentialen der Bewegung ihren Sinn. Stattdessen wird Bewegung zu einer Differentialen der Zeit, die nichts anderes als eine Distorsion der Bewegung selbst bedeutet.[436]

Die Natur der Zeit bleibt natürlich auch im *Zeit-Bild* unsichtbar. Sichtbar werden nur die abweichenden Bewegungen, die zum Inbegriff einer autochtonen, a-chronologischen Zeitlichkeit der Bilder werden:

> Genau dies wollen wir seit Beginn dieser Untersuchung sagen: Es ereignet sich eine kinematographische Mutation (une mutation cinématographique), sobald die abweichenden Bewegungen (les aberrations de mouvement) sich verselbständigen, wenn die Körper und die Bewegungen ihre Invarianten verlieren. Es entsteht dann eine Umkehrung, in der sich die Bewegung nicht länger auf das Wahre beruft und die Zeit sich nicht länger der Bewegung unterordnet: beides geschieht zur gleichen Zeit. **Die prinzipiell dezentrierte Bewegung wird zur falschen Bewegung, und die prinzipiell befreite Bewegung wird zur Macht des Falschen (puissance du faux), die sich nun in der falschen Bewegung (faux mouvement) ausdrückt.**[437]

Bezogen auf die Unterscheidung zwischen Bergson und Deleuze bedeutet dies, dass Deleuze den Aspekt der Differenz oder der Teilung, der die Konstruktion des Berg-

---

432 Deleuze, G.: *Proust und die Zeichen*, a.a.O., S. 76.
433 Schaub, M.: a.a.O., S. 119.
434 Anm.: Wenn Zeit wirklich ein Werden sein soll, dann muss sie immer all dessen Momente zugleich sein, so inkompossibel sie auch sein mögen.
435 Deleuze, G.: *Unterhandlungen*, a.a.O., S. 178.
436 Schaub, M.: a.a.O., S. 119.
437 Deleuze, G.: *ZB*, a.a.O., S. 189 (frz. S. 186 f.); Herv. des Autors.

sonschen Denkens *blockiert*, schließlich durch den totalisierenden Aspekt der Zeit wieder auflöst:

In diesem Sinne entspricht Bergsons Vorstellung eines filmischen Gedächtnisses eher dem einer Aneinanderreihung von starren Fotografien: Die Differenz, die das *Bewegungs-Bild* bei *La Jetée* an jedem Wechsel markiert, ist auf die Differenz von „Blöcken von Wiederholungen desselben Bildes“[438] reduziert, die nur noch den Wechsel zwischen stehenden Bildern bedeuten. Damit wird jedes der Fotogramme zum Bild im Block seiner Wiederholungen, zur Blockierung des Erinnerungsbildes als *Bewegungs-Bild.* Die Bewegung als Ausdruck der Zeit und somit die Aufhebung der Blockierung kann erst zurückgewonnen werden, wenn das Foto an der Stelle der Differenz selbst figuriert, die die Bewegung ist.

Dies ist die einzige bewegte Stelle der öffnenden Augen der Geliebten, die deshalb sichtbar macht, was an sich unmöglich ist und sich deswegen eines konkreten Urteils, ob dies wahr oder falsch im Sinne von real oder imaginär ist, entzieht. Die Bewegung der Rückkehr in die Vergangenheit durch einen Zeitspalt wird damit zum Kern der Filmerzählung, welche in der spezifischen Form des Foto-Romans als Moment selbst enthalten ist. Die Erzählung von den wiederholten Zeitreisen des Helden erzählt ihrerseits die Geschichte von Wiederholungen, der Rückkehr an den Ort der Kindheit. Diese Wiederholungen sind in der Erzählung möglich durch ein Bild, ein Erinnerungsbild aus der Kindheit, das wieder-geholt werden soll. Der Film als visuelles Medium erzählt nicht nur von dem verlorenen und wiedergefundenen Bild, er macht es im Sinne Bergsons zu seiner eigenen *Einbildung*. Dazu muss die Bewegung in der Zeit angehalten werden, damit von der Fotografie gesagt werden kann: Es muss etwas dagewesen sein: ein Bild und eine Bewegung, die zum Stillstand gekommen sind.

La Jetée ist also gerade durch die blockierte Bewegung des Films ein Exempel für das, was im Grunde Bergson von Deleuze im *Bewegungs-Bild* trennt und sie bei der *Zeit-Bild*- Konzeption – allerdings auf andere Weise – wieder zusammenführt: **Das *Bewegungs-Paradox*!!** Die unsichtbare Bewegung, die allein zerstückelt wahrgenommen werden kann und damit nicht mehr Bewegung ist, löst Deleuze in und mittels der Zeit auf. In *La Jetée* ist dieses Paradox durch das *Loch in der Zeit* in der einzigen bewegten Stelle des Films für einen kurzen Moment nicht mehr sichtbar. Genau in dieser Dissoziation des *Bewegungs-Paradoxes* wird die Deleuzsche Konstruktion des *Zeit-Bildes* wirksam.

Deleuze setzt somit zwar noch in seinem *Bewegungs-Bild* auf den Differenz-Begriff Bergsons, indem er diesen aber durch den Aspekt der *Totalisierung* auflöst, beweist er seine Philosophie der *Immanenz*. Demgegenüber bleibt das Konzept Bergsons in einem *Theoriegeflecht* stecken, da es nur an mentalen Konstruktionen – wie etwa die Welt in *La Jetée*, die aus nicht bewegten Teilen besteht – anwendbar wird. Die virtuelle Wahrnehmung, die die Bewegung erst auslösen kann, ist dabei eine nicht-existierende, starre Welt.

---

[438] Paech, J.: a.a.O., S. 64.

4.2. Deleuzes direkte *Zeit-Bilder*

4.2.1. Grundideen des *Zeit-Bildes*: Die Krise des modernen Kinos

> Die Zeit gerät aus den Fugen, sie gerät aus der Verankerung, in der sie die Verhaltensweisen in der Welt, aber auch die Bewegungen der Welt hielt.[439]

Eine entscheidende Wendung nun erfährt die Konstruktion von Erinnerung im Film Deleuze zufolge, wenn sie teilweise autonom wird, sich von dem Gedächtnis des Subjekts oder der bereits erzählten Geschehnisse absetzt und eine eigene Qualität erhält, die sich nicht mehr in den Bewegungen der Gegenwart fortsetzt. In diesem Fall wären – so Oliver Fahle – Erinnerung und Gedächtnis eigenständige Momente, die nicht mehr in der Sukzessionslogik des Films aufgingen.

> Die Organisation der Bilder im Film wäre dann nicht mehr sukzessiv und kausallogisch, sondern simultan, als Durchdringung von Schichten zu begreifen.[440]

Trotz der wichtigen Bedeutung des Bildes innerhalb seiner Philosophie, macht Deleuze nie eine begrifflich eindeutige Bestimmung seines Bildverständnisses. Er verweigert sich damit jedem Nachdenken über „Bilder im Allgemeinen oder als solche."[441]

Eigentliche Bilder gibt es für Deleuze nur von Fall zu Fall. Sie sind nicht einmal durch ein gemeinsames Medium oder eine ähnliche Materialität gedeckt. Sofern es nicht ganz bestimmte *Wirkungen* auf die Betrachtenden ausübt, ist eine Fotografie, ein Gemälde, ein Film für Deleuze gar kein Bild, sondern ein *Klischee*.[442] Positiv wird ein Bild hingegen immer als Austausch-Prozess zwischen *aktuellen* und *virtuellen* Komponenten beschrieben – „(...) als ein Vorgang, der genau ob dieser *Fusion* des Risses zwischen beiden Wirklichkeitsordnungen auf der Höhe seines eigenen Vollzugs ist."[443]

Deleuzes zumindest schriftlich nachweisbare Auseinandersetzung mit Bildern setzt 1961 mit dem Aufsatz über Epikur und Lukrez[444] ein. Schon bei Lukrez besteht die Eigenart der Bilder gerade darin, unbegrenzt gegenwärtig sein zu können – mit der Einschränkung, dass sie immer Bilder bleiben: Auf der einen Seite sind sie also in der Lage, die zeitlose Existenz eines Referenzobjektes abzugeben. Auf der anderen Seite bleiben sie immer zeitlose Bilder, die über den Ort und Zeitpunkt ihres Referenzobjektes nichts aussagen. Aus diesem Grund können die dem Bilder aussendenden Objekt nachgeordnete Sinne bei Lukrez nicht wirklich täuschen, da sie schon immer *Trugbilder* sind. Damit sind für Deleuze nach Schaub Bilder auch immer schon *Simulacren*:

> Das Missverhältnis von selektivem und sukzessiv apprehendierendem Verstand und einer Überzahl an simultanen Bilderströmen erzeugt das Simulacrum als trügerisches, für repräsentative Zwecke ungeeignetes Bild.[445]

---

439 Deleuze, G.: *ZB*, a.a.O., S. 61.
440 Fahle, O.: Aufsatz: a.a.O., S. 99.
441 Schaub, M.: a.a.O., S. 11.
442 Anm.: Umgekehrt ist ein Bild erst ein Original, wenn jemand versucht, es zu fälschen.
443 Schaub, M.: ebd.
444 Deleuze, G.: *Lukrez und das Trugbild*, in: *Logik des Sinns*, Frankfurt/M: Suhrkamp, 1993, S. 324-341.
445 Schaub, M.: ebd., S. 227.

Solche Bildtypen versucht Deleuze besonders im ersten Teil des *Zeit-Bildes* zu bestimmen, wobei er eine Reihe von modernen Filmen als Beleg anführt – wie etwa die Filme der *Nouvelle Vague* sowie die italienischen Filme des *Post-Neorealismus* (*Antonioni, Fellini, Visconti*) oder auch das amerikanische *Musical*. Zur Zeit des *Neorealismus* erscheint Deleuze zufolge eine historische Neuorientierung des Mediums Film – und damit die Krise des Aktionsbildes:

> Die optischen und akustischen Situationen reflektieren die Unmöglichkeit, (...) filmische Situationen in die von der Narration gewohnten sensomotorischen Bewegungsautomatismen aufzulösen.[446]

Hierbei verwischen sich außerdem für die Charakterisierung des Aktionsbildes wichtige Unterscheidungen, etwa zwischen Subjekt und Objekt, Realem und Imaginärem, Realität und Traum oder Schauspiel. Die von ihrem motorischen Wiedererkennen abgeschnittenen Empfindungen und Wahrnehmungen begründen neue Bilderordnungen und -verkettungen, die Deleuze in der Zeit findet.

Die noch von Bergson und Peirce beeinflusste Klassifizierung der variablen Zeichenserien des *Bewegungs-Bildes* bei der Suche Deleuzes *nach der verlorenen Zeit* wird im *Zeit-Bild* zu einer a-logischen Hyroglyphik, die er selbst ***Antilogos*** nennt: nämlich das Paradox einer Schrift, die verschlüsselt, was sie zu entschlüsseln trachtet: „Es gibt keinen Logos, es gibt nur Hyroglyphen," womit das Zeichen, dessen divergierende Serien der erste Teil registriert, selbst zum Ort und zum Gegenstand einer ursprünglichen Divergenz wird, wo „die Essenzen das sind, was zu übersetzen ist, und zugleich die Übersetzung, das Zeichen und die Bedeutung."[447]

Das nicht mehr auf aktive Handlungen bezogene Bild des modernen Kinos ist damit nicht mehr serialisierbar, sondern stellt nur noch eine Einheit der Zeit dar.

Über die modernen europäischen Filme schreibt Deleuze,

> (...) dass sie alle ein zeitliches *Panorama* bilden, ein instabiles Ensemble von freischwebenden Erinnerungen und Bildern einer Vergangenheit, die in schwindelerregendem Tempo vorüberziehen, als ob die Zeit eine tiefgründige Freiheit gewinnen würde. Man könnte sagen, dass auf die Bewegungsunfähigkeit der Personen eine allseitige und anarchische Mobilisierung der Vergangenheit antwortet.[448]

> Und wo schließlich alles zum Klischee gerät, Innen- und Außenwelt gleichermaßen mit den allgegenwärtigen medialen Stereotypen versorgt werden, erscheint auch der wohlfeile Ausweg in die Parodie des *Klischees* zum Scheitern verurteilt.[449]

Mit dem Begriff des *Bewegungs-Bildes* ist somit eine filmische Form bezeichnet, in der das Wahrnehmen und Denken der filmischen Individuen sich noch auf ein zielgerichtetes Handeln (Happy-End) hin entwirft, wohingegen mit dem *Zeit-Bild* für Deleuze eine Ordnung der Bilder und Töne hintergehbar erscheint, die sich längst in *Klischees* aufgelöst hat.

---

446 Ebd., S. 100.
447 Deleuze, G.: *Proust und die Zeichen*, Berlin: Merve, 1993, S. 84.
448 Deleuze, G.: *ZB*, a.a.O., S. 79.
449 Ebd., S. 63.

4.2.2. Einordnung der Deleuzschen *Zeit-Bilder* [450]

Ausgehend von der Vorstellung, dass Zeitlichkeit auf verschiedenen Abstufungen filmisch inszeniert werden kann, unterscheidet Deleuze drei Darstellungsmöglichkeiten:

1) Dies sind zum einen die Vorstellungs- und Traumbilder in Gestalt der weitgehend konventionellen Verwendung von *indizierten Bildern* mit abgestuftem Realitätsgrad (innerhalb des Narrativs).

> Indiziert sind diese Bilder in dem Sinn, dass ihre *Nichtgegenwärtigkeit, Unwirklichkeit* oder *Uneigentlichkeit* Gegenstand einer *reinen Behauptung* sind, die durch keine andere als die konventionelle Bilderfahrung (der Vor- oder Rückblende) gedeckt ist. [451]

In Anlehnung an die kreisförmigen Aktualisierungsprozesse bei Bergson können diese konventionell beglaubigten Erinnerungsbilder innerhalb ihrer indirekten, uneigentlichen Darstellung unterschiedliche Realitätsgrade einnehmen und verschiedene Zeiten durchlaufen im Sinne von

1. dem Spiel *diegetischer* und *nichtdiegetischer* Bilder bzw. dem Verhältnis von optischen und akustischen Bildern (z.B. *Rosselini*)
2. *Gegenwarts-* und *Erinnerungsbildern* (z.B. *Carné, Mankiewicz*) und
3. *Wach-* und *Traumbildern* (*René Clair und Bunuel*).

Keines dieser Bilder ist jedoch nach Deleuze in der Lage, eine echte Zeiterfahrung zu liefern.

2) Zum Zweiten sind dies die ***Kristall-Bilder*** (*l' image cristal*) als die indirekten, in die Realität eingekapselten *Zeit-Bilder*. Hier ist eine komplexe Zeitlichkeit eingeschlossen, die nicht länger durch eine *aktuelle* Gegenwart bestimmt wird. Das *virtuelle* Potential aber noch vor dem Ausbruch in die gesamte Ordnung des Films eingeschlossen haltend, nähern sich diese Bilder einer *direkten* Zeitdarstellung nur an, sind es noch keine direkten *Zeit-Bilder*.

Deleuze unterscheidet vier verschiedene Arten von Kristallbildern:

1. vollkommene Kristalle (*le cristal parfait*) (*Ophüls*);
2. rissige Kristalle (*le cristal félé*) (*Renoir*);
3. Bildung des Kristalls (*la formation du cristal*) (Fellini) und
4. Zerstörung des Kristalls (*le cristal en décomposition*) (*Visconti*)

3) Drittens ist es die Darstellung von Zeit in direkten *Zeit-Bildern*:

> Sobald aktuelles und virtuelles, imaginäres und reales Bild ununterscheidbar geworden sind, sobald die zeitliche Distinktion der verschiedenen Bilder nach dem sprachlichen Zeitmodell der Modi scheitert und nicht mehr entschieden werden kann, ob das, was wir sehen *wahr* oder *falsch* ist in dem Sinn, dass nicht sicher ist, ob und wie es wann stattgefunden hat oder erst noch stattfinden wird, spricht Deleuze von *direkten* Zeitbildern, die ihre Existenz unterschiedlichen narrativen, bild- und montagetechnischen Strategien verdanken. [452]

---

[450] Anm.: Bei der folgenden Einordnung der *Zeit-Bilder* folge ich der Interpretation Schaubs, da diese mir am schlüssigsten erschien.

[451] Schaub, M.: ebd., S. 127.

[452] Ebd.

Diese zu unterscheidenen Narrationsstrategien markieren die drei direkten *Zeit-Bilder*, bei denen die auf der sinnsukzessiven Narration basierende Zeit genauso vom Kino inszeniert wird, wie die Bilder: Die *Koexistenz der Vergangenheitsschichten* (*nappes de passe*) durch die Verwendung extremer Schärfentiefe eröffnet z.B. bei Orson Welles eine Reflexion auf das Verhältnis von Zeit und Gedächtnis, während bei Alain Resnais eine Zeit des Gefühls evoziert wird. Die *Simultaneität der Gegenwartsspitzen* (*pointes de présent*) führt zum Eingeständnis unerklärbarer Differenzen, in denen der Unterschied zwischen realen und imaginären, wahren und falschen Bildern verloren geht. Stattdessen entsteht die neue Topographie einer a-chronologischen Zeit (*Robbe-Grillet, Bunuel*).

Das Werden (das Vorher und das Nachher) auf der Ebene einer Filmerzählung, in der wahrhaftige und simulierende Aussagen ununterscheidbar werden (*Perrault, Rouch*) (*Intervall*)

Im Folgenden werden diese drei direkten *Zeit-Bilder* beispielhaft erläutert.

4.2.3. Die ersten zwei direkten *Zeit-Bilder*

1) Die erste Form des direkten *Zeit-Bildes* siedelt Deleuze in der **Vergangenheit** an. Die Bilder der Vergangenheit bezeichnen die Versetzung in die *reine* Erinnerung, die Deleuze mit Bergson als eigenständigen, das heißt von Gegenwartsfunktionen unabhängigen Bereich bestimmt hatte.

Gemeint ist hiermit eine *virtuelle* Wahrnehmung, deren Ordnung nicht mehr chronologisch begriffen werden kann – die Bilder ordnen sich nicht mehr nach räumlichen, sondern nach rein zeitlichen Gesichtspunkten an. Die Befreiung der Zeit vom Raum ermöglicht die Koexistenz verschiedener Bilder, die eine Vielzahl von ausgedehnten oder verengten *Regionen, Sedimenten, Schichten* bilden:

> Jede Region mit ihren Eigenschaften, ihren *Schattierungen*, ihren *Aspekten*, ihren *Singularitäten*, ihren *Glanzpunkten*, ihren *Dominanten*. Je nachdem, welcher Natur die Erinnerung ist, der wir nachgehen, müssen wir in den einen oder anderen Kreis springen. Selbstverständlich erwecken diese Regionen (...) den Anschein des Aufeinanderfolgens. Doch sie folgen aufeinander nur aus dem Blickwinkel der früheren Gegenwarten, die die Grenze einer jeden markieren. Dagegen koexistieren sie aus dem Blickwinkel der aktuellen Gegenwart, die jedesmal ihre gemeinsame Grenze oder die am engsten zusammengezogene von ihnen repräsentiert.[453]

Die Zeit gerät, wie Deleuze sagt, in den Vergangenheitsschichten *aus dem Lot* und stürzt in einen Zustand *„permanenter Krise.“* [454] Es gibt nicht die eine *definitive Vergangenheit*, sondern viele verschiedene, die wir als ZuschauerInnen nicht mehr in der Lage sind, zu rekapitulieren. Das zeitliche Gefüge selbst wird brüchig, „nichts ist mehr eindeutig.“ [455]

Orson Welles *Citizen Kane* (USA 1941) veranschaulicht diese Konzeption des *Zeit-Bildes* nach Deleuze zum ersten Mal in der Geschichte des Films am deutlichsten:

---

[453] Deleuze: *ZB*, S. 133 (Fünftes Kapitel: *Gegenwartsspitzen und Vergangenheitsschichten*; *Vierter Bergson-Kommentar*), Hervorhebung des Autors.

[454] Deleuze: *ZB*, a.a.O., S. 187.

[455] Ebd., S. 153.

Hier wird ein eigener Erinnerungsraum entfaltet, der sich von der gegenwärtigen Situierung absetzt. Die Suche des Reporters nach dem Schlüssel von *Rosebud* bringt ein eigenes Erforschen der Vergangenheit mit sich. Diese Suche jener mit der Gegenwart (angeblich) noch verbundenen *reinen Erinnerung* (*Rosebud*) wird zu einem großen, den Film bestimmenden Phantasma. Unablässig werden neue *Vergangenheitsschichten* herbeizitiert und vorgeführt, ohne, dass *Rosebud* entschlüsselt bzw. sichtbar wird.[456] So wirft das *Rosebud* – Thema einen Verdacht auf sämtliche Vergangenheitsschichten (...):

> Die Bilder, denen sie zum Leben verholfen haben, sind ihrerseits möglicherweise genauso leer, weil es keine Gegenwart mehr gibt, die sie aufnehmen könnte und weil Kane einsam gestorben ist und damit die Leere seines ganzen Lebens, die Sterilität all seiner Schichten, erwiesen hat.[457]

In dieser Form des direkten *Zeit-Bildes* geht es weniger um eine Erklärung der Gegenwart als um ein Durchstreifen der Vergangenheit, die verschiedene, auch widersprüchliche Versionen des gleichen Ereignisses hervorbringt.

> Diese Befreiung der Zeit vom Raum ist entscheidend für das Verständnis des philosophischen Ansatzes von Deleuze. Die reine Erinnerung oder das Gedächtnis sind genau solche reinen Zeitbilder, in denen die verschiedenen Bilder koexistieren, anstatt aufeinander zu folgen. In der reinen Erinnerung gibt es keine Bewegungsautomatismen, sondern Regionen, Sedimente und Schichten: (...)[458]

2) Die zweite Sorte des direkten *Zeit-Bildes* spielt in der Gegenwart. Hier geht es konkret um die **Koexistenz der Zeiten** als Ausdruck der Spaltung der Zeit. Das eigentliche Ereignis enthält damit mehrere Momente zugleich, indem es die sukzessiven Momente zu einem Ereignis zusammenzieht:

> Die Zeitspanne des Ereignisses endigt, bevor das Ereignis endigt. (...) Es gibt diesmal keine Aufeinanderfolge von Zukunft, Gegenwart und Vergangenheit mehr, entsprechend dem genau bestimmten Übergang genau bestimmter Gegenwarten.(...) Man entdeckt eine dem Ereignis innerliche Zeit, die sich aus der Simultaneität dieser drei impliziten Gegenwart zusammensetzt, dieser de-aktualisierten Spitzen der Gegenwart.[459]

Diese *Simultaneität der Gegenwartsspitzen* bezieht sich nicht mehr auf die *Aspekte* (Regionen, Sedimente), sondern auf die *Akzente* (Blickspitzen).

Luis Bunuels *Le Fantóme De La Liberté* (1974) repräsentiert dieses *Zeit-Bild:* Noch bevor die Zeit in die Übersichtlichkeit einer sukzessiven Ordnung gerät, artikuliert Bunuel temporale Schnittstellen, in denen verschiedene, unvereinbarende Welten gleichzeitig vorkommen. Die Protagonisten der ersten Episode reagieren auf historische Gebäude, als wären es pornografische Bilder. In einer späteren Szene wird ein für alle offensichtlich anwesendes Kind für vermisst erklärt.

---

[456] Vgl. Zitat Deleuze: Ebd., S. 149: „Mehr noch: Wenn das Rosebud-Thema sich in einem Bild verkörpert, nämlich im Kamin, in dem der weggeworfene Schlitten verbrennt, dann geschieht dies *à la lettre* für niemanden. Nicht nur hätte Rosebud alles Mögliche sein können; wenn es aber etwas ist, lässt es sich zu einem Bild herab, das sich von selbst verzehrt, zu nichts dient, niemanden interessiert."

[457] Ebd., S. 149.

[458] Fahle, O.: a.a.O., S. 101, Hervorhebung des Autors.

[459] Deleuze, G.: *ZB*, S. 135.

Der Zuschauer, der mit den verschiedenen Perspektiven konfrontiert wird, kann das Geschehen nicht mehr nach dem bekannten logisch-sukzessiven Muster nachvollziehen. Die Paradoxien, dass es sich zugleich um Pornografien und um historische Bilder handelt, dass zugleich das Kind *anwesend* und *abwesend* ist, verdeutlicht nach Deleuze die Koexistenz der Gegenwarten.

1+2) Resnais *L'Année Dernière à Marienbad* (1961) als klassisches Beispiel des direkten *Zeit-Bildes* vereint nun beide Formen miteinander:

Aufgrund der dualen Entstehung (Zusammenarbeit von *Resnais* und *Robbe-Grillet*) lässt *L'Année Dernière à Marienbad* inkommensurable Zeitauffassungen entstehen, die im Film auf zwei Personen verteilt werden, um so eine dritte Perspektive zu erlauben, in der

> Reales und Imaginäres, Aktuelles und Virtuelles ganz ohne Rückblenden *in den Bildern* und *in ihren Zwischenräumen* (Schnitt) ununterscheidbar werden, um damit letztlich auch die Frage, was wahr, was falsch sei, in die Zone des Ununterscheidbaren zu verbannen. [460]

Der Gast X eines Hotels versucht die unbekannte Dame – Gast A – davon zu überzeugen, bzw. sie daran zu erinnern, dass sie *Letztes Jahr in Marienbad* eine Liebesaffäre gehabt hätten. Da „A“ dies verneint, stehen sich zwei konträre Aussagen gegenüber, die von einer dritten Instanz – dem zwielichtigen Mann von A – keinerlei Aufschlüsselung erhält.

Das Besondere dieses Films ist im Grunde seine Unmöglichkeit, ihn innerhalb einer einzigen für die gesamte Länge des Films gültigen Interpretation erklärbar zu machen. *Resnais* bietet dem Zuschauer mehrere *kohärente* Interpretationen, wovon allerdings keine einzige ohne die Ergänzung der anderen konsistent ist.

> Die Konsistenz des Ganzen hängt hier nicht von der Kohärenz der Einzelinterpretationen untereinander ab, sondern die Gleichzeitigkeit des scheinbar Unmöglichen, einander Ausschließenden eröffnet erst eine konsistente Interpretation aller Interpretationen. [461]

Beide Zeitinterpretationen (durch *Resnais* und *Robbe-Grillet*) konzipieren Zeit nicht nur als *in sich* verschoben (die Vergangenheitsschichten sind ebenso wenig abbildbar wie die Gegenwartsspitzen), sondern auch *gegeneinander* verschoben.

Im Gegensatz zu Bergsons Gedächtniskonzeption, bei der die visuelle Ebene des Bildes unterbrochen wird, geht es hier um die Zerstörung der kausallogischen Narrationsebene. Dem Rezipienten wird es unmöglich, den Film innerhalb einer zirkulären Geschichte zu verstehen.

Ausgehend von den genannten zwei verschiedenen Zeitintrepretationen (demnach sie entweder eine Affäre hatten oder sich noch niemals begegnet sind) und ausgehend von der Präsentation von drei verschiedenen Gegenwarten der drei Personen, wird – folgen wir Deleuze – die *Gegenwärtigkeit* des Kinobildes selbst in Frage gestellt zugunsten einer einzigen, unteilbaren Zeit. Gedächtnis ist hier zu einem autonomen, *deaktualisierten* Bilderraum geworden, in der die Zeit *a-chronologisch* angeordnet ist.

> Die Leinwand selbst wird hier zur Gehirnmembran, da sich Vergangenheit und Zukunft, Inneres und Äußeres ohne bestimmbare Distanz, unabhängig von jeglichem Fixpunkt, (...) unmittelbar

[460] Schaub, M.: a.a.O., S. 172.
[461] Ebd., S. 173.

gegenüberstehen. (...) Als primäre Eigenschaften besitzt das Bild nicht mehr länger den Raum und die Bewegung, sondern die Topologie und die Zeit. [462]

Im Zuge dieser Untersuchung konnten diese beiden an sich entscheidenen Formen des direkten *Zeit-Bildes* nur skizziert werden. Deutlich sollte zumindest geworden sein, dass erst dann von einem direkten *Zeit-Bild* gesprochen werden kann, wenn ein Film mit den Konventionen der Rückblende und des Schnitts bricht und die Zeitlichkeit eines Bildes Gegenstand unterschiedlicher und einander widersprechender Beschreibungen und Interpretationen wird. Erst dann wird die Zeitlichkeit des Bildes zum Ereignis, „im Erreichen eines mit dem Bild koexistierenden und von ihm untrennbaren Vorher und Nacher.“ [463]

4.2.4. Die Schaubsche Interpretation des *Intervalls* als das 3. direkte *Zeit-Bild*

Neben den ersten beiden – quasi klassischen Beispielen – der direkten *Zeit-Bilder* unterscheidet Deleuze noch eine weitere *Daseinsklasse* von Bildern, die nicht mehr die *Ordnung*, sondern die *„Serie der Zeit“*[464] präsentieren und sich damit der *Zukunft* zuwenden. Ob der wenigen Zeilen, die Deleuze diesem *Zeit-Bild* widmet, scheint es umso interessanter und rätselhafter zu sein.

Mirjam Schaub weist dieser von Deleuze nur gering beachteten Bildform eine für das Verständnis des Deleuzschen zweiten Kinobuches nicht nur gewichtige Rolle zu, sondern bietet eine für die bisherige *Deleuzeforschung* neue und erkenntnisreiche Lesart an: Das bisher von Lorenz Engell als rein positivistisch – und in dem Sinne sichtbares Intervall – beschriebene Bild[465], wendet Schaub zu einem *„unwahrnehmbaren, bildlosen, Zwischenbild“*[466], da es etwas zum Thema habe, das sich jeder Darstellung entziehe und zugleich jede Darstellung fälsche:

> Es sind hypothetische, uneigentliche Bilder, wie Kant sie in seiner *Kritik der Urteilskraft* konzipierte. Ihnen kommt die Aufgabe zu, Zeit *direkt* darzustellen, ohne sie allegorisch oder symbolisch abzubilden. Es sind jene ***unsichtbaren Zwischenbilder,*** die auf dem Zelluloidstreifen selbst fehlen, jene *Klebstellen* zwischen den Bildern, die selbst keinen eigenen Raum einnehmen, wohl aber auf die Zeit verweisen, die in ihrem Herstellungs- und Montageprozess selbst verging. Eine Zeit, die zugleich unwiederbringlich verloren ist und nicht nachträglich imaginiert werden kann.[467]

Demnach ist der *Intervall*-Begriff des *Bewegungs-Bildes* ungleich dem des *Zeit-Bildes*: In seinem ersten Kinobuch beschreibt Deleuze diese Klasse von Bildern – in Bezug zu Bergson – folgendermaßen:

> In gewisser Weise handelt es sich um auf Distanz gebrachte Bilder. Zunächst wirkt sich ihre spezialisierte Seite, die man später rezeptiv oder sensorisch nennen wird, auf die Bilder, die sie

---

462 Deleuze, G.: *ZB*, S. 167.
463 Ebd.: *ZB*, S. 57.
464 Ebd., S. 204.
465 Vgl. Engell, L.: *Fernsehen mit Gilles Deleuze*, in: Fahle, O./ Engell, L.: 1997, a.a.O, S. 468-496, Nach Engell erfüllt das Fernsehen die Logik dieses dritten Zeit-Bildes. Das Intervall wird hier zum sichtbaren Schlüsselbegriff wie zur technischen Grundlegung des Fernsehens deklariert.
466 Schaub, M.: a.a.O., S. 214.
467 Ebd., S. 116, Hervorhebung des Autors.

beeinflussen, oder die Reize, die sie aufnimmt, in einer merkwürdigen Weise aus: wie wenn sie bestimmte unter all denen, die im Universum zusammenlaufen oder zusammenwirken, isolierte.[468]

Für die filmische Kategorie des Intervalls im *Bewegungs-Bild* wird die aus den Experimenten von Marey (deren Chronofotografien wir schon im Zusammenhang mit der Hysterie kennengelernt haben) und Muybridge gewonnene Erkenntnis der technischen Zerlegbarkeit von Bewegung, sowie Bergsons These[469], dass sich Bewegung nicht mit unbeweglichen Schnitten rekonstruieren lässt, bedeutsam.

Während es sich im *Bewegungs-Bild* nach Schaub um ein überbrückbares Intervall (*l'intervalle*), welches noch der Logik des Sichtbaren und des Raumes verpflichtet ist, handelt, ist das Intervall des *Zeit-Bildes* nicht mehr innerhalb der raum-zeitlichen Anordnung der Bilder logisch nachvollziehbar, sondern unüberbrückbar, unsichtbar. So bleibt das *Intervall* im ersten Kinobuch einer Logik des Sichtbaren und des Raums verpflichtet, denn es meint die in sich logische und für den Betrachter nachvollziehbare Überbrückung vom Ende des einen Bildes zum Anfang des nächstfolgenden. Sind zwar die Schnitte des Kinos immer falsch, in dem Sinn, dass sie selten eine komplette (bruchlose) Bewegungsabfolge dokumentieren, sondern Bewegungen immer schon eher verkürzen und abkürzen, so sind sie im *Bewegungs-Bild* immer logisch nachvollziehbar, d.h. sie ordnen die zwischen den einzelnen Bildern verstrichene (Real-) Zeit der im nächstfolgenden Bild gezeigten Bewegung unter.[470]

Im zweiten Kinobuch gehe es hingegen um ein ganz anderes Intervall, nämlich um eines, „(...) das nicht mehr zu einem oder zum anderen Bild gehört."[471] Der Schnitt *zwischen* zwei Filmbildern, wird im *Bewegungs-Bild* noch als nahtloser Anschluss inszeniert, so dass er nicht als störend wahrgenommen werden kann. Im *Zeit-Bild* hingegen inszeniere Deleuze einen *falschen* und im Gegenzug wahrnehmbaren Anschluss. Plötzlich fehlen Bilder *dazwischen*:

> Das Sichtbare verweist hier – anders als in der gewöhnlichen Situation – auf ein unsichtbares Bild, das nicht mehr durch die Einbildungskraft überbrückt werden kann. Die Wirkung des falschen Anschlusses ist irritierend, ermöglicht aber Neuverkettungen jenseits der sichtbaren Bewegung.[472]

Dieser neue Typus von *falschen Anschlüssen* kann hiernach nicht nur „*zwischen*" zwei aufeinanderfolgenden Bildern, sondern auch (im übertragenen Sinn) in ein und demselben Bild stattfinden.

> Halten wir an dieser Stelle nur fest, dass das dritte direkte Zeit-Bild aus der Trias ausschert und nicht mehr eine sich selbst falsch repräsentierende Zeitlichkeit zeigt (wie die beiden ersten Zeit-

---

468 Deleuze, G.: *BB*, S. 91.

469 Vgl. Deleuze, G.: *BB*, a.a.O., S. 13: „Die Bewegung lässt sich nicht mit Punkten in Raum oder Zeit, d.h. mit unbeweglichen *Schnitten* rekonstruieren (...)."

470 Ebd., S. 115.

471 Deleuze, G.: *ZB*, ohne Seitenangabe, zit. nach Vandenbunder, 1997, S. 108.

472 Anm.: Der Schnitt findet auch auf der Tonspur statt, wo er ebenso meistens für uns nicht wahrnehmbar ist. Spürbar wird er erst, wenn er ein Bild von seinen Originaltönen trennt (Ton-Bild-Schere). Der unbemerkte Schnitt wird also auf anderer Ebene, als auf der, auf der er tatsächlich stattfindet, spürbar. Nämlich zwischen Bild und Tonspur als zwei Ordnungen, die unterschiedlichen Gesetzen folgen. Es handelt sich also mit Schaub um *simultane Vollzüge unterschiedlicher Sukzessionen*, vgl. Schaub, M.: a.a.O., S. 22.

Bilder), aus dem einfachen Grund, weil es zuletzt die Bildlichkeit selbst abschüttelt. **Das dritte Zeit-Bild ist einerseits kein Bild der Zeit mehr, andererseits auch kein zeitloses Bild.**[473]

Schaubs These ist damit, dass dieses Intervall eben nicht mehr durch die Imagination oder die Logik der zuvor gezeigten Bewegung überbrückt werden kann, sondern auf das Fehlen von etwas aufmerksam macht, was selbst nicht Gegenstand eines Bildes werden kann – als ein irreduzibles *Außen*, das sich „(...) dem Zugriff unseres Blicks entzieht."[474]

> Was dem Intervall fehlt und es zu einer irritierenden Größe macht, ist nichts anderes als das verbindende Zwischenbild zwischen zwei sichtbaren Bildern.[475]

Damit ergibt sich für die *neue* Konzeption des Intervalles, dass es im materiellen Sinne nicht als fehlendes Bild auf dem Filmstreifen existiert. Übrig bleibe allein ein *Gefühl der Irritation*, „welches daher rührt, dass man aus der Illusion eines zeitlichen Kontinuums gerissen wird."[476] Da somit die Versinnbildlichung des Deleuzschen Zeit-Konzeptes nicht positiv geleistet werden kann, scheitert – zumindest unter diesem Blickwinkel – Deleuzes Projekt des *Zeit-Bildes* als direkte, unmittelbare und positive Darstellung von „*un peu de temps à lètat pur*."[477]

> Das Intervall, das fehlende Zwischenbild, fällt zugleich aus dem Rahmen von Bild und Zeit; es ist eine reine, bloß empfundene Differenz inmitten des sensualistischen Kontinuums aus Bilderfluss und Zeiterfahrung. Die Stunden der Darstellung von Zeit im Filmbild sind damit gezählt.[478]

Welcher Schluss ist zu ziehen? Das Verschieben der zeitlichen Immanenz auf das Bild bleibt bei Deleuzes *Zeit-Bild* scheinbar auf Unterscheidungen in sich selbst (*Ebenenwechseln*) angewiesen, die deshalb nicht sichtbar sind, weil es innerhalb des kontinuierlichen Filmflusses eben keine Leerstellen gibt. Die Zeit des *Zeit-Bildes* ist damit mit Schaub immer auch eine Zeitlichkeit *jenseits* der Schwelle der Sichtbarkeit, die auf jenes *Außen* des Bildes überhaupt verweist, welches Deleuze als *Refugium* des Möglichen, bloß *Virtuellen* begreift. Die *présentation directe* der Zeit im Bild, die das zweite Kino-Buch für das moderne Kino verspricht, ist hiernach nichts anderes, als das *Spürbarmachen von Zeitlichkeit*, die nicht im sichtbaren Bild aufgeht, sondern sich eben genau *zwischen* den getrennt inszenierbaren Ordnungen des Sichtbaren und des Unsichtbaren einnistet.

Die „unsichtbare begrifflose Differenz"[479], als welche Zeit schon in *Differenz und Wiederholung* angesprochen wurde, erscheint der Schaubschen These zufolge damit im modernen Kino als Intervall, „das sich *virtuell* zwischen zwei durch einen alogischen Schnitt verkettete Bilder einnistet."[480]

Es zeugt – unter der Bedingung des Verbleibs in der sukzessiven Ordnung der Bilderfolge – vom Einbruch unterschiedlicher Simultanzeiten, welche die Sinnproduk-

473 Schaub, M.: a.a.O., S. 212, Herv. des Autors.
474 Ebd., S. 116.
475 Ebd., S. 196.
476 Ebd.
477 Deleuze, G.: *Proust und die Zeichen*, a.a.O., S. 76.
478 Schaub, M.: ebd., S. 198f.
479 Vgl. Deleuze, G.: *Differenz und Wiederholung*, München: Fink, 1992, S. 30.
480 Schaub, M.: ebd., S. 87.

tion generieren. Die Zuordnung *Sukzessivität / Sprachlichkeit, Simultaneität / Bildlichkeit* wird damit in dieser Form zu schematisch, um die Gesamtheit der zeitlichen Wirkungen zu beschreiben, die in beiden Ordnungen als inszenatorisches Produkt herstellbar ist. Erst der Blick auf ein neues Medium schärfe die Sinne für bestimmte Möglichkeiten des alten.

Daraus ergibt sich aber auch eine Einsicht bezüglich der beiden Ordnungen *Simulation* und *Sukzessivität*: Beide Ebenen sind immer nur das Ergebnis einer bestimmten Perspektive, da sie das konkrete Verhältnis der beiden Ordnungen des *Sicht-* und des *Sagbaren* betreffen. Sie können als Parallelwelten nebeneinander simultan existieren, nicht aber nach denselben Entwicklungsgesetzen. Als derartige Parallelwelten können sie einen Effekt erzielen, der zwischen beiden Ordnungen spielt.

> Zeitlichkeit bedeutet indes für Deleuze nichts anderes als die Möglichkeit, unterschiedliche Schnitte auf verschiedenen Ebenen zu initiieren. Die Lücke, die Schwelle, die implizite Differenz, das natürliche, intensive Intervall zwischen Sichtbarem und Sagbarem bleibt im Kino Ort einer unabschließbaren Auseinandersetzung.[481]

Zeitlichkeit im Bild meint für Deleuze daher nicht eine *Abstufung* von Wirklichkeitsgraden, wie im Fall der Modalzeiten, sondern allein ihre *Variation.*[482]

Da wir normalerweise das Bild in einem Film mit bewegten Bildern nicht als einzelnes wahrnehmen können – da wir den Wechsel des Filmbildes nicht als reale Bildunterbrechung empfinden können[483] – geht es im Schaubschen *Intervall-Bild* als *Zeit-Bild* genau darum, dieses reale Vergehen von Zeit zwischen den Bildern spürbar zu machen. Mit seinen strategischen und künstlerischen Möglichkeiten vermag es schließlich das moderne Kino, die verschiebende Wirkung von Zeit in ein und demselben Bild sinnfällig machen zu können.

4.2.5. *La Jetée* in Bezug zu der Idee des Deleuzschen *Zeit-Bildes*

Auch wenn der Gegenstand von Deleuzes *Zeit-Bild* immer das bewegte Filmbild ist – er beruft sich gerade auf die Thematisierung der Zeit im bewegten Bild, welche grundsätzlich verschieden von der gesprochenen oder geschriebenen Sprache ist – scheint *La Jetee* mit seinen fragmentierten Momentbildern als Repräsentation des *Bewegungs-Paradoxes* dennoch verwandt zu sein mit diesem *Zeit-Bild.* Allein der Inhalt der Geschichte ist analog zu dem, was Deleuze von dem modernen Kino erwartet: So handelt es sich bei *La Jetée* um eine Geschichte, die in einem *beliebigen Raum* spielt und die *man* sich selbst *wie einem Fremden* erzählt, die sich jeder Totalisierung und Finalisierung verweigert, weil das Zentrum, aus dem heraus gesprochen wird, zu existieren aufgehört hat.[484]

---

481 Ebd., S. 88.

482 Anm.: Deswegen spricht Deleuze auch von dem Kino als *Modulation des Realen.*

483 Anm.: Dies ist nicht möglich, weil die Dauer jedes einzelnen, zweifach projizierten Bildes *unterhalb* unserer Diskriminierungsfähigkeit verstreicht. Wir *sehen* überhaupt nie einzelne Bilder, sondern immer nur einen Verbund aus Bildern, die sich erst durch die Veränderung ihres Inhalts für uns vereinzeln. Die Zeit, die das einzelne Bild selbst dauert, und die Zeit, die es durch seine Verbindung zu allen anderen Bildern narrativ eröffnet, sind damit nicht deckungsgleich.

484 Vgl. Deleuze, G.: *ZB*, S. 17.

> Eine Geschichte, die das *Geworfensein* in eine unausweichliche Situation zum Thema hat und in welcher eine merkwürdige Einheit besteht mit dem, was einem widerfährt. Es fehlt sogar die Kraft zur Rebellion gegen das Ausgeliefertsein.[485]

Gleichzeitig stellt *La Jetée* mittels des Einsatzes der Fotografie auch die Realität der Filmerzählung in Frage: Mit Hilfe der Konventionen des Schnitts wird Bewegung suggeriert – aber entgegen der normalen Zuschauererwartung bleibt es ein Film ohne Bewegung, wodurch *La Jetée* nur bedingt *Zeit-Bild* sein kann.

Dies führt zu dem, dem Film immanenten *Paradox der Bewegung* als Bild der Zeit: Bergson zufolge steht unserer kinematografischen Alltagsvorstellung von Zeitabläufen (im *Zenon`schen Sinne*) als lineare Abfolge von Zeitabfolgen die Erfahrung von Zeit als Dauer gegenüber. In *La Jetée* wird die unmerkliche Zeit ihrer Ereignisfolge dekonstruiert und zu Folgen von Zeitpunkten oder Momenten in angehaltenen Bildern aufgebrochen. Das gesuchte *Loch in der Zeit*, durch das hindurch in Zukunft Zeit wieder dauern kann, ist nur in der porös *gewordenen* Zeit zwischen ihren Momentbildern von Zeitpunkten zu finden.

Weil der Raum verschlossen ist, bleibt als Motor der Erzählung nur die Position radikaler Abwesenheit, das *Loch in der Zeit*, das als Figuration von Differenz zur Bewegung führt. Während die Überblendungen eher den *Erzählraum* verdichten und das Erzählen (zusammen mit der Stimme) vor einem diegetischen Horizont konstituieren, bedarf es der Lücke zwischen den Bildern, dieses *Lochs in der Zeit*, das bildlose Bewegung und pure Differenz ist, um zum rettenden, alles bewegenden mentalen Bild der Erinnerung zurückzufinden, das hier das Gesicht einer Frau ist und anstelle der Differenz figuriert.

> An dieser Stelle, thematisch zwischen dem Frauengesicht und dem Bild des (eigenen) Todes in der Szene der *Jetée* funktioniert das Bild, das Walter Benjamin als jenes dialektische Bild beschrieben hat, das nur in der blitzartigen Erinnerung das Vergangene vergegenwärtigen kann, ein Bild, von dem man in Zukunft nur dann sagen kann, dass es vergangen ist, wenn es blitzartig, singulär, momentan auftaucht.[486]

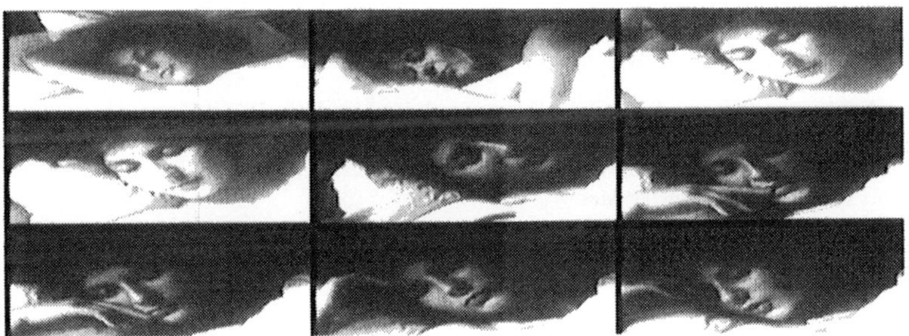

Abb. 6

Dieses Bild, welches Paech beschreibt, ist das *unmögliche Bild zwischen den Bildern* oder das *Differenzbild der Bewegung*[487], welches Deleuze im *Zeit-Bild* durch den Ein-

---

485 Schaub, M.: a.a.O., S. 118.

486 Paech, J.: *Anmerkungen zu La Jetée*, in: a.a.O., S. 69.

487 Vgl. Bellour, R.: *L`Entre-images. Photo. Cinéma. Vidéo*, Paris: La Differénce, 1990.

satz der Zeit löst. Denn es ist ja der Ort, an dem die Bewegung in der Zeit zurückgewonnen werden kann, indem das Bild des Gesichts, das am Ort der Differenz figuriert, zum Ausdruck der (wiedergewonnenen) Zeit wird.

> Die einzige filmische Bewegung in *La Jetée* zeigt das Aufschlagen der Augen beim Erwachen (des Gesichts) der Frau, deren Repräsentation als Erinnerungsbild in diesem Moment zur Präsenz ihrer Bewegung (ihres Blickes) in der Zeit wird.[488]

In *La Jetée* kehren sich damit die Bedingungen um:

Nicht der Stillstand, sondern die Bewegung kann die *Virtualität* / die reine Vergangenheit und somit das bisschen Zeit im Reinzustand zeigen, was Deleuze zufolge das Eigentliche des *Zeit-Bildes* ausmacht. Die zeitliche Struktur dieser filmischen Zeitreise macht gleichsam ein zeitliches Paradoxon zu ihrer Bedingung, das sich im *Es-wird-gewesen-Sein* der *Vorzukunft*[489] ausdrückt:

Diese setzt die Gegenwart als immer schon vergangen voraus, als Wiederaufnahme von etwas schon Geschehenem. Dem *Dagewesensein* des Erinnerten und Erahnten und dessen Repräsentationen durch die zunächst ungeordnet auftauchenden (fotografischen) Erinnerungs-Bilder steht das *Dasein* als Effekt des Erinnerns gegenüber, das Unbehagen der als *Versuchssituation* inszenierten Gedächtnis-Folter in einer zerstörten Welt. Dieses spezifische *Dasein* vermittelt sich in den Übergängen, gewissermaßen zwischen den (Erinnerungs-) Bildern: durch lange Abblenden und Überblendungen.

Nun könnte man behaupten – wie etwa Joachim Paech[490] – dass in den besonders auffälligen *Überblendungen* im Film zumindest die Simulation von Bewegung und damit von Zeit in den Film zurückgekehrt ist.

Überblendungen versteht Paech hier auch als Orte, an denen sich Vergangenes und Zukünftiges in der Präsenz angedeuteter, das heißt simulierter Bewegung als Bild von Veränderung, als *Zeit-Bild* überlagert.

Der Bergsonsche Gedanke der Hegemonie der Zeit über den Raum, den Deleuze mit seiner Defintion des *Zeit-Bildes* für das Kino nutzbar macht, wird hier auf *La Jetée* angewendet: Die Zeit, so die Aussage Christa Blümlingers, „wird hier nicht mehr indirekt repräsentiert, sondern um ihrer selbst willen.“[491]

Den Vergleich des Deleuzschen *Zeit-Bildes* begründet Blümlinger wie folgt:

> *La Jetée* ist vor allem auch *Zeit-Bild*. Das Intervall hat hier die Rolle des Zentrums; gerade die langen Ab- und Überblendungen zwischen den Stehkadern, denen nach Réda Bensmaia die Funktion rätselhafter Geständnisse zukommt, treiben *La Jetée* voran. Die "*Zwischenbilder*" des Films sind dessen eigentlicher Motor.[492]

---

[488] Paech, J.: a.a.O., S. 67.

[489] Anm.: Dieses *futur ánterieur* haben wir schon bei Lacan kennengelernt: Die Struktur des Ich (*moi*) und seiner imaginären Spiegelverkennung ist analog zu dem die Verkennung seiner eigenen Geschichtlichkeit unterliegende Held, welcher ebenso wie das lacansche *moi* eingeschlossen ist in einen Zirkel dieser besagten Vorzukunft. So verkennt der Held von *La Jetée* immer wieder seine eigene Geschichtlichkeit; immer wieder wird er mit seinem eigenen Tod konfrontiert, mit dem *Gefangensein* in einer Zeitschlaufe.

[490] Paech, J.: *Anmerkungen zu La Jetée*, in : Binszek/Raas (Hg.): a.a.O., S. 65.

[491] Blümlinger, C.: a.a.O. , S.69.

[492] Ebd., S. 72.

Angesichts der Neubewertung Schaubs bezüglich des Intervall-Begriffes als eines *unsichtbaren Zwischenbildes* muss diese Zuordnung jedoch korrigiert werden: Die *La Jetée* bestimmenden *Intervalle* der Überblendungen sind, wie es Deleuze in seinem *Bewegungs-Bild* formuliert, materieller bzw. sichtbarer Natur und folgen – ganz entgegen den Bestimmungen der a-chronologischen Zeit im *Zeit-Bild* – den Gesetzen der logisch-sukzessiven Narration. Zwar thematisiert dieser Film das Problem des Gedächtnisses, doch findet dieses zeitliche Paradoxon innerhalb des Films keine dauerhafte Auflösung. Wie bereits dargestellt, verkörpert der Film dieses Paradoxon über die blockierte Bewegung (womit er der Gedächtnisvorstellung von Bergson sehr nahe kommt), ohne allerdings das raum-plastische Gefängnis wirklich zu verlassen. Verhindern tun dies, die das paradoxe Gedächtnisdispositiv bestimmenden, halbstarren Fotos, die gerade wegen ihrer intervallartigen Verbindungen in kein fließendes Bildkontinuum gelangen. **Zeit kann in *La Jetée* nur innerhalb der Bewegung *a-chronolgisch* werden.** Der kurze Moment einer *virtuellen*, reinen Zeit bleibt jedoch allein als eine Art virtueller Moment in unserem Gedächtnis hängen. Zu kurz, um wahr zu sein, gleicht dieses Aufblitzen des Erwachens nur einem Traum.

Hieraus folgt, dass *La Jetée* nicht, bzw. nur für einen kurzen Moment nach den Konditionen des *Zeit-Bildes* funktioniert. *La Jetée* ist damit noch *Bewegungs-Bild.* Es verkörpert im Deleuzschen Sinne sozusagen das Paradox der Bewegung, welches allein an einer Stelle die reine Zeitlichkeit aufscheinen lässt, nach der der 29-minütige Film die restliche Dauer über sucht.

La Jetée ist – wie im folgenden zu sehen ist – damit verwandt mit der Konzeption des Deleuzschen *Kristall-Bildes*, welches die reine Zeit nur aufblitzen lässt, um kurz darauf wieder zu verschwinden. Eingeschlossen im Kristall, enthüllt sich die reine Zeit des dem bereits impliziten, *Bewegungs-Bildes* durch seinen *sichtbaren* Riss. Momentartig offenbart er damit, was die direkten *Zeit-Bilder* im Kontrast dauerhaft zeigen konnten, und was für *La Jetée* gleichsam bei einem sehnsuchtsvollen, einzigen Augenblick (im wahrsten Sinne des Wortes) bleibt: ***un peu de temps à létat pur.***[493]

[493] Deleuze, G.: *Proust und die Zeichen*, a.a.O., S. 76.

Kapitel 5: Die Konzeption des Kristall-Bildes als Verschränkung von Sagbarem (Psychoanalyse) und Sichtbarem (Philosophie)

5.1. Doppelnatur des Deleuzschen Bildes: *Aktualität* versus *Virtualität*

Für das *Sein* des Bildes bei Deleuze ist die Doppelung *aktuell-virtuell* konstitutiv. Grundsätzlich sind erstmal alle Bilder – da sie sich als Bilder zu erkennen geben – *virtuell*, während die *aktuellen* Bilder durch das Sichtbarmachen von Referenzobjekten (Personen, Gegenstände) gekennzeichnet sind, die nicht oder nicht ausschließlich durch ein bildgebendes Medium existieren.[494] *Virtuell im engeren Sinne* sind damit

> Bilder, die nicht nur in Abhängigkeit von bildgebenden Medien erzeugt werden, sondern die sich auch als Erzeugnisse zu erkennen geben, indem sie das, was sie bedingt, selbst in das auf dem Bild Sichtbare rücken.[495]

Die *virtuellen* Momente können also nur über indirekte Referenzobjekte[496] im Filmbild sichtbar gemacht werden, ohne allerdings dass sie selber erkennbar sind. Im Unterschied sind die *aktuellen* Momente *unmittelbar* gegenwärtig, ohne dabei *bildförmig* zu sein. Anders als die *virtuellen* Momente, entstehen sie gerade nicht aus einer seitenverkehrten Verdopplung oder (direkten) Abbildung durch ein anderes bilderzeugendes oder reflektierendes Medium.

Die Frage der *Aktualität* oder *Virtualität* eines Bildes ist damit abhängig davon, ob es sich als Bild inszeniert oder nicht. Nur im Moment ihrer Herstellung, gebunden an eine bestimmte Zeit und einen bestimmten Raum – also so lange, wie sich bildgebendes Medium und Bild noch nicht vollständig voneinander gelöst haben – sind Bilder *aktuell*. Danach (oder daneben) führen sie eine Existenz als *virtuelle* Bilder – das heißt zeitlose und damit unabhängig von dem bildgebenden Medium, das es erzeugte.

Obwohl Deleuzes Interesse an Bildern ein sehr spezifisches ist und die Unterschiede zwischen den verschiedenen Bildmaterialien sicherlich vernachlässigt werden, scheint die Idee von *aktuellen* und *virtuellen* Bildmomenten innerhalb eines Bildes doch gewissermaßen an die aufgezeigte Dualität der Erinnerungsproblematik anzugrenzen.[497] Entscheidend hierbei ist, dass das *virtuelle* und das *aktuelle* Bild sich zeitlich gleich zueinander verhalten. Das *Virtuelle koexistiert* mit dem *Aktuellen*. Zusammen bilden sie ein echtes, komplementäres, gleichursprüngliches Paar, das nach räumlichen, nicht aber nach zeitlichen Gesichtspunkten zu differieren vermag.

---

[494] Anm.: Im Kinofilm z.B. verschleiern die *aktuellen* Bilder die Anwesenheit der Kamera, während sich die *virtuell* genannten – zumindest im Nachhinein – als Bilder (z.B. Spiegelbilder) zu erkennen geben.

[495] Schaub, M.: ebd., S. 222/223.

[496] Anm.: Diese *indirekten Referenzobjekte* nehmen wiederum direkten Einfluss auf die Herstellung des Bildes und hinterlassen hierbei *direkte Spuren* ihrer Körperlichkeit, wie etwa die Brechung des Lichts oder der Rahmen eines Spiegels etc.

[497] Anm.: Vgl. hier das Modell Aleida Assmanns des aktuellen Speicher- und virtuellen Funktionsgedächtnisses.

5.1.1. Zum Begriff des Virtuellen

> Genau besehen, besteht der Clou der deleuzianischen Argumentation darin, das Virtuelle aus dem Aktuellen hervorgehen zu lassen, und nicht, wie man zunächst denken könnte, das Aktuelle aus dem Virtuellen (was die Glaubwürdigkeit des Virtuellen erhöht und seine Wirklichkeit wahrscheinlicher werden lässt).[498]

Der Begriff des Deleuzschen *Virtuellen* ist zunächst sehr genau von der Bedeutung desselben Begriffes aus den digitalen Medien zu unterscheiden – gemeint ist die Konzeption von *virtual reality* – die , folgen wir Stephan May[499], sich aus einer Vermischung philosophischer Konzepte des *Virtuellen* und einer eher aus der Produktions- bzw. Marketingpraxis der neuen Medien stammenden Verwendung desselben Terminus begründet zu haben scheint. Das *Deleuzsche Virtuelle* hingegen ist ein zentraler Begriff in der Philosophie Bergsons, auf dessen Gedächtnismodell Deleuze bei der Konzeption der Wahrnehmungs- und Erinnerungsmodi des Films zurückgreift. Der andere, aus der Perspektive der Filmwissenschaft mindestens genauso wichtige Bezug, sei – so May – das Kino selbst, bzw. die Beschreibungen und Analysen, die Deleuze mit ihm verbinde.

> Beide Aspekte müssen in einer sich ergänzenden Beziehung zueinander gedacht werden. Der begrifflichen Anbindung des Virtuellen an die Theorie Bergsons steht die in den Kinobüchern oftmals emphatische Rede von den spezifischen virtuellen Dimensionen der jeweiligen Filme zur Seite. Vor allem in dieser Emphase erreicht das Virtuelle den Status einer theologischen Denkfigur, die oft an eine Beschwörungsformel erinnert.[500]

Die *Virtualitäten* des Kinos lassen sich jedoch mit Deleuze nur unter Berücksichtigung beider sich ergänzender Aspekte antizipieren. Denn erst die verbale Emphase trägt sowohl der ästhetischen Erfahrung des Kinos als auch der philosophischen Tragweite von Deleuzes Konzeption des *Virtuellen* Rechnung. Die Emphase steht nicht im Gegensatz zum Begriff, sie muss als Teil seines Innersten begriffen werden.

Laut Deleuze steht der Bergsonsche Begriff des *Virtuellen* für eine Kritik und Korrektur eines anderen Terminus, nämlich dem des *Möglichen*.[501] Im Gegensatz zu letzterem, besitzt *das Virtuelle* Realität und bildet daher nicht mit dem *Wirklichen*, sondern mit dem *Aktuellen*, welches gleichsam Realitätsstatus besitzt, ein Begriffspaar. Das *Mögliche* ist also nicht wirklich, es wird erst wirklich im Realisationsprozess als ein Prozess der Limitation: Von mehreren Möglichkeiten realisieren sich nur einige.

---

498 Schaub, M.: Ebd., S. 136.

499 May, S.: *Rainer Werner Fassbinders Lili Marleen und Gilles Deleuze Theorie der kinematographischen Zeit*, in: *Aufsätze zu Film und Fernsehen*, Band 70, (Hg.): Band Hoefer, Coppi Verlag Alfeld 2000, der Text entstand 1998/99 in Berlin; S. 7ff.

500 Ebd., S. 8.

501 Anm.: Deleuze betont, dass es Bergson bei seinen Überlegungen zum Verhältnis des Möglichen und Wirklichen nicht um eine begriffliche Differenzierung geht, sondern um das Bestehen auf einem existentiellen Sachverhalt, den Bergson nicht nur schon vor allen begrifflichen Differenzierungen als gegeben ansieht, sondern auch – durch die Konzentration auf die Klärung begrifflicher Verhältnisse – aus unserer Wahrnehmung herausgedrängt sieht. Die Rede vom Möglichen lehne Bergson Deleuze zufolge schon darum ab, weil sie der begrifflichen Einheitsbildung folge. Das Mögliche, so Deleuze, wird durch die begriffliche Fassung seiner Form in seiner Identität konstituiert. Vgl. Deleuze: *DuW*, a.a.O., S. 267.

Außerdem besteht zwischen dem *Möglichen* und dem *Wirklichen* eine Beziehung der Gleichartigkeit: Das *Wirkliche* gleicht dem *Möglichen*; was sie unterscheidet, ist lediglich der Realitätsstatus.

Nach Deleuze macht man sich, wenn man von einer Beziehung der Gleichartigkeit ausgeht, bereits mit dem *Möglichen*

> (...) ein in sich fertiges Wirkliches zu Recht, das vorgeformt ist, seiner eigenen Existenz vorausgeht und in einer Reihe aufeinanderfolgender Limitationen in die Existenz übergeht. (...) In Wahrheit gleicht nicht das Wirkliche dem Möglichen, sondern das Mögliche dem Wirklichen, und zwar weil es vom einmal fertigen Wirklichen wie von einem Abziehbild abgezogen wurde;(...).[502]

Der Unterschied von *Aktuellem* und *Virtuellem* ist rein zeitlicher Natur. Der Aktualisierungsprozess – also die Bewegung vom *Virtuellen* zum *Aktuellen* – ist gekennzeichnet „durch den Unterschied oder Divergenz sowie schöpferisches Hervorbringen."[503]

> Kurz, Virtualität hat die Eigenart, in der Weise zu existieren, dass sie sich differenzierend aktualisiert und dass sie, um aktuell zu werden, sich zu differenzieren und ihrer Differenzierungslinien erst zu schaffen hat.[504]

Der *Aktualisierungsprozess* besteht also in einer schöpferischen Differenzierung, die ausgehend von einer Dimension reiner, undifferenzierter Potentialität neue Differenzen hervorbringt. Während das *Mögliche* eine differenzierte Möglichkeit ist, die in ihrer Realisation limitiert ist durch die anderen differenzierten Möglichkeiten, kann das *Virtuelle* als reine Potentialität verstanden werden: als eine Dimension der Potentialität sozusagen, der im Unterschied jede Differenzierung abgeht. Einerseits muss damit das *Virtuelle* der *Aktualisierung* notwendig vorausgehen – unter der Voraussetzung, dass die Differenzen nicht aus sich selbst oder aus dem Nichts entstehen – ohne allerdings diese Differenzen wie etwa die differenzierte Möglichkeit vorwegzunehmen. Andererseits kann das *Virtuelle* allein in Bezug auf ein *Aktuelles* bestimmt werden, da es immer ein *Aktualisierendes/ Differenzierendes* ist.

> Demgegenüber bestimmt sich das im reinen Zustand befindliche virtuelle Bild nicht aufgrund einer neuen Gegenwart, in bezug auf die es (relativ) vergangen wäre, sondern aufgrund der aktuellen Gegenwart, *deren* Vergangenheit es absolut und simultan ist. [505]

Anhand des paradoxen Verhältnisses der Zeiten, welches Deleuze in den Begriffen *virtuell* und *aktuell* in Anlehnung an Bergson beschreibt, kann der Vorgang der *Aktualisierung* am Beispiel des Erinnerungsprozesses und gleichzeitig Deleuzes Bildverständnis veranschaulicht werden:

> Dasjenige, was aktuell ist, ist stets ein Gegenwärtiges. Aber genaugenommen ändert sich die Gegenwart oder geht vorüber. Es lässt sich immer sagen, dass sie dann zur Vergangenheit wird, wenn sie nicht mehr ist, wenn eine neue Gegenwart an ihre Stelle tritt.(...) Es ist notwendig, dass sie vergeht, damit die Ankunft einer neuen Gegenwart sich ereignen kann, und es ist gleichermaßen notwendig, dass sie im selben Augenblick vergeht, in dem sie gegenwärtig ist; im

---

502 Deleuze, G. (1966): *Bergson zur Einführung* , a.a.O. , S. 123-124.
503 Deleuze, G.: *ZB*, a.a.O., S. 122.
504 Ebd., S. 123.
505 Ebd., S. 109.

> selben Augenblick, in dem sie dies ist. Folglich ist es notwendig, dass das Bild gegenwärtig und vergangen ist, noch gegenwärtig und schon vergangen; beides zur gleichen Zeit. Wenn das gegenwärtige Bild nicht gleichzeitig schon vergangen wäre, dann würde die Gegenwart niemals vergehen. Die Vergangenheit folgt nicht auf die Gegenwart, die sie nicht mehr ist, sie koexistiert mit der Gegenwart, die sie gewesen ist. Die Gegenwart ist das aktuelle Bild, und seine zeitgleiche Vergangenheit ist das virtuelle Bild, das Spiegelbild.[506]

Das *Mögliche* ist also die Voraussetzung dafür, dass überhaupt etwas *wirklich* wird. Deleuze zieht jedoch den Begriff des *Virtuellen* dem des *Möglichen* vor, weil er letzteren für zu abstrakt hält.[507] Im Gegenzug hat das *Virtuelle* den Vorteil, dass es über faktische Wirkungen im *Realen* verfügt. Das *Virtuelle* als die *Entwirklichung des Aktuellen* versteht Deleuze dann im Sinne von Leibniz als eine Idee von der uns umgebenden *Möglichkeitswelt*, denn optisch ist uns der simultane Überblick nicht gegeben.[508]

Daraus folgt aber auch, dass die Zuschreibungen *aktuell/virtuell* auf der Ebene des *Sichtbaren* nicht getroffen werden können: Weil das *Sichtbare* über keinerlei modale *Speicherformen* von *Zeitlichkeit* verfügt, kann es *Virtuelles* als solches nicht sichtbar machen. *Zeitlichkeit* entsteht erst in der Bilderfolge, die die Bilder in eine sukzessiv wahrnehmbare Position bringen, erst im *Nachhinein* und eben nicht im Medium des *Sichtbaren.*

In Bezug zu den zwei Ordnungen – des *Sichtbaren* und des *Sagbaren* – heißt das Schaub zufolge folgendes: Ausgehend von der Tatsache, dass Bilder – im Unterschied zur Sprache – auf jede Form von *Modalzeitlichkeit* verzichten können[509] sowie der Unmöglichkeit, in Bildern *Virtuelles* sichtbar zu machen – aus dem einzigen Grund heraus, weil Bilder ja bereits selbst *inaktuell* und *virtuell* sind – kommt Deleuze zu der Theorie, dass die einzige Möglichkeit, *Virtuelles* als Präsentes vorzuführen, *Bilder* sind.[510]

5.1.2. Ununterscheidbarkeit von aktuellen und virtuellen Bildmomenten

> Wenn das virtuelle Bild aktuell wird, dann ist es sichtbar und rein wie im Spiegel oder in der Festigkeit des vollendeten Kristalls. Aber das aktuelle Bild wird seinerseits virtuell, sieht sich auf ein anderes hin verwiesen, undurchsichtig und dunkel wie ein kaum aus dem Boden gewachsener Kristall.[511]

---

[506] Ebd., S. 108/109.

[507] Vgl Schaub, M.: ebd., Fußnote 11, S. 230.

[508] Vgl. Leibniz, G-W. (1710): *Die Theodizee*, Hamburg: Meiner, 1968; Mit dem *Mögliche-Welten-Modell* als *Quell der Dinge* am Ende von Leibniz Theodizee wird Deleuzes Virtualitätskonzept verständlicher: Die hier entworfene virtuelle Welt des Kristallpalastes wird durch einander abwechselnde Realitäts- und Fiktionalebenen *achronologisch*, *zeitlos*. Die vierte Fiktionsebene lässt schließlich eine fünfte Realitätsebene entstehen, die diejenige Welt *am wirklichsten* erscheinen lässt, welche auch die *virtuelleste* ist, weil sie die meisten Möglichkeiten in sich einschließt.

[509] Anm.: Im Sinne von: sofern etwas überhaupt sichtbar ist, verfügt es über uneingeschränkte Präsenz.

[510] Anm.: Nach Schaub ist dies die *schillerndste Entdeckung des Zeit-Bildes*, vgl. Schaub: a.a.O., S. 231.

[511] Deleuze: *ZB*, S. 98.

Die Trennung von *aktuell* und *virtuell* macht im Bild selbst keinen Sinn. Alle Übergänge sind fließend.[512] Damit ist gemeint, dass sich Vergangenheit und Zukunft im *Sichtbaren* nicht *als Sichtbare* inszenieren lassen, dass sich Veränderung im Bild kontinuierlich vollzieht, das heißt *niemals Bilder fehlen*, sondern dass jedes Bild gleich voll und präsent ist. Wir schweifen zwar beständig mit unseren Blicken, doch deshalb wird das gerade Gesehene nicht zu etwas Vergangenem, das heißt prinzipiell nicht mehr *Sichtbarem*.

Zeitlichkeit im Bild arbeitet Deleuze zufolge nicht mit einer *Abstufung* von Wirklichkeitsgraden, sondern mit der beständigen Überblendung gleichwirklicher Momente. *Zeitlichkeit* äußert sich im Sichtbaren als kontinuierliche *Modulation des (sichtbaren) Realen* selbst. Sie erlaubt Entsprechungen, statt Widersprüche zu konstruieren.

Die *Ununterscheidbarkeit* bezieht sich im Grunde darauf, dass der Unterschied zwischen dem indirekt, mittelbar gegenwärtigen – also dem *virtuellen* – und dem direkt, unmittelbar gegenwärtigen – dem *aktuellen* – Moment innerhalb des Bildes nicht mehr unterschieden werden kann. Deleuze spricht mit Bachelard von „*wechselseitigen Bildern*"[513] (*images mutuelles*) und bringt damit seine Annahme der *ontischen Gleichursprünglichkeit* von *aktuellen* und *virtuellen* Momenten zum Ausdruck. Mit dem Begriffspaar *rein/undurchsichtig* – neben der ontologischen Qualifizierung als *virtuell* und *aktuell* – charakterisiert Deleuze die sichtbaren Ereignisse des Austauschverhältnisses, es bildet den „Ausdruck ihres Austauschs."[514]

Deleuze beschreibt die Entstehung dieses Bildtypus folgendermaßen[515]:

Bei der Spiegelung des realen Objektes im Spiegelbild entsteht eine *Koaleszenz* mit dem eigenen *virtuellen* Objekt, welches seinerseits das *Reale* umgibt oder reflektiert. Das dabei entstehende zweiseitige Bild – ein *aktuelles* und ein *virtuelles* – bildet sozusagen den *Ur*-Kreislauf, da dieser als kleinster Kreis gleichzeitig das *Ununterscheidbarkeitsmoment* des *aktuellen* und des *virtuellen* Bildes darstellt. Von hier aus können alle weiteren Kreisläufe ihren Lauf nehmen und immer tiefere Schichten der Wirklichkeit auf immer höheren Ebenen des Gedächtnisses entstehen.

Das *Kristall-Bild* entsteht demzufolge in dem Moment, in dem das *aktuelle* Bild – auch genannt *Opto- oder Sonozeichen* als das von der motorischen Fortsetzung abgeschnittene Bild, welches die weiteren Kreisläufe herstellt und mit dem *Erinnerungs-*, dem *Traum-* und dem *Weltbild* in Verbindung tritt – auf sein eigenes *virtuelles* Bild trifft und mit diesem auf dem kleinen inneren Kreislauf kristalliert, wobei das *Optozeichen* sein genetisches Moment findet. Das Paradox des *Kristall-Bildes* ist hierbei seine nicht zu unterscheidende Distinktion des *Realen* (das *aktuelle Optozeichen*) und des *Imaginären* (das *virtuelle Zeichen*), die in einem ständigen Austausch miteinander stehen. Die vollständige Umkehrbarkeit der Vorder- und Rückseite dieses *wechselseitigen Bildes* – es gibt kein *Virtuelles*, das nicht durch Bezug auf das *Aktuelle aktuell* würde, während dieses innerhalb derselben Beziehung *virtuell* würde – erklärt Deleuze mit dem Prinzip der *Ununterscheidbarkeit*: Hiernach sind das *Aktuelle* und das *Virtuelle* durch den permanenten Austausch *ununterscheidbar*, obwohl sie grundsätzlich ver-

---

512 Anm.: Vgl. den berühmten Schwenk aus dem Spiegel heraus ins Reich vor dem Spiegel.

513 Deleuze, G.: *ZB*, dt. S. 97, frz. S. 94.

514 Ebd., S. 98.

515 Vgl. Deleuze: Kapitel *Die Zeitkristalle* aus *ZB*, a.a.O., S. 95-131.

schiedenartig sind. Wenn das *virtuelle* Bild *aktuell* wird, dann ist es sichtbar und rein wie im Spiegel – gleichzeitig wird das *aktuelle* Bild seinerseits *virtuell*, wird unsichtbar, undurchsichtig, dunkel. Jedoch bleibt stets eine Ungewissheit zwischen den beiden verschiedenen Seiten (...), die uns daran hindert, herauszufinden, welche von beiden, im Hinblick auf die Umstände, rein und welche dunkel ist.[516]

Der ununterscheidbare Austausch – als Grundprinzip des Kreislaufs – findet nun in drei Arten des kristallinen Kreislaufs seine Fortsetzung:

1. im Aktuellen und Virtuellen
2. im Reinen und Undurchsichtigen
3. im Keim und Umwelt

Am Beispiel des Spiegels wird das genetische Problem, welches in den Strukturen zum Vorschein kommt, deutlich, da dieser unabtrennbar von einem Kreislauf - quasi selbst ein Austausch ist (zum Beispiel Ophüls): Das Spiegelbild ist für die aktuelle Person, die es einfängt, virtuell. Zugleich aber ist dieses Bild aktuell im Spiegel. Dieser (der Spiegel) lässt von der Person nicht mehr als eine einfache Virtualität zurück und verdrängt sie wiederum aus dem Bild (= Entstehung einer Figur des hors-champ).

Der Zustand der *Ununterscheidbarkeit* kann gesteigert werden z.B. durch die Existenz von mehreren Spiegeln gleichzeitig (Spiegelkabinett) oder einer unendlichen Zahl von Ferngläsern, durch die etwas betrachtet wird. Das Beispiel eines perfektes *Kristall-Bildes* repräsentiert für Deleuze Orson Welles *The Lady from Shanghai* (USA 1947): In dem hier dargestellten Spiegelkabinett erreicht das *Ununterscheidbarkeitsprinzip* seinen Höhepunkt.

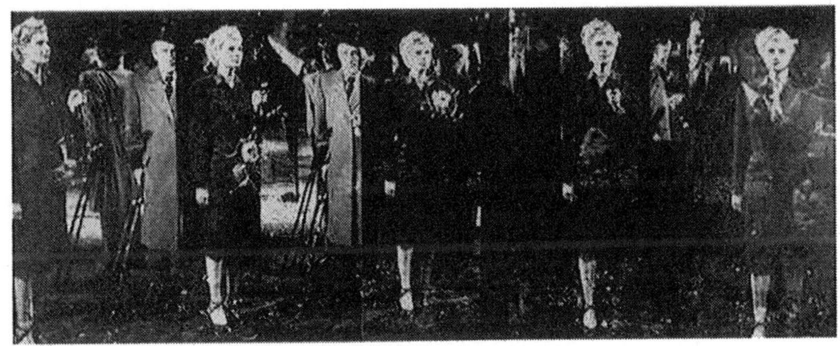

Abb. 7

[516] Ebd., S. 99.

5.2. Das Kristall-Bild

Das *Kristall-Bild* ist nach Deleuze die filmische Form, in der die oben beschriebene Verdopplung des Bildes erscheint, die *Koaleszenz von Aktuellem und Virtuellem* und ihr Austausch bis zur Unkenntlichkeit. Neben Welles einzelnen *kristallinen Bildern*, können innerhalb eines Films auch neue Verzweigungen und Ketten dieser Bilder vorkommen.

> Genau in diesem Sinne sprechen wir von einem Kristallbild: die Koaleszenz eines aktuellen Bildes und seines virtuellen Bildes, die Ununterscheidbarkeit der beiden distinkten Bilder.[517]

Von einem *Kristall-Bild* kann also nicht mehr gesagt werden, ob es sich um ein *aktuelles* oder um ein *virtuelles* Bild handelt. Der Unterschied zwischen einem *aktuellen* und einem *virtuellen* Bild bleibt zwar mit den Worten Schaubs *de jure* bestehen. *De facto* wird die Zuschreibung aber unmöglich gemacht dadurch, dass sich *aktuelle* und *virtuelle* Bilder in einem Kreislauf des gegenseitigen Austausches bewegen. Dieser umspielt die Differenz zwischen beiden Kategorien und führt sie auf eine phänomenologische *Ununterscheidbarkeitszone* zurück, die Deleuze auch als *objektive Illusion*[518] anspricht.

> Die Ununterscheidbarkeit von Realem und Imaginärem, von Gegenwärtigem und Vergangenem, von Aktuellem und Virtuellem entsteht folglich keineswegs im Kopf oder im Geist, sondern ist das objektive Merkmal gewisser existierender Bilder, die von Natur aus doppelt sind.[519]

An dieser Stelle wird ein entscheidender Unterschied zwischen dem philosophischen und dem psychoanalytischen Ansatz deutlich:
Während Deleuze das Bild als objektives Material betrachtet und es als Solches analysiert, ignoriert er die Perspektive eines Betrachters und damit die eines subjektiven Blicks. Der nahtlose Übergang und das kontinuierliche Wechseln zwischen den Polen *rein/klar/durchsichtig* und *unrein/dunkel/undurchsichtig* kann zum Beipiel viel eher mittels Merleau-Ponty[520] und seiner Theorie des Blicks (welche allein imstande ist, eine solche Unterscheidung zu machen) erklären, dass Sichtbarkeit und Unsichtbarkeit weder ontologisch noch phänomenologisch stabile Kategorien sind. Deleuze verlegt die Rolle des Blicks aber in die Bilder selbst. Statt den Blick zu subjektivieren, verobjektiviert er ihn. Indem Deleuze sich nur mit den fertig montierten Filmbildern auseinandersetzt, unterschlägt er aus einer psychoanalytischen Perspektive heraus die Rolle der Kamera und damit den gerichteten Blick des Zuschauers. Konsequenterweise geht Deleuze somit nicht auf Fragen des Perspektivismus ein, die die Unmöglichkeit veranschaulichen könnten, die Simultaneität und Aufeinanderverwiesenheit des *aktuellen* und des *virtuellen* Bildmoments mit einem Blick erfassen zu können.

Folgen wir Schaub, so geht es in dem *Kristall-Bild* - Kapitel vor allem um zwei entscheidende Dinge:
Erstens versuche Deleuze seine theoretische Zeitproblematik anhand dieses Typus von Bildern zu verdeutlichen, ohne dabei schon ein direktes *Zeit-Bild* zu liefern. Zweitens

---

[517] Ebd., S. 169.
[518] Ebd., S. 96.
[519] Deleuze, G.: *ZB*, S. 97.
[520] Merleau-Ponty, M.: *Der Zweifel Cezannes*, in: Boehm, G. (Hg.): *Was ist ein Bild?*, a.a.O., S. 39-59.

gehe es hier um das Vorführen der typisch Deleuzschen Begriffsarbeit, die einen fremden aus einem gänzlich verschiedenen Gebiet stammenden Begriff in den Kontext seiner Konzeption einführt.[521] Die von Deleuze gewählte kristalline Beschreibung liege weiterhin bereits in seinem paradoxen Bestreben begründet, welches schon die Autoren des *Noveau Roman* verfolgten: die Kluft zwischen Sprache und Nichtsprachlichem zu schließen.

Der Versuch Deleuzes besteht demnach darin, auch auf sprachlicher Ebene, das distinkte zeit-räumliche Verhältnis des *Kristall-Bildes* zu den anderen Bildern deutlich zu machen. Weil er es sprachlich konstituiert – und dies muss er tun! – läuft er zwar Gefahr, es zu reduzieren[522], indem er aber einen versprachlichten Überschuss als *Rest* lässt, geht die Einzigartigkeit des Gegenstandes eben nicht verloren. Mit dem Begriff und der Zuordnung des *Kristall-Bildes* schafft Deleuze nach Schaub eine außersprachliche und nichtbegriffliche Differenz zu den anderen Bildern, die bereits den *virtuellen* Hintergrund allein sprachlich mitbegründet.

Entsprechend ist das *Kristall-Bild* zu verstehen als ein Bild, das seinen Gegenstand erschafft und gleichzeitig tilgt und damit auf etwas verweist, was jenseits des Bildes selbst liegen muss. Es zeigt *etwas*, indem es zeigt. Als Bild zeigt es damit etwas anderes, als ein Bild: Die kristalline Koaleszenz macht nämlich die beiden Aspekte der Zeit (*Teilung* und *Totalisierung*), die bereits im Zusammenhang des *Bewegungs-Paradoxes* angesprochen wurden, sichtbar. Es erzeugt – wie Deleuze schreibt – eine *"Fusion des Risses"* [523], welche nach Ropars-Wuilleumier[524] durch die Darstellung des hier erfahrbaren *Intervalls*, eine wiedererlangte Sichtbarkeit der Zeit darstellt, die der bewegliche *Riss* im Verlauf seiner Unsichtbarkeit selbst zu zerstören drohte. Genau diese *Spuren seiner eigenen Auflösung* soll das *Kristall-Bild* sichtbar machen, indem es beidseitig, wechselseitig, doppelt wird und damit eine Aufteilung des Blickes ermöglicht. Während die eine Seite des Bildes vergeht, wird seine ausgeschlossene Rückseite sichtbar – womit die Dissimulation das *Aktuelle* nur *simuliert* bzw. seitenverkehrt spiegelt.[525]

---

[521] Anm.: Der Terminus des *Kristalls* entstammt der Festkörperphysik. Ursprünglich wurde er nur zur Charakterisierung des festen Aggregatszustands von Wasser benutzt, später aber auf "wasserklare, von gut ausgebildeten, ebenen, glänzenden Flächen umschlossene Quarze", wie man sie in den Alpen fand.Während bis 1723 (die Änderung erfolgte durch den Naturforscher M. A. Cappeler) nur natürliche, regelmäßige Mineralien als Kristalle angesprochen wurden, gilt das Kriterium der Symmetrie mehr als überholt, da auch die morphologische Gestalt der Mineralien nur mehr als *scheinkontinuumsmäßig* betrachtet wird. Heute werden alle Festkörper, die in ihrem Atomaufbau über ein *reelhomogenes asinotropes Diskontinuum* – also über eine sich wiederholende Gitterstruktur, die eine Menge *leeren_Raums* umschließt – verfügen, als Kristalle angesprochen. (vgl. Brockhaus-Enzyklopädie, Bd. 10 (KAT-KZ), 1970, S. 671).

[522] Anm.: Dies ist, weil alle Versuche, die Vielfalt eines sichtbaren Phänomens sprachlich aufzulösen aufgrund der endlichen Reihe von Worten trotz ihrer Unendlichkeit der Kombinatorik scheitern müssen – das Einzigartige wird schematisiert und durch Analogiebildungen einer Sache angepasst, die es nicht ist.

[523] Deleuze, G.: *ZB*, S. 264.

[524] Ropars-Wuilleumier, M-C.: *Das Ganze gegen das Teil: ein Riß, der zu schließen zu ist*, in: a.a.O., S. 264.

[525] Anm.: Das ist der Witz der Spiegelbilder innerhalb des filmischen Narrativs: Sie verdoppeln eben nicht einfach, was ohnehin geschieht, sondern decken eine sonst (der Kamera/dem Blick) verborgene Seite des Geschehens/ des Bildes auf. Das *aktuelle* Sichtbare wird damit durch eine vormals *virtuelle*, nunmehr *aktuelle andere* Seite ergänzt. Dieser Perspektivismus könnte über Lacans Theorie der *Anamorphose* erklärt werden: Die Anamorphose scheint zunächst nur darauf aufmerksam

Das *Kristall-Bild* vermag es nun, jener (von Deleuze behaupteten) doppelten Idee des Bildes Raum zu geben – gemeint ist ein Bild,

> das beweglich ist und von daher die Regel seiner Unsichtbarkeit fördert, sowie eines, das spiegelnd ist und von daher das Prinzip der Teilung und die Möglichkeit eines Erinnerungsbildes sich zurückholt.[526]

Diese doppelte Idee des Bildes mache das Kino insgesamt zweideutig und versetze es zugleich in die Lage, die eigenen Bedingungen zu reflektieren, ohne diese ihrer Wirkung zu berauben: In dieser Hinsicht kann – wie bereits dargestellt – das *Zeit-Bild* ein Paradox im *Bewegungs-Bild* nicht nur aufdecken, sondern auch auflösen. Durch die *Fusion des Risses* erhält nun das *Kristall-Bild* die Rolle eines *großen Simulators*[527], da es die Paradoxe des *Bewegungs-Bildes* zugleich verschärfe und quasi als *Finte*[528] mildere.

Dieses Paradoxon ist somit das Präsenzproblem des *Kristall-Bildes*, welches zugleich mittels des Risses die Grenzen dieses Bildes verdeutlicht:

Indem es (das *Kristall-Bild*) in Ermangelung des Präsenten die Präsenz sicherstellt[529] und zum *Platzhalter* einer reinen Fluchtbewegung erstarkt, zeigt es auf, dass die reine Logik des *Bewegungs-Bildes* nicht im Medium Film zu finden ist. Das *Kristall-Bild* ist mit den Worten Schaubs ein *dead end*, das es durch direkte *Zeit-Bilder* zu überwinden gilt.

Nach Schaub repräsentiert bzw. veranschaulicht das *Kristall-Bild* all die metaphysischen Spekulationen Deleuzes[530] über die serialisierende, verschiebende Wirkung von Zeit. Da die besondere Eigenschaft des *Kristall-Bildes* seine Verkapselung von direkter Zeit ist, sei es eben auch eine *modal- und sukzessionslogisch* restringierte Zeit. Auf die eigene Bildhaftigkeit indirekt – fast zögerlich – verweisend, (er)schaffen, wie zerstören diese Bilder ihren eigenen Gegenstand als Bild, und lassen damit ebenso „ihre eigene Virtualität in einer dezenten Art und Weise thematisch werden."[531]

Entscheidend ist, dass das *Kristall-Bild* damit noch keine *Befreiung* der *virtuellen* Dimension gegenüber der *aktuellen* liefert, sondern diese nur um den Preis ihres Einschlusses zeigen kann.[532] Aus diesem *Ungenügen* heraus ist es dennoch für diese Ar-

---

machen zu wollen, dass man durch die Perspektive der Perspektive jedes Ding nicht nur in seinem So-Sein unmittelbar darstellen kann, sondern ein zweites Mal, indem man einen anderen Sichtwinkel wählt, das einen solch neuen und unerwarteten Blick auf die Dinge gewährt, dass sie, weil verfremdet, zunächst kaum erkennbar scheinen. Jedes Phänomen kann demnach auf doppelte Weise wahrgenommen werden: auf *natürliche* und auf *gegennatürliche* Weise. Vgl. hierzu Gekle, H.: *Der Tod im Spiegel - Zu Lacans Theorie des Imaginären*, Frankfurt/M.: suhrkamp taschenbuch wissenschaft,1996.

526 Ropars-Wuilleumier, M-C.: a.a.O., S. 266.

527 Ebd., S. 265.

528 Ebd., S. 266.

529 Ebd.

530 Anm.: Gemeint ist eine *Genese der Zeit*, die folgende Eigenschaften impliziert: 1) das Vorübergehen der Gegenwart und das Sichbewahren von Vergangenheit und Zukunft; 2) die (scheinbar paradoxe) Koexistenz des Simultanen mit seinem eigenen sukzsessiven Fortschreiten; 3) die Existenz des Virtuellen aus dem Aktuellen.

531 Schaub, M.: a.a.O., S. 160.

532 Anm.: Dies ist analog zu Deleuzes Nachdenken über *Zeitlichkeit*, welches zunächst selbst eingeschlossen bleibt in die aporetischen Zirkel des klassischen Debattenverlaufs.

beit fast interessanter als die direkten *Zeit-Bilder*. Denn obwohl die kristalline Bildkonzeption eben noch nicht die reine Zeit darzustellen vermag, sondern nur einen *verbotenen* kurzen Blick auf diese zu werfen scheint, befindet sie sich noch in einer Auseinandersetzung mit dem *Aktuellen* und dem *Sukzessiven*. Die Simultaneität des Gleichmöglichen und des *Virtuellen* vermag sie daher nur *utopisch* darzustellen, womit der Zuschauer noch nicht in die Immanenz einer *virtuellen* Welt eingesponnen wird, wie dies beim direkten *Zeit-Bild* geschieht.

Diese besondere Bildkonzeption repräsentiert quasi die Deleuzsche Zeitproblematik samt ihrer Argumentation: Dies ist die Autonomisierung des *Virtuellen* sowie die Virtualisierung des *Aktuellen* zwecks Aufhebung der Sukzessionsbedingung des *Realen* zugunsten der Einsicht in die zugrundeliegende Simultaneität des zeitlichen Geschehens auf all seinen modalen Ebenen (Neudefinition der Montage etc.).

> Die pädagogische Wirkung des Kristallbildes enthüllt sich damit in der Konzentration auf jenen schon aus der Logik des Sinns bekannten unmerklichen Riss, der den Kristall nach Deleuzes Willen zur Spaltung, und das heißt zur Auseinandersetzung mit dem ausgeschlossenen Aktuellen zwingt.[533]

Das Deleuzsche *Kristall-Bild* als *Fusion* jenes *Risses* hat Schaub zufolge die Funktion, einerseits „zwischen einem nichtsynchronen Gebrauch von Bild- und Tonspur“ zu vermitteln, andererseits aber auch den Kristall „zum Springen zu bringen“ und schließlich „all das freizusetzen, was zuvor an Virtualität in ihm gebunden schien.“[534] Die eigene abgekapselte Realität des Kristalls wird dadurch zu einer „ausgeklügelten Schutzvorkehrung gegenüber dem Einbruch des Aktuellen, Gegenwärtigen, Chronologischen, Sukzessiven.“[535]

Diese Konzeption Deleuzes erschließt theoretische Parallelen zu Bergson und Freud und bietet beiden Modellen eine bildtheoretische Erklärung bzw. eine zeithafte Auflösung über den Bereich des Sichtbaren.

---

533 Schaub, M.: a.a.O., S. 161.
534 Ebd., S. 131.
535 Ebd., S. 161.

5.2.1. Das *Kristall-Bild* als bildtheoretische Erklärung für Freuds Konzeption der Hysterie und Bergsons Gedächtnisdispositiv

5.2.1.1. Deleuzes Bildbegriff veranschaulicht an der Zeitlichkeit der Hysterie

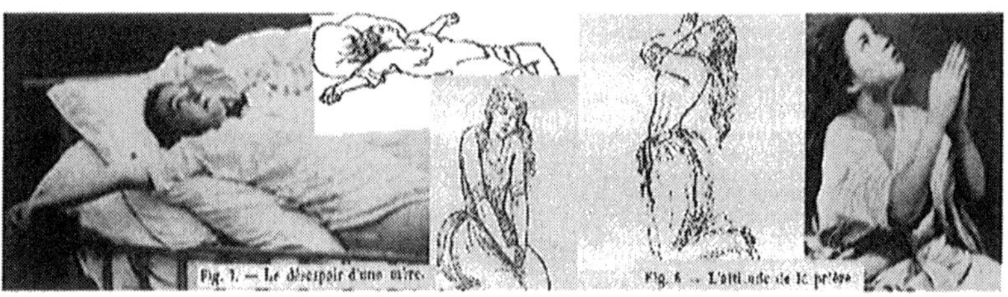

Abb. 8

> *Organisation des Simultanen*: die Medizin kreiste, und dies schon seit langem, um das Phantasma einer *Tableau-Sprache*, einer ihr eigenen Sprache, um den *Fall*, seine Sukzessivität und vor allem seine zeitliche Zerstreuung in einen zweidimensionalen, simultanen Raum zu integrieren, in eine Tabellierung, in eine Linie auf dem Grund von kartesianischen Koordinaten. Diese Tabellierung wäre dann ein exaktes *Porträt* der Krankheit, in dem Maße, wie sie sichtbar ausbreitet, was die Geschichte der Krankheit (mit ihren zeitweiligen Besserungen, ihren konkurrierenden und perkurrierenden Kausalitäten) zu verbergen suchte.[536]

Für den Kunsthistoriker Didi-Huberman besteht das Paradox der *Hysteriker/Innen* darin, dass sie, je mehr, je deutlicher, je dramatischer sie *ihre Krankheit* der Kamera zeigen, umso effektiver verschweigen, dass es sich hierbei um ein *referenzloses* Krankheits- wie Körper-Bild handelt. Dieses referenzlose Körper-Bild besitzt alle Attribute jener *reinen Präsenz* und *reinen Gegenwart*, die Deleuze für Bacons Gemälde geltend gemacht hat.[537]

Die allgemein angenommene Theorie der Hysterie als Schauplatz der Simulation wird damit gleichzeitig zum Ort der Gewalt – die Hysterikerin ist nicht mehr nur Simulantin, sondern genauso Opfer der ihr entgegenströmenden und sich ihrer bemächtigenden *Simulacren*. Für Didi-Huberman ist damit – genau wie für Deleuze – die Hysterie *Genuß* des *Simulacrums*, das Phantasma des Ins-Bild-Rückens, Lust an der richtigen Pose, um sich in den entsetzten Blicken der anderen frei zu fühlen, „Opferung des (eigenen) Körpers an das (fremde) Bild, das man sich entwirft."[538]

Das *Krankheitsbild* Hysterie verwandelt sich demzufolge in ein „strukturalistisches Exerzierfeld, auf dem sich die Entleerung des Signifikanten von seinem Signifikat abspielt."[539] An dieser Stelle macht Schaub einen Bezug zu Deleuze auf: Didi-Hubermans Analyse bezüglich der Hysterie – erschienen im selben Jahr wie das Buch über Bacon von Deleuze – „als grausame Verbindung zwischen *Figuration* und *Zeitlichkeit*"[540] – entspräche dem Deleuzschen Verständnis von *Zeitlichkeit*. Denn Didi-

---

536 Didi-Huberman, G.: *Erfindung der Hysterie. Die photographische Klinik von Jean-Martin Charcot*, München: Fink, 1997, S. 34.

537 Vgl. hierzu Schaub, M.: a.a.O., S. 44 - 67.

538 Vgl. Didi-Huberman, G.: a.a.O., S. 304.

539 Schaub, M.: a.a.O., S. 63.

540 Vgl. Didi-Huberman, G.: a.a.O., S. 304, zitiert aus Schaub: a.a.O., S. 63.

Huberman setze „Bilder mit einer außerordentlichen Prägnanz“[541] und die „extreme Sichtbarkeit“[542] des darauf Gezeigten mit dem Phänomen „hysterischer Zeitlichkeit“[543] in Beziheung zueinander.

In seinem *Bacon-Buch*[544] interessiert sich Deleuze für die Hysterie als systematische Deformation des Zeitempfindens. Er schreibt hier: „Gegenwart, Gegenwart, das ist das erste Wort, das einem vor einem Gemälde Bacons in den Sinn kommt.“[545] Gegenwart ist im Bacon-Buch für Deleuze das, was sich in Bergsons Philosophie schon ankündigte, nämlich die „größtmögliche Kontraktion all dessen, was sich je ereignet hat und sich je ereignen wird (...).“[546]Allein schon die Wiederholung des Begriffs verweist auf das, was im Namen der Gegenwart geschehen wird, wenn Deleuze sie als *hysterisch* deutet. Im Zentrum der Hysterie als *Zeit ohne Gegenwart* steht für Deleuze mit Schaub die Überflutung des eigenen wie fremden Körpers mit Bildern:

> Ein hysterisierter Körper weiß sich in Kontakt mit Vergangenem und Zukünftigem, arbeitet mit rückwarts gewandten Projektionen und vorausschauenden Ängsten, infiziert das Gegenwärtige mit einem Übermaß an – für andere nicht sichtbaren, nicht plausiblen – Bildern und Kräften.[547]

Obwohl das griechische *hysterízein* ein (i)ntensives Gefühl des Mangels, ein *immer-schon-zu-spät-Kommen* meint, „zurückbleiben, Mangel erleiden, getrennt sein von“[548], kommt der Hysteriker immer auch *zu früh*. Deleuze schreibt hierzu:

> Der Hysteriker ist derjenige, der seine Gegenwart aufzwingt, für den zugleich aber auch die Dinge und Wesen gegenwärtig, allzu gegenwärtig sind und der jedem Ding und jedem Wesen diesen Exzeß an Gegenwart überträgt. Es gibt also kaum einen Unterschied zwischen dem Hysteriker, dem Hysterisierten, dem Hysterisierenden.[549]

Eine Hysterikerin *manipuliert* demzufolge Zeit, indem sie die Wiederholung des nicht wiederholbaren vergangenen Traumas anstrengt. Äußerste Manipulation der Zeit der Hysterikerin also: Aus der Wiederholung, dem zeitlichen Martyrium, eine beherrschbare Heraufbeschwörung des Schauspiels machen, jederzeit fotografierbar.

Entgegen Deleuze gilt dennoch beides: Der Hysteriker lebt einerseits *allein* in der von ihm projektierten ereignisreichen Gegenwart und andererseits überhaupt nicht in der Gegenwart – sei er doch nicht in der Lage, die Faktizität des gegebenen Moments, und *nur des Moments*, anzuerkennen. Die multiple wie monotone Gegenwart des Hysterikers ist damit gleichzeitig *allzu gegenwärtig* und *nie gegenwärtig*, gleichzeitig also *anwesend* und *sich entziehend*. Der Augenblick in seinem eigenen Recht (eigenen *So-Sein*) entgeht dem Hysteriker, weil er ihn immer schon in die Vergangenheit und in die Zukunft hinein verlängert und mit anderen Momenten konfrontiert hat. Dabei *spürt* er durchaus die Differenz zu dem, was eine qualitative Gegenwartserfahrung sein könnte. Genau sie macht sein Leiden aus, wodurch er alles, was er als wirklich ansieht, immer

---

541 Didi-Huberman, G.: ebd., S. 14.
542 Ebd., S. 13.
543 Ebd., S. 85.
544 Deleuze, G.: *Francis Bacon - Logik der Sensation*, München: Fink, 1995.
545 Deleuze, G.: ebd., S. 35.
546 Schaub, M.: a.a.O., S. 61.
547 Ebd.
548 Vgl. Didi-Huberman, G.: a.a.O., S. 305.
549 Deleuze, G.: *Francis Bacon - Logik der Sensation*, a.a.O., S. 35.

zugleich als *schon zu spät* und *noch zu früh* erfährt.[550] Genau dieses *In-eins-Fallen* zweier inkompatibler Bestimmungen mündet Deleuze zufolge in die Erfahrung einer *exzessiven Gegenwart*, welche Distanzierung und Identifikation gleichermaßen verhindert.

Die bereits beschriebene Freudsche Definition der Hysterie impliziert gleichsam eine Zeitlichkeit, die dem Deleuzschen Verständnis derselben verwandt ist:

In dem hysterischen Anfall als der „Epiphanie des Verdrängten (...)“[551], dessen Vergangenheit „noch nicht abgeschlossen ist, Gegenwart noch nicht herstellbar“[552], führt die Dissoziation des Verdrängten zu seiner Entfaltung. Die Vergangenheit verweist bei Freud ebenso auf eine noch nicht eingelöste Zukunft, womit die *noch nicht herstellbare Gegenwart* neben der *noch nicht abgeschlossenen Vergangenheit* als Erfüllung des unbewussten Wunsches dargestellt wird.

> Das Präsens ist die Zeitform, in welcher der Wunsch als erfüllt dargestellt wird.[553]

Hinsichtlich der paradoxen Zeitstruktur der Hysterie scheinen Deleuze und Freud damit einer Meinung zu sein. Während Freud jedoch diese Konzeption als eine krankhafte Störung ansieht, macht Deleuze die Charakterisierung der Zeitlichkeit auf Bacons Bildern als *hysterische* für seine weitreichende These nutzbar, nach der es die Aufgabe einer jeden Kunst sei, mit ihren Mitteln „genau das sichtbar, hörbar, spürbar zu machen, was nicht immer schon sichtbar hörbar, spürbar ist.“[554]

Damit stehen sich lebensnahe Praxis der Psychotherapie und betrachtende Analyse der abstrakten Kunst gegenüber. Schon hier wird deutlich, was Psychoanalyse und Philosophie in ihren Grundzügen unterscheiden wird:

Wohingegen die psychoanalytische Theorierichtung immer auch den Menschen miteinbezieht, geht es in der Philosophie allein um das objektive Bildmaterial.

5.2.1.2. Die Hysterie-Konzeption Freuds als Kristall-Bild

Die Figur der hysterischen Nachträglichkeit in der Gestalt des *Zu-Spät*, kehrt schließlich bei Deleuze in seinem *Kristall-Bild* wieder[555]:

> Das Zu-spät ist kein in der Zeit sich ereignender Unfall, es ist eine Dimension der Zeit selbst. Als Dimension der Zeit ist es dasjenige, das, durch den Kristall hindurch, sich der statischen Dimension der Vergangenheit entgegensetzt, so wie sie im Innern des Kristalls lastet und fortbesteht.[556]

Hieraus folgt, dass die *Zeitlichkeit*, die Deleuze für das *Kristall-Bild* bestimmt, bezogen auf die Vergangenheit der Zeitlichkeit der Hysterie analog ist. Aus der Perspektive Deleuzes besteht also ein Bezug seiner kristallinen Bildkonzeption zu der Hysterie.

---

550 Vgl. Deleuze, G.: *Francis Bacon - Logik der Sensation*, a.a.O., S. 36.
551 Schlesier, R.: *Mythos und Weiblichkeit bei Sigmund Freud*, a.a.O., S. 48.
552 Ebd., S. 18.
553 Freud, S.: 1900, a.a.O., S. 496.
554 Schaub, M.: a.a.O., S. 64.
555 Anm.: Deleuze veranschaulicht dies bei Visconti und der Unmöglichkeit, Mensch, Natur und Geschichte auszusöhnen.
556 Deleuze, G.: *ZB*, S. 130.

Ein Solcher soll nun auch von Freuds Blickwinkel heraus konzipiert werden. Im Grunde ist der Versuch hier, das zu verwirklichen, was Freud sich einst vorgenommen hat:

> (...) wie ich im geheimsten die Hoffnung nähre, über dieselben Wege (die Medizin) zu meinem Anfangsziel der Philosophie zu kommen. Denn das wollte ich ursprünglich, als mir noch gar nicht klar war, wozu ich auf der Welt bin.[557]

Freud beschrieb den Zustand der Hysterisierten in ihrem Zustand zwischen dem Wahnsinn und dem Blick als kristallin, gespalten, zersplittert:

> Wenn wir einen **Kristall** zu Boden werfen, zerbricht er, aber nicht willkürlich, er zerfällt dabei nach seinen Spaltrichtungen in Stücke, deren Abgrenzung, obwohl unsichtbar, doch durch die Strukturen des Kristalls vorher bestimmt war. **Solche rissigen und gesprungenen Strukturen sind auch die Geisteskranken.** Etwas von der ehrfürchtigen Scheu, die alte Völker den Wahnsinnigen bezeugten, können auch wir ihnen nicht versagen. Sie haben sich von der äußerlichen Realität abgewendet, aber eben darum wissen sie mehr von der inneren, psychischen Realität und können uns manches verraten, was uns sonst unzugänglich wäre. Von einer Gruppe dieser Kranken sagen wir, sie leiden an Beoachtungswahn. Sie klagen uns an, dass sie unausgesetzt und bis in ihr intimstes Tun von der Beobachtung unbekannter Mächte, wahrscheinlich doch Personen, belästigt werden, und hören halluzinatorisch, wie diese Personen die Ergebnisse ihrer Beobachtung verkünden.(...) **Wie wäre es, wenn diese Wahnsinnigen Recht hätten (...)?** [558]

Didi-Huberman[559] definiert die Deckerinnerung Freuds als eine *Hypothese* eines sonderbar strategischen Bildes im Gedächtnis: „Es taucht völlig *distinkt* auf, ausgeformt und präzis – während es tatsächlich bloß darauf abzielt, zu *eskamotieren*, zu verformen, zu verschieben, wie Freud sagt.“[560] Es taucht also nicht auf, sondern formt sich, das heißt auch, dass es Formen modifiziert. Es zielt darauf ab, das *Wesentliche* (eines *Realen*, einer *Urszene*) vergessen zu machen. „Ob dies Bild *wahr* oder *falsch* ist, das ist schon nicht mehr das Problem; es ist ein Problem der Wahrheit und nicht der Wahrhaftigkeit.“[561]

> Das Bild ist ein zur Figuration übergegangener Kompromiß, eine Verschiebung der Affekte und Intensitäten auf ein unwesentliches Bild, es entfaltet mithin eine ganze temporale Manipulation, bildet sich abwechslungsweise rückläufig und vorgreifend; es ist **wie eine listige Symmetrie der hysterischen Amnesie**; es ist ein Gedächtnisschwindel, aber trotzdem Gedächtnis; es ist, schreibt Freud, der *Schlüssel für das Verständnis der Symptombildung.*[562]

Diese temporal bedingte *listige Symmetrie der hysterischen Amnesie* bildet das Grundverständnis Freuds bezüglich seiner *Hysterie-Bild*- Konzeption als *Kristall-Bild.* Der von Freud als Zustand der ***„belle indifférence*“**[563] beschriebene kristalline *Kokon*, in dem sich die Hysterikerinnen einhüllen, steht dem normalen Krankheitszu-

---

[557] Freud, S. (1887-1904): *Briefe an Fließ*, Frankfurt/M.: Fischer S. Verlag, 1986, S. 125.
[558] Freud, S. (1933): *Neue Folgen der Vorlesungen zur Einführung in die Psychoanalyse*, in: *GW*, Bd. 11, a.a.O., S. 64, Hervorhebung des Autors.
[559] Vgl. Didi-Huberman, G.:*Erfindung der Hysterie*, Wilhelm Fink Verlag 1997, S. 179.
[560] Ebd.
[561] Ebd.
[562] Ebd., Hervorhebung des Autors.
[563] Freud/Breuer: *Studien über Hysterie*, a.a.O., S. 196.

stand der *Schlimmheit* gegenüber. Den hysterischen Delirien und Ekstasen, in denen die Selbstbeherrschung außer Kraft gesetzt zu sein scheint, steht gleichsam den Lähmungen und Krämpfen, den Zuständen der Starrheit und Stummheit gegenüber. Ist in den Delirien und Ekstasen eine Steigerung sexueller Erregung unverkennbar, so zeichnen sich die hysterischen Hemmungen der Affektäußerung und der Organfunktion durch Unlust aus. Bei den hysterischen Anfällen entstehenden Konvulsionen und Zuckungen vermerkt Freud eine Mittelstellung oder *Symmetrie* zwischen Affektäußerung und Affekthemmung, die seltsamerweise nicht schmerzhaft ist. Auf den ersten Blick scheint es hier gelungen zu sein, „den Affektbetrag zum völligen Verschwinden zu bringen."[564] Gerade gegenüber den Kontrakturen, Lähmungen und ihren anderen somatischen Dauersymptomen verhalten sich die Hysterischen wie unbeteiligt.[565] Im Gegensatz zur Zwangsneurose ist „vom Kampf des Ichs gegen das einmal gebildete Symptom (...) bei der Konversionshysterie wenig zu vermerken."[566]

Die *Gleichgültigkeit* gegenüber dem Leiden ist keine unengagierte, sondern macht eher den Eindruck einer Simulation: Dem zwangsneurotischen und dem hysterischen Symptom gemeinsam ist ihr Kompromisscharakter. Unlust und Lust, verdrängende Absicht und absichtsvolles Verdrängtes sind *durcheinander* vermittelt. Der Unterschied beider liegt in der Betonung. Die Hysterie akzentuiert das Lustversprechen des Verdrängten, nicht die Flucht vor ihm. Trieb- und Gefühlsambivalenz sind auch in ihr anwesend, aber sie ist weit entfernt davon, im Konflikt zwischen Verbot und Befriedigung ein Gleichgewicht herzustellen.[567] Den Hysterischen haften die Verdrängungszeichen leiblich an. Im Gegensatz zur Zwangsneurose führt die *Dissoziation* des Vedrängten nicht zu einer Einschränkung des Verdrängten, sondern zu seiner Entfaltung.[568]

Nach dem Vorbild des Saugens an der Mutterbrust, das Freud in den *Drei Abhandlungen* als „Veranstaltung"[569] bezeichnete, bei der die Lippenzone gleichzeitig mit der Nahrungsaufnahme und der Sexualbefriedigung verknüpft ist, wird in der Hysterie der ganze Körper-Raum *virtuell* zu einem universalisierten „*simultané*".[570] Die verdrängten Genitalzonen sind überall zugleich anwesend. Neben der *belle indifférence* macht Freud diese für die Hysterie spezifische *simultané* der Triebe und Triebzonen für die „besondere Undurchsichtigkeit der Symptombildung bei der Konversionshysterie"[571] verantwortlich, die ihn schließlich dazu treibt, dieses „unfruchtbare Gebiet zu verlassen."[572]

---

564 Freud: *Die Verdrängung*, in: ders.: *Int. Z. ärztl. Psychoanal*, Bd. 5, S. 258.
565 Freud, S.: *Hemmung, Symptom und Angst*, Wien, *GW*, Bd. 14, S. 141.
566 Ebd.
567 Ebd., S. 142.
568 Freud, S.: *Das Interesse an der Psychoanalyse*, in: *Scientia*, Bd. 8, S. 399.
569 Freud, S.: *Drei Abhandlungen zur Sexualtheorie*, in: *GW*, a.a.O., Bd. 5, S. 85.
570 Ebd.
571 Freud, S.: *Hemmung, Symptom , Angst*, in: ders.: *GW*., Bd. 14, a.a.O., S. 141.
572 Ebd.

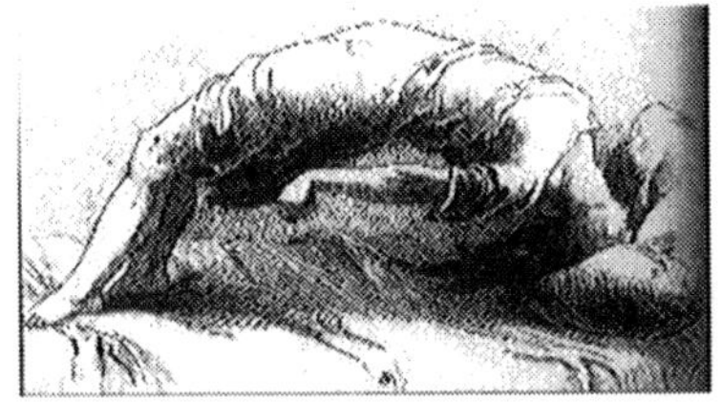

Abb. 9

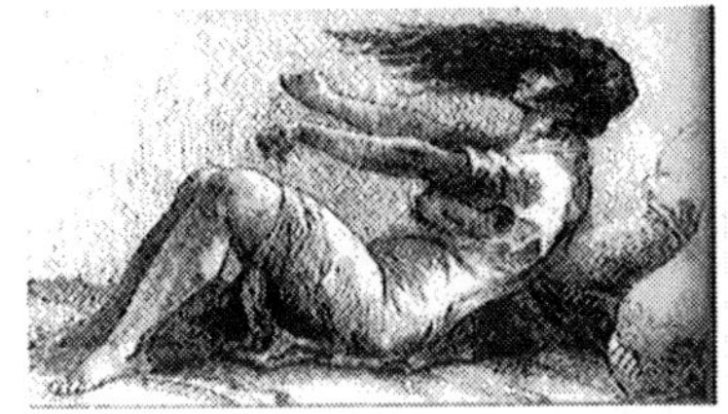

Abb. 10

Charakteristisch für das klinische Bild des hysterischen Anfalls, wie es von Freud entworfen wurde, ist **der extreme Gegensatz von massivem Bewegungsdrang und tatsächlicher Starre. Dieses leibliche Paradox**, die konvulsive Vereinigung extremer leibräumlicher Gegensätze im Krampf, lässt ein drittes nicht zu: willentliche Motorik, Kontrolle über den eigenen Körper. Dies wiederum gibt der hysterischen Attacke ihre expressive Wucht, ihr eindrücklich Theatralisches, das auf keine bewusste Selbstinszenierung zurückgeht, sondern auf die Paradoxie, dass die hochexpressive Vorführung unwillkürlich erfolgt, automatenhaft, im Zustand höchster Orientierungslosigkeit. **Der Krampf bemächtigt sich des Leibes, gewaltsam zersprengt er dessen lebendige Integrität (nämlich zugleich wahrnehmendes Subjekt und körperliches Objekt zu sein) und bedroht den Leib mit der Regression nur noch Objekt, nur noch Körper zu sein: mitten in der Kontinuität in Starre zu verfallen.**[573]

Über Freuds bildhaftes Modell der Hysterie wird nicht nur eine *Zeitlichkeit* erkennbar, die der Deleuzschen analog ist, sondern es führt gleichsam zu einer grundlegenden *Bildkonzeption* beider Theoretiker, deren Präsenzproblem in beiden Fällen das – wie Winzen schreibt – *leibliche* (*Bewegungs-*) Paradox ist. Hier kann verdeutlicht werden, wie nah sich letztlich Freud und Deleuze sind, bzw. worin sich schließlich ihr Denkansatz unterscheidet.

Freuds Konzeption der Hysterie als Kristall weist offensichtlich die entscheidenden Charakterien auf, die Deleuze für seine *Kristall-Bild-* Konzeption bestimmt: Genauso, wie diese ist auch die Hysterie eine Art „*Schutzeinrichtung*“[574] vor der Aktualisierung der Vergangenheit. Gleichsam wie in einem Kristall eingeschlossen, noch in der Auseinandersetzung mit dem *Aktuellen* und dem *Virtuellen* (dem Körperlichen und dem Sprachlichen) wird es für den Beobachter uneinsichtig, ob es sich um eine Simulation handelt oder nicht. Die nicht mehr unterscheidbare Vermengung von Wahrheit und Falschheit des Verdrängten führt innerhalb dieses schmerzfreien Zustandes zu einem *virtuellen simultané.*

Das bedeutet aber, dass – wie in dem Deleuzschen *Kristall-Bild* – das *Virtuelle* in diesem Ausnahmezustand an die Oberfläche gerät, aktualisiert wird. Genau hier wie dort kann die Konzeption auch als ein Versuch verstanden werde, die Kluft zwischen Sprache und Körper zu schließen.Während der Körper der Kranken während des normalen Zustandes ihrer *Schlimmheit* ein Ausdruck für die nicht kanalisierten geistigen Probleme war, erlaubt die Konzeption der *belle indifference* einerseits eine homogene Fusion beider Bereiche. Andererseits veranschaulicht der hysterische Anfall geradezu

573 Winzen, M.: *Hysterisierte Räume*, in: Eiblmayr/Snauwaert/Wilmes/Winzen (Hg.): *Die verletzte Diva*, Kunstverein München, 2000, S. 155, Hervorhebung des Autors.

574 Freud/Breuer (1895): *Studien über Hysterie*, a.a.O., S. 233f.

den gewaltsamen Kampf der Hysterikerin, den sie mit ganzer Kraft und überall gleichzeitig an ihrem Körper herauslässt.
Das Freudsche Grundverständnis dieses *symmetrischen* Bildes als Ausbruch, in der die *Virtualität* aufgrund des nicht mehr zu unterscheidenen Zustandes von *wahr* und *falsch* an die Oberfläche gerät, und somit zu einer schützenden Vorkehrung vor der einbrechenden Wirklichkeit wird, entspricht der Grundidee des Deleuzschen *Kristall-Bildes*. Freuds Beurteilung des kristallinen Bildes als krankhafte Störung ist insofern vergleichbar mit der von Deleuze, als dieser seine *Kristall-Bild-* Konzeption als *„künstlerische Sackgasse"*[575] bewertet. Die Überwindung des, (von Ropars-Wuillemier anaylsierten) diese Konzeption bestimmenden *Risses*, vollzieht Deleuze schließlich über die heterogene Zeitlichkeit innerhalb desselben Bildes. Freud hingegen löst den *Riss* dieses Bildes über die sprachliche Symbolisierung auf und trennt damit das Körperliche vom Geistigen.

In dem Versuch also – welcher ebenso beiden gemeinsam ist – das Vergangene aus dieser Fixierung zu lösen, scheiden sich schließlich die beiden Geister.

Diese Entscheidung Freuds bedeutet – dies sei angemerkt – das Scheitern seines Wunsches, eine endgültige Lösung für die Hysterie zu finden. Auf den ethischen Effekt dieser *Unlesbarkeit* hat Elisabeth Bronfen hingewiesen: Das *Nichts*, um das die Hysterikerin so viel Lärm macht, spricht *jene Ritzen* an, die den symbolischen Fiktionen eingeschrieben sind und es erlauben *unlösbare Antagonismen* in *sinnvolle Widersprüche* zu übersetzen.

> Es (das hysterische Subjekt) verweist auf die Inkonsistenzen, die Instanzen symbolischer Autorität inhärent sind, und inszeniert somit die Untilgbarkeit dieser Differenz.[576]

Genau diese Sichtbarmachung der *Ritzen* einer untilgbaren Differenz ist es, was im Grunde die Hysterie – wie das *Kristall-Bild* – zu einem auf rationaler Ebene nicht fassbaren Phänomen werden lässt. An dieser Stelle sieht auch Heike Klippel den Bezug der Hysteriedarstellungen Freuds zum Kino: Die Hysterie als (zeitlich oder auch kausallogisch) nicht fassbares, dynamisches Phänomen, welches in seiner Komplexität und Emotionalität mit dem Kino vergleichbar ist.

Freud hat dieses Bild der Hysterie auf der Basis seines topischen Gedächtnismodells entworfen. Allerdings haben weder Freud, noch die Theorie, die sich auf ihn bezieht, diesen Bezug gesehen. Dies ist deshalb interessant, weil die psychoanalytisch ausgerichtete Filmtheorie quasi in einem gegensätzlichen Verhältnis zu der Theorie von Deleuze steht. Freuds Versuch, seine Patienten durch ein besseres Verständnis der *Krankheit* zu heilen, führt lediglich zu einer gesellschaftlichen Anerkennung und einer differenzierteren Theorie über das Gedächtnis.

Entscheidend ist hier also, dass Freud seine Hysterie-Konzeption mit dem Begriff des Kristalls vergleicht und diese nicht befriedigend auf einer bildtheoretischen Ebene auflösen kann, weswegen er dieses Gebiet verlässt (wie er selber schreibt). Mit seinem *erfolgreichen* Versuch, diese Konzeption auf einer anderen Ebene – nämlich auf der Ebene der symbolischen Deutung, der Sprache – zu lösen, markiert er den Beginn des psychoanalytischen Theorieansatzes.

---

575 Deleuze, G.: *Logik des Sinns*, a.a.O., S. 198.
576 Bronfen, E.: *Die Sprache der Versehrtheit*, in: Eiblmayr/Snauwaert/Wilmes/Winzen (Hg.): *Die verletzte Diva*, Kunstverein München, 2000, S. 122.

5.2.2. Das *Kristall-Bild* als bildtheoretische Erklärung für Bergsons Gedächtniskonzeption

5.2.2.1. Die Fotografie als Medium hysterischer Zeitverzerrung

Über das Zeitverständnis von Deleuze wird es möglich, eine Verbindung zwischen der klinischen Hysterie und Bergsons mentalem Bildermagazin aufzumachen: Ersteres, welches sich über Deleuzes Erklärung der Bilder Bacons als *hysterisch* bestimmen lässt, wird besonders anhand von gestoppten Bildern, also Fotos, deutlich. Innerhalb des Deleuzschen Denkens über Bilder, kommt der Fotografie allerdings kein eigener Platz zu. Roland Barthes Werk *Die helle Kammer*[577] als das wohl einflussreichste Buch über Fotografie in den 80er Jahren in Frankreich, hat diese Leerstelle jedoch ausgefüllt. Über die *Verrücktheit der Zeit* sowie der prekären Stellung der Gegenwart scheinen Deleuze und Barthes einer Meinung zu sein[578]:

In ihrer Besonderheit, ein „verrücktes, ein vom Wirklichen abgeriebenes Bild“[579] zu sein, begreift Barthes die Fotografie weniger als Kunstform, denn als *verbotene Realitätsform*. Verbotenes zeige die Fotografie, denn sie führe uns die „Wiederkehr des Toten“[580] vor Augen und bringe uns in Berührung mit ihren zwei ungleichen Seiten. Das, *was ich sehe, ist* (jetzt) *nicht da* (Unterseite) und gleichzeitig die Gewissheit, *es ist so gewesen* (Oberseite), „in seiner ganzen Fülle und Wirklichkeit.“[581] Fotografie lebt hier vom Paradox, etwas Vergangenes im Modus der Sichtbarkeit und Kenntlichkeit zu sein. „Sie ist wirklich als Gewesenes und unwirklich als Seiendes“ und damit – gewissermaßen vom Standpunkt der Gegenwart und der Realität aus – ein *„verbotenes Objekt.“*[582] Den realen Tod so *entschärfend*, sichere die Fotografie dem Sterblichen eine, wenn auch beschränkte, Form des Überlebens. „Photogpaphie“, so Barthes, „hat etwas mit Auferstehung zu tun.“[583] Sie ist mit Schaub der notwendige Effekt eben jener unzeitgemäßen, hysterischen Tötung im Bild und jener „hysterischen Zeitlichkeit“[584] des Bildes, welche Barthes für das Funktionieren der Fotografie selbst geltend macht. *Hysterisch* bezeichnet hiernach ein Verhalten, das *allzu sichtbar* ist und damit die dahinterliegende Leere (oder mögliche andere Interpretationen) zu überspielen sucht. Diese „Leere einer zentralen Gegenwart“[585], die sich hinter der extremen Sichtbarkeit des Bildes verbirgt, scheint die zeitliche Struktur der Fotografie bei Barthes sehr genau zu beschreiben.

---

[577] Barthes, R.: *Die helle Kammer. Bemerkungen zur Photographie*, Frankfurt/M.: Suhrkamp, 1989.

[578] Anm.: Deleuze erwähnt Barthes deshalb nicht, weil Barthes sich – obwohl Barthes und Deleuze über die *Verrücktheit der Zeit* und die prekäre Stellung der Gegenwart einer Meinung zu sein scheinen – in seiner epistemischen *Überladung* der stillgestellten Pose verfängt, „in der Vorstellung also, dass die Photographie im metaphysischen Sinne das, was sie *als Lebendiges* zeige, töte.“

[579] Ebd., S. 126.

[580] Ebd., S. 17.

[581] Ebd., S. 126.

[582] Ebd.

[583] Ebd., S. 92.

[584] Vgl. hierzu Didi-Huberman, G.: a.a.O., S. 282; zitiert aus Schaub, M.: ebd., S. 68; sie bemerkt hier: „Hysterisierung kündigt sich an in Unterstellung der unzeitgemäßen Tötung desjenigen, der sich photographieren lässt. Sie ist virulent in dem merkwürdigen Vorwurf, Bilder seien *noch* lebendig.“

[585] Ebd.

Die auf der von Bergson vorbereiteten Vorstellung, dass die Stillstellung der kontinuierlichen Dynamik des Lebens das Gezeigte qualitativ verändere, führt Barthes zu der Theorie des utopischen Moments durch die künstliche Verzerrung der chronologischen Zeit. Da dieser Moment jedoch mit dem der Tötung gleichgesetzt wird, verliert Barthes Schaub zufolge das Werden des Wesens aus dem Blick und reduziert dadurch das utopische Potential „auf die Differenz, die zwischen der fixierten Natur des Gezeigten und dem real erfahrenen Moment klafft."[586]

Schaub geht mit Barthes über Barthes hinaus, wenn sie *das dynamische, aktive Moment der Zeitverzerrung* des fotografischen Geschehens akzentuiert und ihr utopisches Potential gerade in der Darstellung einer Wirklichkeit sieht, die es so nicht gab:

> Recht verstanden ist das Photo nicht einfach ein *vom Wirklichen abgeriebenes Bild* (ein Roubbelbild oder ein Double), sondern ein *durch die Wirklichkeit abgeriebenes Bild.* Die Zeitlichkeit, die im Photo aufscheint, ist die einer ekstatischen – weil im Momentbild gebannten – Gegenwart (...), eine *prekäre Präsenz*, die zwischen Vergangenheit und Zukunft zerrieben wird.[587]

Insofern muss der Sachverhalt reformuliert werden: Die Wirklichkeit, die es so nicht gab, ist die aus dem Zeit-Raum-Kontinuum herausgelöste Gegenwart. Der von der Fotografie festgehaltene Moment ist ein unmöglicher, der das Defizit an Gegenwart in der paradoxen Zeitstruktur des *futur antérieur* festhält, für die sich auch Lacan interessiert hat und die wir schon bei Bergson kennengelernt haben.

Da der Betrachter eines Fotos stets ausgeschlossen bleibt von der wirklichen Zeit dieses fotografischen Bildmoments, besteht eine Bildinterpretation immer aus der Überkreuzung des *stumpfen Sinns* des Fotos, die die Dignität, die Unberührbarkeit und Fremdheit des Gezeigten gegenüber dem unwissenden Betrachter ausmacht, und dem *entgegenkommenden Sinn* des wissenden Betrachters, der das Bild in einen Kontext einordnen kann. Auslöschung und Konstituierung von Sinn finden damit zugleich statt. Mehr also als eine dem Betrachter nicht zugängliche Gegenwart geht es hier um das paradigmatische Aufeinanderzubewegen, dem Kreuzen und Sich-Spiegeln des stumpfen Gegenwartssinns mit dem entgegenkommenden Vergangenheitssinn.[588]

Nach Barthes geht die *Signifikanz* dem *Signifikat* voraus, wie der stumpfe dem entgegenkommenden Sinn. Jede Sinnstiftung, wie jedes begriffene Bild, beruht – ohne sich zu zeigen und ohne sich zu verbergen – auf der erwähnten *hysteron-proteron-Struktur* aus entgegenkommendem und stumpfem Sinn.

Die Fotografie *tötet*, was sie zeigt, unzeitgemäß, und sichert gerade dadurch sein Überleben. Das Festgehaltene im Foto ist damit nicht einfach ein *Es-ist-so-gewesen*, sondern, „es wird verfrüht zu ihm, künstlich und unzeitgemäß, im Moment des fotografischen Abzugs, der Trennung von Bild und weiterlaufender Wirklichkeit."[589] Neben der Emanation des Lebendigen als Totes, vermag es die Fotografie aber auch, *Unsichtbares* – als die sich auf Uhren zeigende Zeit – sichtbar zu machen. Die Fotografie ist mit Barthes eine „Umkehrbewegung, die den Lauf der Dinge wendet"[590], gerade

[586] Schaub, M.: a.a.O., S. 72.
[587] Ebd.
[588] Vgl. Suthor, N.: *Roland Barthes: Wie das Licht eines Sterns/Die Wiederkehr der Toten* (1980) in: Preimesberger, R. / Baader, H./ Suthor, N (Hg.): *Porträt*, Reimer, 1999, S. 96-111.
[589] Schaub, M.: ebd., S. 74.
[590] Barthes, R.: a.a.O., S. 130.

weil sie in der Spaltung der Zeit verharrt und weder ihr reales Vorher, noch ihr Nachher zeigt. Die Zeit als „vollendete, in sich absolut aufgehobene Gegenwart“ führt nach Barthes zur „photographischen Ekstase.“[591]

Das Foto zeugt gerade deshalb von der Wirklichkeit oder *Wahrheit* der Zeit, weil es etwas ins Bild rückt, was sich der Wahrnehmung entzieht. Damit verbürgt die Falschheit der Wahrnehmung, der sich die Fotografie verschrieben hat, nach Barthes die *Wahrheit* der Zeit.[592]

Deleuze zeigt nun analog hierzu in seinem *Zeit-Bild*, dass auch das moderne Kino (speziell die Nouvelle Vague) in der Lage ist, Zeit im reinen Zustand zu zeigen. Dies geschieht, indem der Film durch bestimmte Techniken (*off, hors-champ, faux accord*) *verrückt* wird bzw. die Bilder in einem *virtuellen* Zwischenraum der Sprache angesiedelt werden:

> Das Off verschwindet (...) **zugunsten einer Differenz, die konstitutiv für das Bild ist.** Es gibt kein hors-champ mehr. Das Außerhalb des Bildes wird durch den Zwischenraum zwischen den beiden Kadrierungen ersetzt.[593]

Die Differenz oder Spaltung wird schließlich – wie schon anhand des *Bewegungs-Paradoxes* beschrieben – durch die *Totalisierung* der Zeit im Reinzustand aufgelöst.

5.2.2.2. La Jetée bzw. das Bewegungs-Paradox als kinematografische Hypothese

Über dieses Verständnis der beschriebenen Barthschen *hysteron-proteron-Struktur* des Fotos, welches der Deleuzschen Zeitlichkeit in seinem *Zeit-Bild* analog ist, kann nun eine Verbindung von den Fotogrammen in *La Jetée* (repräsentativ für Bergsons Bildermagazin) zu Freuds Hysterie, sowie zu der Deleuzschen Konzeption des *Kristall-Bildes* hergestellt werden.

Die Fotogramme in *La Jetée*, die als *Zwischenbilder* zwischen Starrheit und Fluss zu einer eigenen und neuen Einheit von Bildern werden, sind in ihrer Zeitlichkeit ebenso *verrückt*, wie Schaub dies für die Barthschen Fotos feststellt:

Die Bergsonsche Gegenwart in diesem Film kennzeichnet die Struktur des paradoxen *futur antérieur*, gerade weil es sich in erster Linie um eine *Aneinanderreihung* und *Überblendung* von starren Fotografien handelt. Besonders das Medium des *Zwischenstadiums* von Foto und Film vermag es, *La Jetée* jene *hysterische*, paradoxe Zeitlichkeit zu geben, nach welcher die Signifikanz dem Signifikaten vorausgeht. Dies ist, weil gerade in der *Aneinanderreihung* mehrerer Standbilder das dynamische Moment der Zeitverzerrung der einzelnen Fotos zu einem gemeinsamen utopischen Potential erhoben wird.

Das gleichzeitige Gleiten der stehenden Fotografien bringt die *Leere einer zentralen Vergangenheit*, sowie die Besonderheit des Fotos als *verrücktes und vom Wirklichen abgeriebenes Bild* viel deutlicher hervor, als ein einzelnes Foto dies je zeigen könnte. Die Struktur des *Tötens*, die in dem Moment des fotografischen Abzugs das Bild von der weiterlaufenden Wirklichkeit trennt, wird hier sichtbar gemacht. Dadurch entsteht

---

591 Ebd.

592 Vgl. Barthes, R.: ebd., S. 130: „Es ist die Photographie, nicht der Film, welche mit der Indizienbeweisführung gegenüber der Zeit beginnt.“

593 Deleuze, G.: *ZB*, S. 235, Hervorhebung des Autors.

die künstliche Verzerrung der chronologischen Zeit, die in ihrer Gesamtheit dem einzelnen Bild als *vollendete und in sich absolut aufgehobene Gegenwart*, quasi als *fotografische Ekstase* gegenübersteht. Diese, das Medium des Zwischenstadiums bestimmende paradoxe Zeitlichkeit, repräsentiert in *La Jetée* gleichsam die zirkuläre Erzählstruktur des Films, die das uns bekannte lineare Zeitschema zerstört.

Über dieses Verständnis von Zeitlichkeit kann ein Vergleich von *La Jetée* mit der von Freud konzipierten Hysterie erstellt werden:

Wie die Hysterikerin ist der Held in *La Jetée* in einem an die Gegenwart gebundenen Raum gefangen. Über einen mentalen Vorgang des Sich-Erinnerns – wie es Bergson beschreibt – tauchen beide in die Vergangenheit ein und befreien sich somit von den Qualen der Gegenwart. Hierdurch gelingt momentartig die Überwindung des Raumes über die Zeit, von der wir ja Bergson zufolge bestimmt sind. Sowohl die Hysterikerin, als auch der Protagonist in *La Jetée* manipulieren also die Zeit. Gleichzeitig führt dabei die Dissoziation des Verdrängten zu seiner Entfaltung. Wie sonst könnte diese Reise in die Zeit in dieser Intensität (in beiden Fällen auch für den Betrachter) erfahrbar werden? Dennoch lebt weder der Hysteriker – wie Deleuze für diesen feststellt – noch der Held in *La Jetée* in der ereignisreichen Gegenwart. Allein und abgekapselt von dem Rest der Welt – in einem schützenden Kokon – durchleben beide eine *exzessive Gegenwart*, in dem sie ihre eigene Vergangenheit vergegenwärtigen. Sowohl in der Hysterie, als auch in *La Jetée* wird die topologisch-gegenwärtige Starre durch die Zeit bzw. durch das *Loch der Zeit* gesucht und – zumindest in Ansätzen – gefunden. Wie der Protagonist aus *La Jetée* aufgrund der offensichtlich nicht entstehenden Filmbewegung, so ist auch die Hysterikerin in dem besagten *Bewegungs-Paradox* gefangen: Der Zustand zwischen *Schlimmheit* und *belle indifférence* gleicht dem Stadium der Fotos, die sich zwischen Starre und Bewegungsfluss befinden.

Insofern machen beide Konzeptionen gleichsam einen *Riss* sichtbar, – die Differenz zwischen Körper und Geist – der innerhalb dieses *Kristall-Bildes* gleichzeitig fusioniert wird. Trotz der sichtbaren Differenz von Gegenwart und Vergangenheit, Bewegung und Starre, Körper und Geist, gibt es in der Hysterie, wie in *La Jetée* eine ununterscheidbare Einheit dieser unauflösbaren dualen Dialektik, die Bergson in seinem Gedächtnismodell thematisiert hat. Letztere spiegelt sich auf verschiedenen Ebenen des Films wider: Von der formalen, narrativen Ästhetik ausgehend (das Paradox der Starre bei gleichzeitiger Bewegung), ist diese Dialektik ebenso in der Gleichzeitigkeit der Zeiten und auch in der zirkulären Struktur angelegt, die sich zwangsläufig wiederholen wird, weil der Held von *La Jetée* in dem Paradox von Erinnern und Vergessen gefangen ist. Er erinnert sich nämlich an ein Bild seiner Kindheit und zugleich erinnert er sich nicht, kann er sich nicht erinnern, dass der Tote, den er am Flughafen gesehen hat, er selbst sein muss. Weil er sich daran nicht erinnert, kann er in die Vergangenheit und die Zukunft reisen. Er erinnert sich und er vergisst, ohne, dass er weiss, was er vergessen hat. Er vergisst seine Möglichkeitsbedingungen, um noch zu Forschungszwecken leben zu können.

Die eigene Unmöglichkeit, das Vergangene als Vergangenes zu erkennen, eröffnet dem Helden gleichzeitig die Möglichkeit, diese nochmals zu erleben. Hierbei eingeschlossen, in dem zeitlichen Zwiespalt von gegenwärtiger Vergangenheit und vergangener Gegenwart, entsteht eben das für das 'Kristall-Bild' paradigmatische Moment der Ununterscheidbarkeit von *wahr* und *falsch*, *aktuell* und *virtuell*, *hier* und *da*.

Innerhalb des Films ist eine Steigerung dieser Ununterscheidbarkeit zu vermerken, den den Held, wie den Zuschauer immer mehr in die Situation bringt, nicht *zu wissen,* welche Zeit die *richtige* bzw. die Gegenwart ist. Das Durchstreifen der Vergangenheit wird zum Wiedererleben der Gegenwart, verbunden mit dem offensichtlichen Kampf, den Körper zugunsten des Geistes und damit die Gegenwart zugunsten der Vergangenheit zu verlassen.

Den Höhepunkt des nicht mehr unterscheidbaren Moments, der im Sinne von Deleuze durch das Aufscheinen der Virtualität gekennzeichnet ist, ist die bereits zitierte einzige bewegte Stelle des Films sich öffnender Augen. Es ist schließlich dieser eine Moment, an dem das natürliche *Zeitschema* tatsächlich aus den Fugen gerät. Dieser Moment ist dem Ausbrechen des Deleuzschen Kristalls, der Aktualisierung des Virtuellen, verwandt. Das *Kristall-Bild* nun vermag es, diese Virtualität im Reinzustand zu offenbaren/zeigen, denn das *Kristall-Bild* ist ein – wie Deleuze später selber einräumt – *Unmögliches*, ein aus dem Bilderstrom ausgeschlossenes Bild, welches doch zugleich wirklich und vergänglich ist. Seine *Unmöglichkeit* entsteht aus der gleichzeitigen Unvergänglichkeit, da es sich aus dem kontinuierlichen Bilderfluss abhebt als *erstarrtes*, gleichsam erkaltetes Bild: Dies passiert, indem es jegliche Referenz auf ein Außen, auf eine abzubildende Welt aufgibt und sich – bildlich gesprochen – verpuppt und einrollt.

> Es ist ein Bild, das nur in dem reduzierten Sinn auf sich selbst verweist, als es auf *nichts* außer sich selbst verweist. Und gerade deshalb ist es immer auch genauso gut *außer sich*, weil die Differenz *innen/außen* selbst verlorengegangen ist.[594]

Zentral also für das Verständnis des *Kristall-Bildes* ist das Sichtbarwerden der aktuellen und virtuellen Verdopplung und Spaltung der Zeit, jenes Aufbrechen der *Einheit der Zeit* in zwei asymmetrische Fluchtlinien, die sich jederzeit neu konstituiert. Erst jetzt ist es uns möglich, die *reine Vergangenheit* zu erblicken: Aktualität und Virtualität sind in einen wechselseitigen Austausch gelangt. In diesem Moment wird das Zeit-Schema zerstört. Da es bei dem *Kristall-Bild* um das Sichtbarmachen von Zeitlichkeit geht, die Deleuze in der Erstarrung oder Erkaltung des einzelnen Bildes sucht, wird eine Sichtbarmachung von Zeitlichkeit bei *La Jetée* nur dort möglich, wo eine tatsächliche Bildbewegung entsteht. Für einen kurzen Moment eines Augenaufschlags wird das Virtuelle, welches in seiner Virtualität wegen seines Stillstandes bisher nur eine nicht realisierte Möglichkeit war, hier für einen kurzen Moment wirklich.

La Jetée stellt damit die *kinematografische Hypothese* dar, die für Deleuze das *Krsitall-Bild* ist. Sie kann verstanden werden als *Sinndimension*, die es möglich macht, das bloß Denkbare, das *real*, aber nicht aktuell genannte Virtuelle zur Aufführung zu bringen.

> Alles, was vorüber gegangen ist, fällt in den Kristall zurück und verbleibt dort: es ist die Gesamtheit der eingefrorenen, erstarrten, stereotypen und allzu konformen Rollen, welche die Personen nach und nach ausprobiert haben: (...) **der Totentanz der Erinnerungen (von dem Bergson spricht.)** [595]

---

[594] Ebd., S. 144.

[595] Ebd., S. 119, Hervorhebung des Autors.

Der Fotoroman veranschaulicht geradezu diesen *Totentanz der Erinnerungen* Bergsons: Wie Bergsons Gedächtnismodell ist *La Jetée* als *Film* nicht wirklich (in dem Sinne, dass es eben keine fließende Bewegung gibt), sondern er funktioniert nur über die *mentale* Vorstellung des Zuschauers. Gleichzeitig thematisiert Marker genau das paradoxe Bergsonsche Gedächtnisdispositiv mittels des nicht entstehenden, gleichzeitig aber auch nicht stehenbleibenden Films.

In der Starre des Fotoraumes gefangen, ist die Welt des Helden in *La Jetée* eine irreale, die sich letztlich – trotz des kurzen Aufscheinens von Bewegung – nicht auflösen kann. Die Starrheit der Fotografien gibt dem Experiment nicht nur eine gewisse Imaginarität, sondern zeigt gleichzeitig die natürliche Hegemonie des Raumes über die Zeit, welche es zu überwinden gilt. Das topologische Gefängnis bewirkt zugleich die Vorstellung verschiedener koexistierender Zeiten, in denen es möglich ist – zumindest eine gewisse Zeit – virtuell zu *überdauern.* Hierbei entsteht eine Autonomisierung der virtuellen gegenüber den aktuellen Bildern.

> Die Vergangenheit, die nie gegenwärtig war, die Zukunft, die nie eintreten wird – beide erscheinen nun in *nuce* sichtbar, sobald man *in den Kristall blickt*, stillgestellt, eingefroren, anorganisch geworden, **eine eigene, abgekapselte Realität**.[596]

La Jetée ist diese eigene abgekapselete Realität, in der die niemals gegenwärtige Vergangenheit in ihrer bewegungslosen *Starre* sichtbar wird.

In seiner Präsentation des Bewegungs-Paradoxes stellt dieser Foto-Roman die Unzulänglichkeit dar, die das Gedächtnismodell Bergsons gegenüber der *Zeit-Bild* - Konzeption Deleuzes verkörpert. Er verdeutlicht gleichsam das dem *Kristall-Bild* inhärente Moment des unauflösbaren *dead end*! Gefangen in einer dem Deleuzschen *Kristall-Bild* vergleichbaren Sruktur, wiederholt sich der Verlauf der Geschichte des Helden immer wieder. In der Deutlichkeit, mit der Marker kein Entrinnen aus diesem zirkulären Raum-Zeit-Gefängnis erlaubt, wird die Verwandtschaft zu Bergsons *paradoxem* Gedächtnismodell deutlich, welches gleichsam keine Auflösung erhält.

In diesem Sinne bietet die Konzeption des Deleuzschen *Kristall-Bildes* als *kinematografische Hypothese* für *La Jetée* viel eher eine bildtheoretische Lösung, als das *Zeit-Bild.*

5.2.3. Fazit Kapitel 5

Das Deleuzsche Bildverständnis wird also sowohl über eine Zeitlichkeit erklärbar, die er selber als *hysterisch* bezeichnet hat, als auch über dessen Paradoxien als *hysteron-proteron-Struktur* des entgegenkommenden und stumpfen Sinns, welche Barthes als paradigmatisch für das Foto bestimmt hat. So entsteht über das Deleuzsche Bildverständnis, ausgehend von der Annahme, dass eine Analogie zwischen dem Zeitverständnis von Deleuze und Barthes besteht, ein Bezug zwischen dem Begriff der Hysterie und dem Foto. Deleuzes Zeitverständnis, sowie die Zeitlichkeit des Fotos kann demzufolge mit dem Begriff der *Hysterie* erklärt werden. Dies ist besonders interessant unter dem Aspekt, dass Freud der Hysterie einen Begriff zugeordnet hat, der dem der *bildhaften* Veranschaulichung des Deleuzschen Zeit-Konzeptes analog ist: Das *Kristall-Bild.* Zugleich bietet diese Konzeption eine philosophisch-bildtheoretische

---

[596] Schaub, M.: a.a.O., S. 160; Hervorhebung des Autors.

Erläuterung für Bergsons Gedächtnismodell, sowie dem Krankheitsbild der Hysterie, die dem Erinnerungskonzept Freuds entsprungen ist. Die zeitlich paradoxe Bildkonzeption als Kristall ist somit bei allen drei Theoretikern zu finden: Freud definiert diesen Zustand für seine Hysterikerinnen, Bergsons Gedächtniskonstrukt selbst repräsentiert einen Kristall als eine nicht-reale, abstrakte Vorstellungswelt und Deleuze schließlich überträgt dieses Modell wieder auf das Bild des Kinos.

Die *Kristall-Bild-* Konzeption erhält somit bei jedem der drei vorgestellten Theoretiker eine bedeutende Rolle in ihrem Theoriekonstrukt. Als eine Art *Ausnahmezustand* wird diese Konzeption allerdings nur bei Freud und Deleuze betrachtet. Beide spüren das räumlich-plastische Gefängnis dieser kristallinen Bildkonzeption, sowie das Bedürfnis, dieses verlassen zu müssen. Die Dissoziation des Kristalles führt schließlich auf der einen Seite bei Deleuze zu einer heterogenen Zeitlichkeit innerhalb desselben Bildes, – die allein die filmische Kunst sichtbar zu machen vermag – bei Freud hingegen auf der anderen Seite zu einer die Ebene des Bildes verlassenden, sprachlichen Symbolisierung. Freuds Entscheidung, seine Konzeption der Hysterie nicht auf einer bildlichen Ebene zu lösen, verdeutlicht einerseits sein pragmatisch und humanistisch ausgerichtetes Denken. Andererseits bedeutet seine Abwendung vom theoretischen Bild gleichsam eine Präferenz des Rationalen vor dem Irrationalen bzw. des Geistigen vor dem Körperlichen. Die Auseinandersetzung der drei Theorierichtungen mit derselben kristallinen Bildkonzeption als Ausdruck für eine bestimmte klassische Auseinandersetzung von Körper und Geist innerhalb des Erinnungsdiskurses verdeutlicht, dass die Theorierichtungen der Philosophie und der Psychoanalyse im Grunde dasselbe Gedankenkonstrukt, dieselbe Grundauseinandersetzung zugrunde liegt. Wohingegen die psychoanalytisch geprägte Richtung das Element des Körpers zugunsten der Sprache auflöst, entscheidet sich die Deleuzsche Philosophie genau umgekehrt. Bergson steht hier sozusagen unentschieden in der Mitte. Indem er sich aber für keine der beiden Seiten (weder Körper, noch Geist) entscheidet, wird sein Erinnerungskonzept zu abstrakt, um es in der Praxis anwendbar zu machen. Scheinbar zwingt die Anwendung des dualen Gedächtnisdispositivs dazu, sich für die eine, oder die andere Seite zu entscheiden. Die Konzeption des Kristalles, die die ununterscheidbare Vermengung der beiden Elemente des *Sicht-* und des *Sagbaren* darstellt, bildet somit eine zwar erstrebenswerte, aber nicht funktionsfähige Ausnahmesituation. Dennoch wird es möglich, gerade anhand dieses speziellen Bildkonzeptes das Gemeinsame zwischen Freud, Bergson und Deleuze festzumachen.

Anhand der unterschiedlichen Lösungen der Kristallkonzeption kann somit die Differenz, die schließlich auch dem verschiedenen Kinoverständnis analog ist, zwischen der von Bergson geprägten Philosophie versus der von Freud geprägten Psychoanalyse erkannt werden: In dem verschiedenen Ansatz der Problemlösung trennen sich Philosophie und Psychoanalyse. Hierbei geht es letztlich bei der philosophischen Ausrichtung allein um das *Objekt* – also das *Bild* –, wohingegen die Psychoanalyse immer auch das *Verhältnis* des Objekts zum Subjekt bei dieser Untersuchung mit berücksichtigt. Im Gegensatz zu einer Semiologie des Kinos, die das Kino dem Verfahren der Modellisierung des Realen zurechnet, spricht Deleuze direkt von *Modulation*:

> Die Modulation ist etwas ganz anderes: sie ist eine Veränderung des Moduls, eine Transformation des Moduls, in jedem Augenblick der Operation. (...) Denn die Modulation ist die Operati-

on des Realen, insofern sie unaufhörlich die Identität von Bild und Gegenstand herstellt und wiederherstellt.[597]

Die Identität von Objekt und Bild enthebt jenes seiner Rolle als *Referent* und verbietet dem Bild *Teil des Signifikats* zu sein, was ja Metz behauptet.[598] Das Kino ist damit für Deleuze weder eine sprachlich-diskursive Struktur, noch das Bild eine Aussage:

> Weder geht es um Äußerungen, noch um Aussagen, wohl aber um Aussagbares. Wir meinen damit Folgendes: Wenn sich die Sprache (langage) dieser Materie bemächtigt (und das tut sie zwangsläufig), dann gibt sie den Aussagen Raum, die nach und nach die Bilder und Zeichen beherrschen und sogar ersetzen; Aussagen, die ihrerseits auf die pertinenten Merkmale des Sprachsystems (langue) verweisen: nämlich die Syntagmen und Paradigmen, die von den Merkmalen völlig verschieden sind, von denen man ausgegangen war.[599]

Im Zeit-Bild geht es somit um die Frage: *Was gibt es auf dem Bild zu sehen?* Es geht damit nicht mehr darum, was es dahinter zu sehen gibt, sondern eher hierum: „Was kann mein Blick aushalten von dem, was ich ohnehin sehe und was sich auf einer einzigen Ebene abspielt?“[600] Versuche, die Linguistik auf den Film anzuwenden, hält Deleuze für katastrophal.[601] Wenn der Film überhaupt sinnvoll mit etwas Sprachlichem verglichen werden könne, dann sei er

> eine analoge oder modulatorische Sprache (...). Nicht allein die Stimmen, sondern auch die Töne, Lichter, Bewegungen sind in ständiger *Modulation* begriffen. Als Parameter des Bildes sind sie Variationen unterworfen, Wiederholungen, Anspielungen, Schleifen etc.[602]

Deleuze zollt Christian Metz zwar Respekt, doch ist klar, dass er kein einziges Filmbild mit der Struktur eines Aussagesatzes analogisieren möchte.

---

597 Deleuze, G.: *ZB*, S. 44.

598 Vgl.: Ebd.: „Die Gegenstände der Realität sind Bildeinheiten geworden, während das Bewegungsbild zu einer Realität wurde, die durch ihre Gegenstände hindurch *spricht*.“

599 Ebd., S. 46.

600 Serge Daney, zit. nach Deleuze, G.: *Unterhandlungen 1972-1990*, Frankfurt/M.: Suhrkamp, 1993, S. 103.

601 Deleuze, G.: *Unterhandlungen 1972-1990*, Frankfurt/M.: Suhrkamp, 1993, S. 80.

602 Ebd.

Kapitel 6: Zusammenfassung der wichtigsten Ergebnisse

In dieser Arbeit über das Thema *Film und Erinnerung* ist eine theoretische Gegenüberstellung der Philosophie und der Psychoanalyse in Bezug zum Film über den Diskurs der Erinnerung aufgemacht worden. Auf der Basis der Gedächtnismodelle Freuds und Bergsons ist versucht worden, besonders aus einer Deleuzschen Perspektive heraus, Gemeinsamkeiten und Unterschiede dieser beiden Theorierichtungen abzugrenzen.

Die im ersten Kapitel skizzierte *kulturhistorische* Betrachtung der Erinnerung hat zu einer Einteilung von Metaphern und Ursprungslegenden geführt, von der ausgehend ein traditionell philosophisches von einem psychoanalytischen Verständnis der Erinnerung zu unterscheiden ist.

Die vor der Entstehung der Psychoanalyse (grob zu unterteilende) duale Auffassung der Gedächtnismetaphern ist die der *Wachstafel* und des *Magazins*.

Die der künstlichen Magazinmetapher zukommende topologische Ursprungslegende, kann am Beispiel des Erinnerungsmodells Bergsons als Bildermagazin in Zusammenhang einer philosophischen Betrachtung des Films gesehen werden. Die erst im 19. Jahrhundert entstehende Metapher der Spur dagegen, die sich aus der Schrift-Metapher entwickelt hat, wird von der Psychoanalyse übernommen als *Erinnerungsspur*. Dieser anamnestischen Gedächtniskonzeption entspricht Freuds Wunderblock, der mit diesem den Beginn der psychischen Geschichte des Erinnerns schreibt.

Von einem chronologischen Aufbau abweichend, ist als erstes mit der Beschreibung von Freuds Konzept seines *Entwurfs* und seiner Traumdeutung der Weg der Psychoanalyse skizziert worden. Das topische Modell Freuds, welches von der Idee seines Wunderblocks unterschieden werden muss, diente zunächst dazu, auf die Differenzen der sich auf Freud beziehenden Theorien hinzuweisen. So charakterisieren das Freudsche Modell Eigenschaften, – etwa die Heterogenität, die Körperlichkeit, die Individualisierung der Vergangenheit – die zum einen denen des Bergsonschen Modells ähnlich sind. Zum anderen werden sie aber von der sich auf Freud berufenen theoretischen Psychoanalyse ignoriert.

Die metaphysische Lesart des Freudschen Wunderblocks liegt allein in der Betonung eines Sprachmodells, welches wiederum in der Anwendung seiner Theorie über die Hysterie ihren Anfang nimmt.

Freuds und Breuers Studien über die Hysterie markieren einen *Wendepunkt* in dem damaligen traditionellen Umgang mit dieser Geisteskrankheit. Mit ihrer wissenschaftlichen Anerkennung der Hysterie als Gedächtniskrankheit ermöglichen sie nicht nur Frauen die faszinierende Darstellung ihres Schauspiels. Zum ersten Mal wird auch die theoretische Konzeption des unbewussten Erinnerns in der Praxis unter Beweis gestellt. Die besondere Verschlungenheit von Körper und Geist, die das Krankheitsbild der Hysterie bestimmt, machen Freud und Breuer über ein kristallines Zeitmodell erklärbar. Diese Konzeption ist der des Deleuzschen *Kristall-Bild*es auffallend ähnlich – eine Verbindung, die im letzten Teil der Arbeit wieder aufgegriffen wurde.

Mit Freud und Breuers (über die Hypnose erreichte) *Redekur* wird der psychoanalytischen Wissenschaft eine sprachtheoretische Richtung vorgegeben. In den 70er Jahren wird diese von den Dispositiv-Theoretikern (gemeint sind hier Baudry, Metz, Colin MacCabe) auf filmtheoretischer Ebene weitergeführt.

Freuds topisches Gedächtnismodell wird aber in der Übernahme der wissenschaftlichen Psychoanalyse ignoriert. Die Psychoanalyse, sowie die daraus entstehende Semiologie ist allein an Freuds metaphorischem Erinnerungskonzept – seinem Wunderblock – und der stets zitierten These seiner Traumdeutung, dass Erinnerungen und Wahrnehmungen an einem anderen Schauplatz stattfinden, interessiert.

Bergson hingegen beschreibt die Erinnerung über ein reines Bildverständnis, welches sich aus einer Symbiose von Materie und Geist zusammensetzt. Trotz der neuen Bedeutung des Bildes, die Bergson der philosophischen Erkenntnistheorie hiermit zukommen lässt, birgt das Konstrukt – welches sich in vielen Punkten mit dem Modell von Freud überschneidet – eine unauflösbare Dialektik, um deren Konzeption und verschiedene Auflösung der Psychoanalyse und der Philosophie die Thematik dieser Arbeit kreist. Bergsons bildtheoretische Konzeption ist genau wie die, die Freud dem Krankheitsbild der Hysterie zuschreibt, in seiner Zeitlichkeit und seiner Ununterscheidbarkeit von dialektischen Dualismen mit der Konzeption des Deleuzschen *Kristall-Bildes* vergleichbar. Diese Konzeption, die erst in Kapitel 5 beschrieben wird, bietet außerdem eine bildtheoretische Lösung des Films *La Jetée*. Aufgrund seines besonderen *Zwischenstadiums* von Foto und Film dient letzterer der Veranschaulichung des Bergsonschen Gedächtnismodells, sowie der einer klaren Differenzierung zwischen den beiden philosophischen Theoretikern Bergson und Deleuze.

Der Unterschied dieser beiden Bildphilosophen kann letztlich mit dem so genannten *Bewegungs-Paradox* erklärt werden, welches den Übergang des Deleuzschen Kinobuches 1 zu seinem zweiten, dem *Zeit-Bild* bestimmt. Das dem ersten Buch immanente Paradox, welches sich gleichsam auf Deleuzes Übernahme Bergsons bezieht, besteht darin, dass Bewegung als solche nicht sichtbar ist und werden kann, da sie im Moment ihres Anhaltens keine Bewegung mehr ist. *La Jetée* als Foto-Film veranschaulicht dieses unaufgelöste Paradox, welches das Bergsonsche Gedächtniskonzept bestimmt. Das Problem Bergsons ist hiernach, dass er in einem mentalen Theoriegeflecht *stecken* bleibt. Sein Gedächtnismodell wird aufgrund seiner unaufgelösten Dialektik nicht für die Wirklichkeit anwendbar. Das *Zwischenstadium* zwischen Bewegung und Starre in *La Jetée* repräsentiert dieses topologische Gefängnis des Bergsonschen Konzepts.

Deleuze löst diese Bergsonsche *Differenz* über den zeitlichen Gedanken der Totalität auf. Im *Zeit-Bild* macht er es möglich, das Bild in seiner Reinheit – nämlich über die reine Zeit – zu erfahren. Die Zeit gerät aus den Fugen, sie wird a-chronologisch und damit erkennbar. Filme wie *Citizen Kane* und *L`Année Dernière à Marienbad* stellen hier charakteristische Beispiele für die direkten *Zeit-Bilder* dar, die Deleuze aus dieser Vorstellung heraus konzipiert hat. Für die besondere filmische Form des Intervalls bietet Mirjam Schaub eine Erklärung: Hiernach kann dieses dritte direkte *Zeit-Bild* eben nicht mehr durch unsere Imagination geschlossen werden, sondern verweist auf ein irreduzibles *Außen* der Bilder, auf „einen Fluchtpunkt, einen Bildersog, der sich dem Zugriff unseres Blicks entzieht.“[603] Damit wird gleichsam eine Unterscheidung bezüglich der sichtbaren Intervalle in *La Jetée* gemacht, die sich in eine solche Zuordnung nicht eingliedern lassen.

La Jetée bzw. das *Bewegungs-Paradox* als Repräsentation des Gedächtniskonzeptes Bergsons ist noch nicht *Zeit-Bild* (bzw. wird es niemals werden), sondern stellt – ana-

[603] Ebd., S. 116.

log zu der Hysteriekonzeption von Freud – das Präsenzproblem des indirekten *Zeit-Bildes*, des *Kristall-Bildes* dar. Dieses Präsenzproblem besteht in jenem offen gelegten *Riss* des dialektischen Dualismus, von dem alle drei Theorien bestimmt sind.

Sein Bildverständnis hat Deleuze über die Zeitlichkeit der Hysterie erklärt. Er spricht hier von einem *Schon-zu-früh* und *noch-zu-spät*, welches in seiner Struktur der Zeitlichkeit dem Barthschen Fotoverständnis gleicht. Damit ist die Basis für eine Verbindung zwischen der Freudschen Hysterie-Konzeption und Bergsons Bildermagazin – veranschaulicht in den Fotogrammen von *La Jetée* – gegeben: Davon ausgehend also, dass Deleuzes zeitliche Bildkonzeption, sowie das Foto als *hysterisch* bezeichnet werden können, und in dem Zusammenhang, dass Deleuze die eigene *Kristall-Bild-* Konzeption wiederum als *schon zu früh* und *noch zu spät* bezeichnet hat, konnte ein Vergleich dieser spezifischen Bild-Konzeption mit der Hysterie und dem Bergsonschen Bewegungs-Paradox bzw. *La Jetée* entstehen.

Beide Theoriemodelle erhalten über die Deleuzsche *Kristall-Bild*-Konzeption eine bildtheoretische Erklärung:

Die *Kristall-Bild-* Konzeption ist nun die Bildkonzeption, die noch die Auseinandersetzung mit dem Sprachlichen und dem Körperlichen repräsentiert. In der Ununterscheidbarkeit von *aktuellen* und *virtuellen* Momenten entsteht die *Fusion* jenes *Risses* und seine gleichzeitige Simulation.

In dieser Konzeption treffen sich alle drei genannten Theoretiker *noch*: Bergson, dessen Gedächtnismodell quasi als eine Art *Kristall-Bild* verstanden werden kann und dessen Manko es ist, diesen Kristall nicht zu verlassen. Freud, der diesen Begriff des *Kristall-Bildes* als Erklärung für den Zustand seiner kranken Hysterischen gebrauchte und diese Konzeption auf bildtheoretischer Ebene verlässt, weil sie den Kranken keine Heilung versprach, zugunsten der sprachlichen Symbolisierung. Freuds Wendung zu einer sprachlichen und rationalen Auflösung der Konzeption ist damit auch eine sehr humane und pragmatische. Im Gegensatz zu Deleuze, der allein auf bildtheoretischer Ebene mit Zuhilfenahme der zeitlichen Bestimmung des Bildes argumentiert, blendet Freud den Menschen nicht aus.

Wie für Bergson, so ist auch für Deleuze eben diese dialektische Dualität (des *Aktuellen* und des *Virtuellen*) in einem einzigen Bild wieder zu finden. Deleuze jedoch wird diese *Kristall-Konzeption* über die Sprengung des *Virtuellen*, die Aktualisierung des *Virtuellen*, lösen. Dies wird sinnvoll innerhalb seiner Zeitphilosophie, in der die *Virtualität* mit der reinen Vergangenheit gleichgesetzt ist. In dem die Zeit den Raum überwindet (was nicht den natürlichen Gesetzen entspricht), kann Zeit im Reinzustand entstehen.

Die Frage aber, was diese *achronologische* Vergangenheit, die nie gegenwärtig und nie gewesen ist, wirklich beinhaltet, lässt Deleuze offen.

> Eine spekulative Antwort wäre hier zum Beispiel , dass das Virtuelle all jene nicht realisierten Möglichkeiten sein können, die in einem bestimmten Moment Gegenstand einer Wahl oder eines Zufalls hätten sein können, weil sie in Reichweite des Wirklichen existierten, ohne letztlich den Ereignisverlauf bestimmen zu können.[604]

[604] Schaub. M.: ebd., S. 146.

Der Verweis einer *reinen Virtualität* eines gegenwärtigen Ereignisses auf die Vorstellung von nicht realisierten, aber denkbaren Möglichkeiten[605] setzt allerdings einen Beobachter bzw. Zuschauer voraus, der dieses *reine Virtuelle* als denkbare Möglichkeit durchspielt. Hier wird wieder die Differenz zu der filmanalytischen Psychoanalyse deutlich, welche im Unterschied den Zuschauer miteinbezieht.

Auf der anderen Seite geht es bei der Konzeption Deleuzes eben nicht mehr – wie bei Bergson – um ein rein bewusstseinstheoretisches Konzept (im Sinne von dem *inaktuellen Virtuellen*, welches modal abgestuft in der Erinnerung fortbesteht). Es geht hier um die tatsächliche Anwendung von objektiven, real existierenden Eigenschaften – nämlich die Filmbilder.

Über das Deleuzsche *Kristall-Bild* wird also eine Verbindung der Gedankenmodelle Freuds, Bergsons und Deleuzes möglich. Da vorher der Weg skizziert wurde, den Freuds Modell in der Wissenschaft nimmt, entsteht genau an dieser Stelle mit dem sprachanalogischen Ansatz der Hysterietherapie ein Bruch, aus dem sich in der Folge zwei Richtungen entwickeln. Die Durchsetzung dieser von Lacan geprägten psychoanalytisch-semiologischen Denkart auf vielen Gebieten der Wissenschaft inspiriert Deleuze dazu, das Bild wieder in den Vordergrund der Diskussion zu schieben – auf Kosten eines subjektivierenden Blickes.

Aus der Perspektive der Deleuzschen *Immanenzphilosophie* hat dies folgende Konsequenzen für die zwei Ordnungen des Filmes[606]:

Wie die Zeit ist das Kino ein über Schnitten und Diskontinuitäten errichtetes Scheinkontinuum: Das *Sagbare* (Tonspur) artikuliert demnach seinen Sinn sukzessiv, das *Sichtbare* (Bild) kann simultan Sinn und Gegensinn enthalten (qua Schärfentiefe wie z.B. in *Citizen Kane*, Bildmontage etc.). Der Film also schafft es Deleuze zufolge, *das alte Rätsel der Zeit*, zwei sich einander ausschließende Perspektiven auf Zeitlichkeit – das ist ein Wissen (um die Zeit) ohne Denken und ein Denken (der Zeit) ohne Wissen (um Zeit)[607] – in ihrer Heterogenese spürbar werden zu lassen.

Beide schematisieren Zeit und Wirklichkeit anders, keine der beiden Weisen ist wahrer oder falscher als die andere: Das *Sagbare* (und damit auch das Denkbare) beruht auf *zeitlichen Modi* und Ausschlussverhältnissen. Es trennt das *Aktuelle* scharf vom *Virtuellen.* Aber das *Sichtbare* (und Hörbare) hingegen, – dazugerechnet seien Wahrnehmungsbilder, Gemälde ebenso wie Filmbilder – kennt mit Deleuze zeitliche Veränderung nur als Modulation und „*Operation des Realen*“[608] innerhalb des Sichtbaren, ohne Verweis auf ein Unsichtbares oder Abwesendes.

Diese Möglichkeit einer triftigen, das heißt performativ richtigen Darstellung von Zeitlichkeit beruht auf der Deleuzschen Annahme, dass es auch außerhalb des Kinos keine einheitliche Zeitlichkeit für beide Ordnungen gibt, sondern dass jede Ordnung ihre eigenen Zeitverhältnisse generiert (Modi und Modulationen). Während also das

---

605 Anm.: Schaub weist selbst darauf hin, dass es sich hier um eine klassische Deleuzsche Leibniz-Interpretation handelt, die z.B. auch den Nachteil in sich birgt, dass das Mögliche gegenüber dem Virtuellen der schwächere und problematischere Begriff ist.

606 Anm.: Dieses Fazit ist aus einer Schaubschen Lesart entstanden.

607 Anm.: Gemeint ist die Polyphonität des Sichtbaren und Hörbaren versus die logisch-rationale Sukzessivität des Sag- und Denkbaren.

608 Deleuze, G.: *ZB*, a.a.O., S. 44.

Sagbare (und Denkbare) auf zeitlichen Modi und Ausschlussverhältnissen beruht (nichts Widersprüchliches kann zugleich sein, d.h. gleichzeitig wahr sein), kennt das *Sichtbare* (und Hörbare) diverse zeitliche Abstufungen, ihre Kopräsenz und Koexistenz – kurz: zeitliche Modulationen. Widersprüche gibt es damit nur auf der Ebene von (sprachlichen) Aussagen, nicht auf der Ebene des Bildes. Die schiere Faktizität des *Sichtbaren* (und sei es noch so künstlich, inszeniert, gemacht) muss sich um die Widersprüchlichkeit des Aussagbaren nicht kümmern bzw. wird von dieser auch gar nicht tangiert. Für eine schiere bildliche Existenz ist damit aussagenlogische Kongruenz keine Bedingung. Mit seinen simultanen Sinnebenen gründet es immer schon auf impliziten Disjunktionen, (wohingegen widersprüchliche Aussagen disjunktive Urteile herausfordern). Das *Sichtbare* und das *Hörbare* sind in ihren Sinnangeboten also komplex, präsentisch, polyphon, während das *Sag-* wie das *Denkbare* auf logischen Schritt-für-Schritt-Nachvollzug gegründet sind.

Widerspruchsfreiheit ist somit weder für die Existenz bzw. Nichtexistenz eines Bildes vonnöten, noch beeinträchtigt die Tatsache, dass sich widersprüchliche Aussagen über ein und dasselbe Bild (mit gutem Grund) treffen lassen, die *Glaubwürdigkeit* eines Bildes: Die Wirkung eines Bildes hängt nicht von seiner logischen Stringenz ab.

> Das Sichtbare muss nicht – wie das Sagbare – diskursiv überzeugen, es zeugt allein für sich selbst und fordert das Sagbare so heraus.[609]

Zentral ist hierbei für Deleuze, dass sich die Art der Thematisierung von Zeitlichkeit im modernen Kino verschoben hat in der Ahnung, dass das *Sagbare* der Sprache einer *anderen* zeitlichen Ordnung gehorcht als das *Sichtbare* des (bewegten) Bildes. Während das *Sagbare* den sprachlichen Modi und den Gesetzen der Sukzession unterworfen ist, kennt das *Sichtbare* keine modale Zeitlichkeit, vor allem nicht Vergangenheit noch Zukunft als von irgendeiner Gegenwart geschiedene Größen.

Für Deleuze ist das *Sagbare* aufgrund der Sukzessivität seines Erscheinens immer schon entrückt, weil es nur für anderes – für das *Sichtbare* – und niemals für sich selbst gesetzgebend ist. Das *Sichtbare* hingegen befindet sich durch sein ständiges Werden in einem *Virtualitätsprozess* gegenüber der partiellen Aktualität des *Sagbaren.* Beide Ordnungen folgen anderen zeitlichen Gesetzen.

Basierend auf Bergsons *revolutionärem* Denken bezüglich der Dauer bricht Deleuzes Denken mit der kantischen Tradition. Er begreift die Zeit und das Ereignis im Werden. Nicht die Sichtbarmachung des Denkens gelingt dem Kino, wie Eisenstein es wollte, sondern das *Sichtbare* entzieht sich im Gegenteil fortwährend dem Denken.

Deleuze scheint es hinderlich, mit einer sprachphilosophischen Betrachtung das Nachdenken über Bilder abzuschließen. Der Wert des modernen Kinos besteht für Deleuze somit in der Trübung des *Sichtbaren* und der Suspension der Welt und ihres Sinns. Erst der italienische Neorealismus führt dem Kino die Inkohärenz des Denkens und die Ohnmacht einer sich selbst bemächtigenden Philosophie vor.

An diesem Punkt kommt es schließlich wieder zu einer Übereinstimmung von Bergson und Deleuze bezüglich der *Künstlichkeit* der filmischen Wahrnehmung: So wie Bergson das Kino als ein Medium der falschen Wahrnehmung betrachtet hat, sieht

---

609 Schaub, M.: a.a.O., S. 86.

schließlich auch Deleuze im Kino genau diese *Mächte des Falschen und des Fälschens* repräsentiert.

Artaud ist es, „der das Kino mit der inneren Realität des Gehirns zu verbinden"[610] sucht und am Ende feststellen muss, dass das Kino eher die Bilder auflöst (*déchaíner*) und mit dem Unsichtbaren in Kommunikation tritt. Für Deleuze zeigt erst das Nachkriegskino die „Ohnmacht im Herzen des Denkens."[611] Das Kino führt – in einer scheinbaren Krise – vorbildlich etwas Undenkbares in das Denken ein, wenn es die Ohnmachtserfahrung zu einer für das Denken wesentlichen macht, wenn es an Aufklärung über sich selbst interessiert ist.[612]

> In diesem Kino der falschen Anschlüsse geht es deshalb nicht einfach um das Unsichtbare, sondern zuletzt um das Mysterium und um den Schrecken der Zeit, wenn sie als ein *Sein ohne Gegenwart* begriffen wird. So wie die Bilder trüb werden, die Konturen eines Gesichts sich in einem Schleier aus grauen Punkten auflösen, so entgleitet auch das Denken sich selbst; die Suspension der Welt ist nur ein Vorgeschmack auf die eigentliche Erschütterung. Die Inkohärenz des Denkens wird, so Artauds Befürchtung und Deleuzes Hoffnung, sichtbar und hörbar gemacht. In diesem Kino wird Zeit nicht durch den Raum überwunden, sondern im Gegenteil, in ihrer ganzen Zähigkeit, in ihrer Undurchdringlichkeit erfahrbar gemacht.[613]

Das moderne *neorealistische* Kinobild zeigt damit nach Deleuze Bilder, die gleichsam fraktalisierend nur an das Sehen, das Hören und das Denken gerichtet sind. „Bilder, die eher gelesen als gesehen, die eher gedacht als betrachtet, eher erhört als gehört werden müssen."[614]

Für Deleuze existiert Zeitlichkeit auch in sprachlichen Modi, aber nur als Modulation im *Sichtbaren.* Daher rührt Bellour zufolge Deleuzes Verlangen, „die Erzählung (der Philosophie) möge erst mit den Bildern beginnen."[615] Das *Sichtbare* ist da, präsentisch. Alles, was es jemals bedeuten *kann*, ist mit einem Schlag da. Genau deshalb können alle Modi in ihm simultan koexistieren, können einander ausschließende Wahrheiten in ihm eingeschlossen sein. Die Modulation des *Sichtbaren* mit ihren Simultaneitätsverhältnissen fordert die Modi des *Sagbaren* mit ihren Sukzessionsgesetzen heraus. Die *Simultaneität* verschiedener Sinnebenen in einem Bild scheint der entscheidende Grund dafür zu sein, dass Deleuze nicht länger im prozessierenden Modell der Sprache, sondern im Bild die *virtuelle* Form eines *„Möbius-Bandes"*[616] erblickt: Verstanden als

> eine unendliche Oberfläche, deren Oberseite (Sinn/Bild) und Unterseite (Unsinn/Signatur) *als kontinuierliche und diskrete Größen* miteinander korrespondieren, und die damit auf der Ebene ihrer Flächigkeit das mathematische Problem, das Leibniz und Newton mit der *Quadratur von Kurven* in der Differentialrechnung hatten, löst.[617]

---

610 Deleuze, G.: *ZB*, S. 218.
611 Ebd., S. 217.
612 Schaub, M.: ebd., S. 241.
613 Ebd.
614 Ebd., S. 243.
615 Bellour, R.: *Denken, erzählen. Das Kino von Gilles Deleuze*, (*Penser, raconter. Le cinéma de Gilles Deleuze*), S. 22-60, hier S. 51 in: Fahle, O./Engel, L.: *Der Film bei Deleuze. Le cinéma selon Deleuze*, a.a.O.
616 Vgl. Schaub, M.: ebd., S. 17.
617 Ebd.

Diese Simultaneität hat auch schon Freud gesehen, hat sie aber nicht innerhalb eines Bildes auflösen können oder wollen. Mit der sprachanalogischen Lösung wendet sich Freud gleichsam vom Bild zur Sprache und vollzieht damit einen markanten Wechsel vom Bild zurück zur Schrift und damit zum natürlichen Gedächtnis. Die symbolische Struktur der Sprache, die in ihrer eigentümlichen Unendlichkeit der Kombinationsmöglichkeit ein endliches System ist, entspricht gleichsam einem endlichen System von *Zeitlichkeit*, die Deleuzes innerhalb des *Sichtbaren* als ein System der *Modulation*, der Abstufung bestimmt. Beide Systeme müssen scheitern, wenn sie auf dieser einen Ebene das Bild bzw. das *Sichtbare* erklären wollen.

Die Simultaneität in ein und demselben Bild ist immer eine Herausforderung an unsere logischen Konventionen. Wir sind es nicht gewohnt, einander ausschließende Dinge gleichzeitig zu sehen und zeitgleich für gleichmöglich zu halten. Die Konsequenz hieraus ist, dass wir uns für die eine oder die andere Wirklichkeit entscheiden müssen. Daraus folgt, dass die Konzeption des *Kristall-Bildes* ein Ausnahmefall bleiben muss. Die Tatsache, dass für Bergson dies die Norm ist, wird in diesem Sinne auch zu seiner Stärke. Aufgrund der angenommenen Doppelnatur des Bildes ist es auf der Ebene des Sichtbaren gar nicht entscheidbar, ob es sich um ein *aktuell-referentielles* oder ein *virtuell-referenzloses* Bild handelt. Daraus folgt, dass für die Entscheidung, die für die eine oder die andere Seite des Bildes getroffen wird, die Ebene des *Sichtbaren* erweitert werden muss. Deleuze tut dies über die Zeit, um dem *Sagbaren* zu entfliehen, für welche sich Freud im Vorfeld entschieden hatte. Nur über eine andere, eine zweite Ebene kann scheinbar die dialektische Dualität des Bildes, die sich auch auf das Dispositiv des Gedächtnisses überträgt, überwunden werden. Die verschiedene Auflösung des *Kristall-Bildes* veranschaulicht daher, dass die Möglichkeiten des *Sicht-* und des *Sagbaren* sich selbst durch einander gegenzuverwirklichen, abgesteckt sind.

Ihre Grenzen liegen darin, das Bild in seiner Komplexität weder auf der Ebene der Sprache, noch auf der Ebene der Zeit befriedigend erfassen zu können. Aus diesem Grund wird dem filmischen Bild allein eine Erklärung gerecht, die beide Ansätze – der der Frage nach dem zeitlosen Raum als auch der nach einer raumlosen Zeit – berücksichtigt. Beide Ordnungen sind nämlich komplementär zueinander, brauchen einander, um über den jeweiligen zeitlichen Vollzug, die jeweilige zeitliche Modulation des anderen Aufschluss zu geben.[618]„Eingedenk dieser Komplementarität kann es keinen Vorsprung des Sukzessiven oder des Simultanen geben, wenn es darum geht, „un peu de temps à l`état pur" zu finden."[619] Wenn sich also das Sichtbare in Sagbares transformiert hat, so bleibt scheinbar nichts anderes übrig, als sich – wie schon Truffaut in seinem Bekenntnis zum *caméra-stylo* ankündigte – „aus der *Tyrannei des Visuellen*"[620] zu befreien.

---

618 Anm.aus ebd: Diese Komplementarität der beiden Ordnungen lässt weder dem Sukzessiven noch dem Sagbaren einen Vorsprung bei der Deleuzschen Suche nach der *Zeit im Reinzustand*, vgl. Deleuze, G.: *Proust und die Zeichen*, übers. v. Henriette Beese, Berlin: Merve, 1993 – orig. *Proust et les signes*, édition augmenté de 1964, Paris: P.U.F, 1970 – S. 76 : „ (...) un peu de temps à l`état pur (...)."

619 Schaub, M.: ebd., S. 234.

620 Vgl. Astruc, A.: Hienach bekenne sich Truffaut zum *caméra-stylo* in dem Sinn, dass sich „der Film nach und nach aus der Tyrannei des Visuellen befreien müsse; Ebenso das Bild um des Bildes willen, um zu einem Mittel der Schrift zu werden, das ebenso ausdrucksfähig und ebenso subtil ist wie

Damit scheint auch Deleuze an seine Grenzen gelangt zu sein, womit er schließlich sein Interesse am Visuellen verliert.

An diesem Punkt, mit dieser Einsicht habe sich, so Schaub – nach dem Text, nach der Sprache – auch das Bild als Medium der Darstellung des Undarstellbaren erschöpft.

Das Kino, würde Hegel sagen, ist eine Sache von gestern. Unbeschadet der Tatsache, dass wir noch lange Zeit bewundernswerte Filme sehen.

---

das der geschriebenen Sprache." Zitiert nach Engel, Lorenz: *Sinn und Industrie. Einführung in die Filmgeschichte*, Frankfurt, New-York, Paris: Campus, 1992, S. 231.

ABBILDUNGSVERZEICHNIS (aus dem Internet am 01.07.2004)

LITERATURVERZEICHNIS:

Albersmeier, Franz-Josef (Hg.): *Texte zur Theorie des Films*, Stuttgart: Philipp Reclam jun., 1988.

Angerer, Marie-Luise/Krips, Henry P. (Hg.): *Der andere Schauplatz: Psychoanalyse, Kultur, Medien*, Wien: Turia and Kant, 2001.

Althusser, Louis: *Ideologie und ideologische Staatsapparate*, in: *Positionen Bd. 3*, Berlin-West: 1977.

Assmann, Aleida/Dietrich, Harth (Hg): *Mnemosyne: Formen und Funktionen der kulturellen Erinnerung*, Frankfurt/M.: Fischer-Taschenbuch-Verlag, 1991.

Assmann, Aleida: *Zur Metaphorik der Erinnerung*, in: Harth, Dietrich (Hg): *Mnemosyne – Formen und Funktionen der kulturellen Erinnerung*, 4. Auflage, Frankfurt/M.: Fischer Wissenschaft, August 1994.

Dies.: *Funktionsgedächtnis und Speichergedächtnis – Zwei Modi der Erinnerung*, in: Platt, Kristin / Dabag, Mihran (Hg.): *Generation und Gedächtnis*, Opladen 1995, S. 169-185.

Dies.: *Exkarnation. Gedanken zur Grenze zwischen Körper und Schrift*, in: dies., Huber, Jörg (Hg.): *Raum und Verfahren: Interventionen Bd. 2*, Basel-Frankfurt /M.: Stroemfeld, 1993.

Assmann, Jan: *Historisches Gedächtnis und kulturelle Institution: Erinnern, um dazuzugehören. Kulturelles Gedächtnis, Zugehörigkeitsstruktur und normative Vergangenheit*, in: Platt, Kristin / Dabag, Mihran (Hg.): *Generation und Gedächtnis*, Opladen 1995, S. 51-75.

Ders.: *Das kulturelle Gedächtnis. Schrift, Erinnerung und politische Identität in frühen Hochkulturen*, München: Beck CH, 1992.

Barthes, Roland: *Rhétorique de l`image*, in: *Communications 4*, (1964).

Ders.: *Der entgegenkommende und der stumpfe Sinn. Kritische Essays 3* (1982), Frankfurt/M.: Suhrkamp, 1990.

Ders.: *Die helle Kammer. Bemerkungen zur Photographie* (1980), Frankfurt/M.: Suhrkamp, 1989.

Ders.: *Die Sprache der Mode*, übersetzt v. H. Brühmann, Frankfurt/M.: Suhrkamp, 1988, (Orig.: *Système de la Mode*, Paris ,1967).

Ders.: *Mythen des Alltags*, in: *Positionen*, Bd. 3, Berlin-West 1977.

Baudry, Jean-Louis: *Das Dispositiv: Metapsychologische Betrachtungen des Realitätseindrucks* (1975), in: *Psyche 48* ,11, 1994, S. 1047-74.

Ders.: *Ideological Effects of the Basic Cinematographic Apparatus* (1970), in: Film Quaterly, Vol 27, Nr. 2, Winter 1974/75.

Bazin, André: *Filmkritiken als Filmgeschichte*, (Hg): Andrea Spingler/Helmut Färber, München: Hanser, 1981, S. 68-75.

Ders.: *Was ist Kino? Bausteine zur Theorie des Films*, Köln: *DuMont*, Schauberg, 1975, (Orig.: *Que`est-ce que le cinéma*).

Beck, G.F.: *The metaphor as mediator between semantic and analogic modes of thought*, in: *Current anthropology*, 19 (1978) 1, 83-88.

Bellour, Raymond: *L`Entre images: Cinéma, Photo, Vidéo*, Paris: *La Différence*, 1990.

Ders.: *Denken, erzählen. das Kino von Gilles Deleuze*, in: Fahle, Oliver/ Engel, Lorenz (Hg): *Der Film bei Deleuze/ Le cinéma selon Deleuze*, Verlag der Bauhaus-Universität Weimar/ Presses de la Sorbonne Nouvelle, 1998/99.

Ders.: *Die Analyse in Flammen. Ist die Filmanalyse am Ende?*, in: *Montage/AV*, Januar 1999.

Belting, Hans: *Ort der Bilder*, in: Belting, H./Haustein, L.: *Das Erbe der Bilder: Kunst und moderne Medien in den Kulturen der Welt*, München: Beck, 1998.

Ders.: *Aus dem Schatten des Todes. Bild und Körper in den Anfängen*, in: (Hg.) von Barloewen, C.: *Der Tod in den Weltkulturen und Weltreligionen*, Frankfurt/M.: Insel Verlag, 2000.

Belting, Hans/Kamper, Dietrich (Hg.): *Der zweite Blick. Bildgeschichte und Bildreflexion*, München: Wilhelm Fink Verlag, 2000.

Benjamin, Walter: *Über einige Motive bei Baudelaire*, in: Tiedemann, Rolf/ Schweppenhäuser, Hermann (Hg.): *Gesammelte Schriften*, Bd. 1-6., Frankfurt/M.: Suhrkamp Verlag, 1972-1985.

Ders.: (1932): *Berliner Chronik*, Frankfurt/M.: Suhrkamp, 1988.

Bergson, Henri: *Zeit und Freiheit*, (1889) 2. Aufl., Hamburg: Europäische Verlagsanstalt, 1999.

Ders.: *Materie und Gedächtnis: Eine Abhandlung über die Beziehung zwischen Körper und Geist,* (1896) Hamburg: Meiner, 1991.
Ders.: *Die geistige Anstrengung,* (1902) in: ders.:*Die seelische Energie. Aufsätze und Vorträge*, Jena: Eugen Diederichs, 1928, S. 137-170.
Ders.: *Schöpferische Entwicklung,* (1907) Jena: Eugen Diederichs, 1912.
Ders.: *Das Mögliche und das Wirkliche,* (1932) in: *Denken und Schöpferisches Werden: Aufsätze und Vorträge*, Neuauflage, Hamburg: Europäische Verlagsanstalt, 1993, S. 110-125.
Ders.: *Denken und schöpferisches Werden – Aufsätze und Vorträge,* (1934) Hamburg: Europäische Verlagsgesellschaft, 1993.
Ders.: *Melanges: L`idée du lieu chez aristote duree et simultanéité correspondance pièces diverses documents*, 1.ed., Paris: Presses Univ. de France, 1972.
Binczek, Natalie / Rass, Martin (Hg.): *sie wollen eben Bilder sein, was sie sind, nämlich Bilder (...) Anschlüsse an Chris Marker*, Würzburg: Verlag Königshausen und Neumann, 1999.
Blüher, Dominique/ Tröhler, Margrit: *Gespräch mit Christian Metz – "Ich habe nie gedacht, dass die Semiologie die Massen begeistern würde"*, in: *Filmbulletin*,1990, 32,2, Heft Nr. 170, S. 51-55.
Boehm, Gottfried (Hg.): *Was ist ein Bild?*, München: Fink Verlag, 1994.
Braun von, Christina: *Das Ein-Gebildete Geschlecht*, in: (Hg.) Belting, Hans / Kamper, Dietrich: *Der zweite Blick. Bildgeschichte und Bildreflexion*, München: Wilhelm Fink Verlag, 2000.
Bunuel, Luis: *Objekte der Begierde*, (Hg): Berenberg, v. Heinrich, Berlin: Verlag Klaus Wagenbach, 2000.
Büttner, Elizabeth: *Projektion. Monatge. Politik – Die Praxis der Ideen von Jean-Luc Godard und Gilles Deleuze*, Wien: SYNEMA – Gesellschaft für Film und Medien, 1999.
Cassirer, Ernst: *Henri Bergsons Ethik und Religionswissenschaft*, in: *Der Morgen*, 9. Jahrgang, 1933.
Ders.: *Versuch über den Menschen. Einführung in eine Philosophie der Kultur*, Hamburg: Felix Meiner, 1996.
Castoriadis, Cornelius: *Gesellschaft als imaginäre Institution. Entwurf einer politischen Philosophie*, Frankfurt /M: Suhrkamp, 1984.
Chlada, Marvin (Hg): *Das Universum des Gilles Deleuze. Eine Einführung*, Aschaffenburg: Alibri Verlag, 2000.
Dayan, Daniel: *The Tutor-code of Classical Cinema*, in: *Film Quaterly*, 28/1, 1974, S. 22-32.
Debray, Régis: *Jenseits der Bilder. Eine Geschichte der Bildbetrachtung im Abendland*, Rodenbach: AVINUS Verlag, 1999.
Deleuze, Gilles/ Guattari, Félix: *Anti-Ödipus, Kapitalismus und Schizophrenie*, (Paris 1972) Bd. 1, Frankfurt/M : Suhrkamp Verlag, 1974.
Deleuze, Gilles/ Parnet, Claire: *Dialoge*, (Paris 1977), Frankfurt/M.: Suhrkamp Verlag, 1980.
Deleuze, Gilles: *Lukrez und das Trugbild*, (1961) in: *Logik des Sinns*, Frankfurt/M: Suhrkamp 1993, S. 324-341.
Ders.: *Bergson zur Einführung* (1966), Hamburg: Junius Verlag, 1989.
Ders.: *Differenz und Wiederholung* (1969), München: Fink, 1992.
Ders.: *Woran erkennt man den Strukturalismus?*, (1967) Merve Verlag Berlin 1992.
Ders.: *Logik des Sinns* (1969), Frankfurt/M.: Suhrkamp 1993.
Ders.: *Proust und die Zeichen* (1970) , Berlin: Merve, 1993.
Ders.: *Francis Bacon – Logik der Sensation* (1984), München: Fink, 1995.
Ders.: *Das Bewegungs-Bild; Kino 1* (1983), Frankfurt/M: suhrkamp taschenbuch wissenschaft, 1997.
Ders.: *Das Zeit-Bild; Kino 2* (1985) , Frankfurt/M: suhrkamp taschenbuch wissenschaft, 1991.
Ders.: *Foucault* (1986), Frankfurt/M.: Suhrkamp, 1987.
Ders.: *Unterhandlungen 1972-1990* (1990) , Frankfurt/M.: Suhrkamp, 1993.
Ders.: *Was ist ein Dispositiv?,* in: Wahl / Waldenfels (Hg.): *Spiele der Wahrheit*, Frankfurt/M.: Suhrkamp, 1991.
Ders.: *Kritik und Klinik*, Frankfurt/M.1993: Suhrkamp.
Derrida, Jaques: *Freud und der Schauplatz der Schrift,* in ders.: *Die Schrift und die Differenz,* Frankfurt/M.: Suhrkamp, 1989 (1967), S. 305-350.
Didi-Huberman, Georges: *Erfindung der Hysterie. Die photographische Klinik von Jean-Martin Charcot* (1982), München: Wilhelm Fink Verlag, 1997.

Dörfler, Thomas: *Das Subjekt zwischen Identität und Differenz; Zur Begründungslogik bei Habermas, Lacan, Focault*, Deutsche Hochschuledition Bd. 117, Neuried, Ars Una, 2001.

Draaisma, Douwe: *Die Metaphermaschine. Eine Geschichte des Gedächtnisses*, Darmstadt: Wissenschaftliche Buchgesellschaft, 1999.

Droysen, Joh. Gustav: *Historik*, in: von Leyh, Peter(Hg): *Rekonstruktion der ersten vollständigen Fassung der Vorlesungen* (1857), Stuttgart: Frommann-Holzboog, 1977.

Eiblmayr, Sivia /Snauwaert, Dirk/Wilmes, Ulrich /Winzen, Matthias (Hg.): *Die verletzte Diva*, Kunstverein München, 2000.

Elsaesser, Thomas/ Poppe, Emile: *Film*, in: Asher, R.E. (Hg.): *The Encoclopedia of Language and Linguistics*, Band 3. Oxford-New York-Seoul-Tokyo: Pergamon Press, S. 1225-1241.

Engell, Lorenz: *Sinn und Industrie. Einführung in die Filmgeschichte*, Frankfurt - New York - Paris: Campus, 1992.

Fahle, Oliver/ Engell, Lorenz (Hg.): *Der Film bei Deleuze/ Le cinéma selon Deleuze*, Weimar-Sorbonne: Verlag der Bauhaus-Universität Weimar/ Presses de la Nouvelle, 1998/99.

Fahle, Oliver: Aufsatz: *Zeitspaltungen– Gedächtnis und Erinnerung bei Gilles Deleuze*, in: *Monatge / AV* – Erinnern, Vergessen, Zeitschrift für Theorie und Geschichte audiovisueller Kommunikation, Schüren Verlag: 11/01/2002.

Fiedler, Konrad: *Über den Ursprung der künstlerischen Tätigkeit*, in: ders: *Schriften zur Kunst*, Bd.1, 2., München: Fink, 1991.

Flatman, Gregory (Hg): *The brain is the screen: Deleuze and the philosophy of cinema*, Minnesota: University of Minnesota Press, 1986.

Foucault, Michel: *Dispositive der Macht – Über Sexualität, Wissen und Wahrheit*, übersetzt von Seitter, Walter/ Raulf, Ulrich, Berlin: Merve, 1978 Verlag.

Ders.: *Der Wille zum Wissen. Sexualität und Wahrheit 1*, Frankfurt/M.: Suhrkamp, 1991.

Freud, Sigmund: in: *Gesammelte Werke*, Frankfurt/M: S. Fischer Verlag,

Ders.: (1987): *Entwurf einer Psychologie*, Nachtragsband, 1991, S. 373-486.

Ders.: (1892-1899): *Zur Psychotherapie der Hysterie*, Bd 1, 1991.

Ders.: (1887-1904): *Briefe an Fließ*, 1986.

Ders.: (1900): *Die Traumdeutung*, Bd. 2, 1972.

Ders.: (1910): *Über Psychoanalyse*, in: *Gesammelte Werke*, Bd. 4, 1975.

Ders.: (1914): *Erinnern, Wiederholen und Durcharbeiten*, Bd. 10., 1969, S. 126-136.

Ders.: (1929): *Das Unbhagen in der Kultur*, Bd. 9, 1982, S. 197-270.

Ders.: *Die Sexualität in der Ätiologie der Neurosen*, Bd. 1, S. Fischer Verlag 1969.

Ders.: *Neue Folge der Vorlesungen zur Einführung in die Psychoanalyse*, Bd.1, 1971.

Ders.: *Die unendliche und die endliche Analyse*, Ergänzungsband, 1975.

Ders.: *Drei Abhandlungen zur Sexualtheorie*, Bd.5, 2000.

Freud, Sigmund / Breuer, Josef: *Studien über Hysterie*. In: *Gesammelte Werke*, S. Fischer Verlag, 1969.

Dies.: *Zur Theorie des hysterischen Anfalls*, Bd. 17, 1969.

Dies.: (1893): *Über den psychischen Mechanismus hysterischer Phänomene; Vorläufige Mitteilung*, Bd. 12 (1), S. 4; Bd. 12 (2) S. 43. In: *Neurologisches Zentralblatt*, Wien, Carl-Hanser Verlag 1991.

Dies.: (1894): *Die Abwehr-Neuropsychosen*, Bd. 13 (10), S. 362 und 11 S. 402. In: *Neurologisches Zentralblatt*, Wien, Carl-Hanser Verlag 1991.

Gekle, Hanna: *Der Tod im Spiegel - Zu Lacans Theorie des Imaginären*, Frankfurt/M.: suhrkamp taschenbuch wissenschaft, 1996.

Gledhill, Christine: *The Melodramatic Field: An Investigation*, in: dies.(Hg.): *Home Is Where the Heart Is*, London: Britsih Film Institute, 1987.

Guattari, Félix.: *Über Maschinen*, in: Schmidgen, Henning (Hg.): *Ästhetik und Maschinismus. Texte zu und von Félix Guattari*, Berlin: Merve Verlag, 1995.

Günzel, Stephan: *Immanenz – Zum Philosophiebegriff von Gilles Deleuze*, Essen: Verlag *Die Blaue Eule*, Reihe *Philosophie in der blauen Eule*, Bd 35, 1998.

Halbwachs, Maurice: *Das Gedächtnis und seine sozialen Bedingungen* (1925), 2. Auflage. Frankfurt / M.: Fischer, 1985.

Hansen, Miriam: *Early cinema, late cinema: permutations of the public sphere*, in: *Screen*, 34:3 (1993), S. 206/207.

Harth, Dietrich (Hg.): *Die Erfindung des Gedächtnisses*, Frankfurt/M.: Keip Verlag, 1991.
Haverkamp, Anselm (Hg.): *Theorie der Metapher*, in: *Wege der Forschung*, Bd. 389, Darmstadt, 1983.
Heath, Stephen: *Notes on Suture*, in: *Screen*, Vol.18, No. 4, 1977/1978S. 48-79.
Hesse, Hermann: *Demian*, Suhrkamp 1974.
Hegel, Georg Wilhelm Friedrich: *Vorlesungen über die Geschichte der Philosophie*, in: Glockner (Hg.): *Sämtliche Werke*, Jubiläumsausgabe in 20 Bänden, 18. Bd, 4. Auflage, Stuttgart: Fr. Frommann Verlag (Günter Holzboog), 1965.
Iampolski, Mikhail: *The Memory of Tiresias. Intertextuality And Film*, übersetzt von Harsha Ram, Berkely and Los Angeles, California: University of California Press, 1998.
Jakobson, Roman: *Linguistik und Poetik*, in: ders: *Poetik*, Frankfurt/M.-Berlin: (Hg.) Holenstein/Schelbert , 1979.
Kämper, Birgit / Tode, Thomas (Hg.): *Chris Marker – Filmessayist*, München: CICIM, 1997.
Kappelhoff, Hermann: *Kino und Psychoanalyse*, in: Felix, Jürgen (Hg.): *Moderne Film Theorie*, Mainz: Theo Bender Verlag, 2002, S. 130-160.
Kaufmann, Susanne: *Mit Walter Benjamin im Théâtre Moderne oder die Unheimliche Moderne. Szenen der Wiederholung*, Würzburg: Verlag Königshausen & Neumann GmbH, 2002.
Kilb, Andreas: *Was von den Bildern blieb: Ausgewählte Filmkriterien und Aufsätze*, Verlag für Berlin-Brandenburg, 1997.
Klippel, Heike: *Gedächtnis und Kino*, Frankfurt/M.: Stroemfeld, 1997.
Koch, Gertrud: *Psychoanalyse des Vorsprachlichen*, in: *Frauen und Film*, Heft 36, Frankfurt: Stroemfeld/ Roter Stern, Februar 1984, S. 7.
Koch, Gertrud: *Was ich erbeute, sind Bilder. Zum Diskurs der Geschlechter im Film*, Frankfurt/M.-Basel: Stroemfeld/Roter Stern, 1989.
Kurz, Gerhard: *Metapher, Allegorie, Symbol*, Göttingen: Vandenhoek und Ruprecht,1988.
Lacan, Jacques: in: (Hg.): Haas/ Metzger: *Seminar 1 und 2. Freuds technische Schriften* (1953-154), Olten und Freiburg: Walter Verlag, 1978.
Ders.: *Funktion und Feld des Spechens und der Sprache in der Psychoanalyse.*
Ders.: *Das Spiegelstadium als Bildner der Ichfunktion. Wie sie uns in der psychoanalytsichen Erfahrung erscheint.*
Ders.: *Subversion des Subjekts und Dialektik des Begehrens im Freudschen Unbewussten.*
Ders.: *Die Topik des Imaginären.*
Ders.: (1966): *Die Wissenschaft und die Wahrheit.*
Ders.: (1964) *Vier Grundbegriffe der Psychoanalyse.*
Laplanche, J. / Pontalis, J.-B.: *Das Vokabular der Psychoanalyse*, 12. Auflage, Frankfurt/M.: Suhrkamp, 1994.
Leibniz, Gottfried Wilhelm: *Von dem Verhängnisse*, in ders.: *Hauptschriften zur Grundlegung der Philosophie*, Band 2; Leibzig: herausgegeben von Ernst Cassierer, 1924.
Lenz, Benjamin: *Vom Terrorismus des Schönen*, in: *Alain Resnais*, München: Hanser Verlag 1990.
Lotmann, Jurij M.: *Probleme der Kinoästhetik. Einführung in die Semiotik des Films*, Frankfurt/M.: Syndikat,1977.
Marker, Chris: *La Jetée: cinéroman*, New York: *Zone Books*, 1992.
Marey, Etienne-Jules : *Les émotions chez les sujets en état de l`hypnotisme. Etudes de psychologie expérimentale faites à l'aide de substances médicamenteuses ou toxiques impressionnant à distance les réseaux nerveux périphériques*, Paris: Ballière, 1987.
May, Stepahn: *Rainer Werner Fassbinders Lili Marleen und Gilles Deleuzes Theorie der kinematographischen Zeit*, in: (Hg.) Band Hoefer: *Aufsätze zu Film und Fernsehen*, Band 70, Coppi Verlag Alfeld, 2000.
Merleau-Ponty, Maurice: (1945): *Der Zweifel Cézannes*, in: Boehm, Gottfried (Hg).:*Was ist ein Bild?*, 2. Auflage, München: Fink, 1995.
Ders.: *Das Sichtbare und das Unsichtbare*, München: Fink, 1986.
Metz, Christian: *Der imaginäre Signifikant. Psychoanalyse und Kino* (1977), Münster: Nodus Publikationen, 2000.
Ders.: *Foto, Fetisch*, in: (Hg.) Wolf, Herta: *Diskurse der Fotografie*, Frankfurt/ M: Suhrkamp, 2003, S. 215-225.

Ders.: *Der fiktionale Film und sein Zuschauer. Eine metapsychologische Untersuchung*, in: *Psyche* (1994) H. 11, S. 1004-46.

Ders.: *Das Kino: 'Langue' oder 'Langage'?* (1964), S. 51-129 aus: *Semiologie des Films*, München: Fink Verlag, 1972.

Ders.: *Sprache und Film* (1971), Frankfurt /M.: Athenäum Verlag, 1973.

Ders.: *Semiologie des Films*, München: Fink Verlag, 1972.

Michel, Marie (1988): *Film als Text*, in: *Montage AV*, Jan. 1999.

Möller-Nass, Karl-Dietmar: *Filmsprache. Eine kritische Theoriegeschichte*, Münster: MaskS-Publikationen, 1986.

Müller, Alois Martin /Huber, Jörg: *Raum und Verfahren. Interventionen 2*, Frankfurt/M : Stroemfeld/Roter Stern, 1993.

Musil, Robert: *Mann ohne Eigenschaften*, Hamburg: Rowohlt Verlag, 1952.

Nasio, Juan-David: *7 Hauptbegriffe der Psychoanalyse*, Wien: Turia + Kant, 1999.

Nierrad, Jürgen (1977): *Bildgesegnet und Bildverflucht*, in: *Forschungen zur sprachlichen Metaphorik. Erträge der Forschung*, Bd. 63, Darmstadt: Wissenschaftliche Buchgesellschaft 1977.

Nowell-Smith, Geoffrey: *On history and the cinema*, in: *Screen* 31:2 (1990).

Odin, Roger: *Le film de fiction saisi par la photographie et sauvé par la bande-son: A propos de La Jetée de Chris Marker*, in: *Cinémas de la modernité, films, théories*, Paris: Edition Klincksieck, 1981.

Paech, Joachim (Hg.): *Screen – Theory. Zehn Jahre Filmtheorie in England. Von 1971 – 1981*, Osnabrück: Selbstverlag Universität Oldenburg, 1985.

Pagel, Gerda: *Narziß und Promotheus. Die Theorie der Phantasie bei Freud und Gehlen*, Würzburg: Königshausen und Neumann, 1984

Dies.: *Lacan zur Einführung*, Hamburg: Junius Verlag, 1989.

Pape, Helmut: *Der Gedanke als Überblendung in der Folge der Bilder. Peirces visuelles Modell geistiger Prozesse*, in: *Deutsche Zeitschrift für Philosophie. Zweitmonatsschrift der internationalen philosophischen Forschung*, 43. Jahrgang, 1995, Heft 3, Akademie Verlag, S. 479-496.

Ders.: *Die Unsichtbarkeit der Welt – Eine visuelle Kritik neuzeitlicher Ontologie*, Frankfurt/M: Suhrkamp Verlag, 1995.

Pasolini, Pier Paolo: *Ketzererfahrungen*, Frankfurt, Berlin, Wien: Ullstein, 1982.

Pauli, Wolfgang.: *Naturwissenschaftliche und erkenntnistheoretische Aspekte der Ideen vom Unbewussten*, in: ders.: *Physik und Erkenntnistheorie*, Braunschweig, Vieweg 1984.

Perriault, Jacques: *Mémoire de l'ombre et du son. Une archéologie de l'audiovisuel*, Paris: Flammarion, 1981.

Peters, Jan Marie: *Bild und Bedeutung. Zur Semiologie des Films*, in: Knilli, Friedrich (Hg.): *Semiotik des Films. Mit Analysen kommerzieller Pornos und revolutionärer Agitationsfilme*, München: Hanser Verlag, 1971, S. 56-69.

Rabinbach, Anson: *The Human Motor. Energie, Fatigue and the Origins of Modernity*, Chicago: Perseus Books Group, 1990.

Ricoeur, Paul: *Die lebendige Metapher*, mit einem Vorwort von Rainer Rochlirt, München : Fink 1991.

Ders.: *Die Interpretation. Ein Versuch über Freud*, übersetzt von Eva Moldenhauer, Frankfurt/M.: Suhrkamp Verlag,1993.

Rorty, Richard (Hg.): *The Lingistuc Turn: Recent Essays in philosophical Method,* Chicago: Chicago Press, 1967.

Ders.: *Der Spiegel der Natur. Eine Kritik der Philosophie*, Frankfurt/M.: Suhrkamp 1987.

Rose, Jaqueline: *Sexualität im Feld der Anschauung*, Wien: Turia und Kant, 1996.

Rothe, Arnold: *Kulturwissenschaften und kulturelles Gedächtnis*, in: Assmann, Jan / Hölscher, Tonio (Hg.): *Kultur und Gedächtnis*, Frankfurt/M.: Suhrkamp, 1988, S. 265-292.

Schaub, Mirjam: *Gilles Deleuze im Wunderland: Zeit als Ereignisphilosophie*,
Wilhelm Fink Verlag, München 2003.

Dies.: *Gilles Deleuze im Kino: Das Sichtbare und das Sagbare*, Wilhelm Fink Verlag, München 2003.

Schaps, Regine: *Hysterie und Weiblichkeit*, Frankfurt/M.: Campus Verlag, 1992.

Scharfstein, Ben-Ami: *Roots of Bergson's Philosophy*, New York: Columbia University Press, 1943.

Schlesier, Renate: *Mythos und Weiblichkeit bei Sigmund Freud – Zum Problem von Entmythologisierung und Remythologisierung in der psychoanalytischen Theorie*, Frankfurt /M: Verlag Anton Hain, 1990.

Schlegel, Hans/ Schmidt, Ernst (jr): *Eine Subgeschichte des Films. Lexikon des Avantgarde-, Experimental- und Undergroundfilms*, 2. Band , edition Suhrkamp SV, 1. Auflage 1974.

Schmidt, Siegfried J.: *Gedächtnis – Erzählen – Identität*, in: *Schriftenreihe der Akademie der Künste der Deutschen Demokratischen Republik*, Arbeitsheft 42: *Erzählen in Literatur und Film*, S. 33-40.

Ders.: *Gedächtnis. Probleme und Perspektiven der interdisziplinären Gedächtnisforschung*, Frankfurt/M., 1991.

Schneider, Manfred: *Hysterie als Gesamtkunstwerk,* in: *Merkur*, Nr. 9/10, Sept./Okt. 1985, S. 879-895.

Seifert, Edith (Hg): *Perversion der Philosophie; Lacan und das unmögliche Erbe des Vaters*, 1. Auflage: Berlin, Verlag Klaus Bittermann, Edition Tiamat, 1992.

Shibles, Warren A.: *Metaphor: An annotated bibliography and history*, Whitewater, Wisconsin: Language Press 1971.

Silverman, Kaja: *Suture*, in: Rosen, Philip (Hg.): *Narrative, Apparatus, Ideology. A Film Theory Reader*, New York 1986: Columbia Press, S. 219-235.

Sloterdijk, Peter: *Sphären Band 1: Blasen*, Frankfurt/M.: Suhrkamp, 1998.

Spamer, Karl.: *Physiologie der Seele. Die seelischen Erscheinungen vom Standpunkte der Physiologie und der Entwicklungsgeschichte des Nervensystems,* , Stuttgart: F. Enke, 1877.

Stolle, Peter: *Tempelspringen im Imaginären. Bemerkungen über das Verhältnis der Psychologie zum Film,* in: Sierek, Karl/Heiss, Gernot (Hg.):*Texte zu Film und Kino*, Wien PVS Verleger, 1992, S. 43-52.

Suthor, Nicola: *Roland Barthes: Wie das Licht eines Sterns/Die Wiederkehr der Toten (1980)* in: Preimesberger, R. / Baader, H./ Suthor, N (Hg.): *Porträt*, Reimer 1999, S. 96-111.

SYNEMA (Hg.): *Zeit*, Wien: 1999.

Taureck, Bernhard H.F. (Hg.): *Psychoanalyse und Philosophie. Lacan in der Diskussion*, Frankfurt/M: Fischer Taschenbuch Verlag, 1992.

Vrhunc, Mirjana: *Bild und Wirklichkeit. Zur Philosophie Bergsons*, München: Wilhelm Fink Verlag, 1999.

Weber, Samuel: *Rückkehr zu Freud. Jacques Lacans Entstellung der Psychoanalyse*, Berlin-Wien: Frankfurt/M.,1978.

Weigel, Sigrid: *Bilder des kulturellen Gedächtnisses. Beiträge zur Gegenwartsliteratur*, Dülmen/Hiddingsel: Tende 1994.

Weinrich, Harald 1964, *Typen der Gedächtnismetaphorik*, in: Rothacker, Erich / Scholtz, Gunter (Hg.): *Archiv für Begriffsgeschichte*, Bouvier 1999, S. 23-26.

Ders.: *Metapher*, in: Ritter/Gründer (Hg.): *Historisches Wörterbuch der Philosophie*, Basel: Schwabe,1980.

Wenzel, Eicke: *Gedächtnisraum Film – Die Arbeit an der deutschen Geschichte in Filmen seit der 60 er Jahre*, Stuttgart-Weimar: Verlag J.B. Metzler, 2000.

Winkler, Hartmut: *Der filmische Raum und der Zuschauer – Apparatus – Semantik – Ideology*, Heidelberg: Carl Winter Universitätsverlag, Reihe Siegen 110, 1992, Hg.: Thomsen, Christian.

Wittgenstein, Ludwig: *Philosophische Untersuchungen/Philosophical Investigations*, Oxford: Blackwell, 1953.

Yates, Francis A.: *Gedächtnis und Erinnern*, Berlin: Akademie Verlag, 2001.

Zizek, Slavoj : *Liebe Dein Symptom wie Dich selbst! Jacques Lacans Psychoanalyse und die Medien*, Berlin: Merve Verlag GmbH, 1991.